本研究得到北京市"世界经济"重点学科建设经费的支持，
在此表示衷心的感谢！

魏 浩◎著

中国对外贸易出口结构研究

人民出版社

策划编辑:郑海燕
封面设计:肖　辉

图书在版编目(CIP)数据

中国对外贸易出口结构研究/魏浩 著. −北京:人民出版社,2010.5
(世界经济学科建设丛书)
ISBN 978−7−01−008881−5

Ⅰ.中⋯　Ⅱ.魏⋯　Ⅲ.出口−经济结构−研究−中国
Ⅳ.F752.62

中国版本图书馆 CIP 数据核字(2010)第 072967 号

中国对外贸易出口结构研究

ZHONGGUO DUIWAI MAOYI CHUKOU JIEGOU YANJIU

魏　浩　著

人民大版社 出版发行
(100706　北京朝阳门内大街 166 号)

北京瑞古冠中印刷厂印刷　新华书店经销

2010 年 5 月第 1 版　2010 年 5 月北京第 1 次印刷
开本:880 毫米 ×1230 毫米 1/16　印张:12
字数:290 千字

ISBN 978−7−01−008881−5　定价:28.00 元

邮购地址 100706　北京朝阳门内大街 166 号
人民东方图书销售中心　电话 (010)65250042　65289539

序 一

自从实行对外开放政策以来，特别是加入 WTO 以来，我国的对外贸易快速发展，对外贸易的规模日益增加，已经成为名副其实的贸易大国。但是，在对外贸易迅速发展的同时，我国贸易条件存在恶化倾向，出口商品结构偏低，出口地区结构过于集中，面临的国际贸易摩擦日益严峻，外贸发展面临的结构性问题日益突出。优化我国外贸结构，转变外贸发展方式，已经成为我国开放型经济可持续发展的一个重大现实问题。2008 年，发端于美国的次贷危机发展为全球性的金融危机，继而演变为全球性的经济危机，对我国的开放型经济造成了很大的冲击，外贸出口、引进外资双双大幅下挫，对我国沿海地区的冲击尤甚。危机的冲击更是警示我们，转变外贸增长方式，优化进出口结构，势在必行。优化外贸结构，有利于缓解国内经济发展的资源瓶颈问题，有利于国内经济发展的区域协调，有利于贯彻落实科学发展观，推动我国经济增长方式的转变。

毫无疑问，外贸结构问题特别是出口结构是我国对外贸易领域一个极其重要的研究课题，直接关系到我国能否顺利从经济大国向经济强国、从贸易大国向贸易强国的转变。魏浩博士的专著《中国对外贸易出口结构研究》，全面、系统而深入地研究了中国对外贸易出口结构的理论和实际问题，很有现实意义。该书不仅以翔实的资料和严谨的实证分析给读者提供了我国外贸出口结构演进的现实图景，而且在理论上颇有创新，对我国优化对外贸易出口结构，也很有政策性启示价值。

具体来看，本书的特点主要有：

第一，本书在吸取学术界最新理论成果的基础上，对出口商品结构理论进行了归纳总结，并根据经济全球化和产品内分工的新发展，提出"生产要素质量提升和结构优化是一个国家特别是发展中国家优化出口商品结构的关键"的观点。

第二，本书的研究借鉴并融合了计量经济学、统计学、产业经济学和景观生态学等不同学科的研究方法，在研究方法上很有创新。本书运用标准差指数、变异指数、锡尔指数、基尼系数、经济区位熵指数、集中度指数（HH 指数）、多样性指数（H 指数）、均匀度指数（E 指数）、分形理论中的 R/S 分析方法等，对我国不同技术含量的制成品在世界市场和美国市场上的比较优势，我国出口商品的洲际地区结构、洲内地区结构、主要贸易集团及其内部地区结构，我国出口商品的 31 个省市地区结构及其出口差异进行了深入分析，得出的结论很有说服力。

第三，为了优化出口商品结构和地区结构，促进对外贸易平衡发展和可持续发展，本书提出了构建内外均衡的经济发展战略、构建新的区域经济发展模式、构建内外互补型的外贸政策等新观点，并就对外投资战略和利用外资战略提出了新的见解。这些政策建议无疑具有实际参考价值。

当然，中国对外贸易出口结构问题是一个尚需进一步研究的课题，希望作者能在现有研究基础之上，再做深入探讨，为学术繁荣和祖国的改革开放事业多出高质量的研究成果。

张二震

2010 年 1 月于南京大学商学院

序　二

自从 20 世纪 90 年代以来，随着科学技术的迅速发展，商品和生产要素在国际上的流动性大大加强，经济全球化程度不断加深，国际市场日益一体化。在这样的国际背景下，跨国公司日益成为世界经济活动的主体，跨国公司实施全球战略，在全球配置资源，由其主导的国际生产日益分散化，国际分工的产品内分工特征日益明显，即产品的生产过程被拆分为不同的阶段，或者说产品的价值链被分为不同的生产工序，不同的阶段或生产工序被分散到不同的国家或地区，国际经济关系由跨越国界的产品内贸易相连接。国际分工已经从传统的产业间分工、产业内分工向产品内分工转变，这一转变为世界各国特别是发展中国家参与全球化、参与国际分工提供了新的机遇和途径。

然而，经济全球化是一把双刃剑，对于参与全球化和国际分工的国家来说，既有正面效应，也有负面效应。我国也不例外。参与全球化和国际分工，带动了我国对外贸易和经济的快速发展，但是也使我国对外贸易发展面临一些新的问题和挑战。例如，在国际分工中的地位较低，所获贸易利益较少，贸易条件存在恶化倾向，出口商品结构偏低，出口地区结构集中，面临的国际贸易摩擦日益严峻，外贸风险加剧等。因此，我国必须加快转变外贸增长方式，以缓解目前面临的严峻挑战。

转变外贸增长方式的关键问题就是外贸结构的调整和优化。出口商品结构的优化有利于提高我国的国际地位和获得较多的贸易利益，出口国内地区结构的调整有利于国内区域经济的协调发展，出口国际地区结构的调整有利于缓解国际贸易摩擦和营造良好的国际经营环境。可见，深入、全面、科学地研究我国对外贸易出口结构问题，不仅具有紧迫的现实意义，同时还具有重大的理论意义。

近年来，魏浩博士一直对我国对外贸易出口结构问题进行研究。魏浩博士的这本《中国对外贸易出口结构研究》专著，实际上就是他近年来对此问题进行思考和研究的最终成果。数据翔实、推理严密、论证科学、分析深入，是本书的主要特色。本书的部分内容已经先后在《世界经济》、《国际贸易问题》、《财贸经济》、《世界经济研究》、《数量经济技术经济研究》、《经济理论与经济管理》、《中国经济问题》等期刊上发表，多篇被人大复印资料全文转载，在学术界和政府部门产生了较大的影响。

据我所知，本书是目前学术界全面系统研究中国对外贸易出口结构问题的代表性专著之一。具体来看，本书除了在理论上对国际分工最新的发展态势产品内分工及其效应进行了深入分析并颇有建树以外，其创新和主要贡献还突出地表现在以下三个方面：

1. 本书对出口在我国经济发展中的作用进行了定量分析。在对外开放的大背景下，作者构建了一个同时包含国内因素和国外因素的分析框架，利用 1978—2007 年的统计数据，运用前沿的计量分析方法，对影响我国经济发展的主导因素及其动态效应进行了实证研究，并重点考察了出口在所有影响因素中的地位以及对经济发展的带动作用，揭示了出口对我国经济发展的短期效应和长期效应。

2. 本书对我国出口商品结构及其地区结构进行了全面和深入的研究。作者利用历史统计数据和科学的研究方法对我国出口商品结构、我国出口商品在美国市场上和世界市场上的比较优势进行了全面、细致的历史回顾和测算。同时借鉴产业经济学上的集中度指数（HH 指数）、景观生态学上的多样性指数（H 指数）和均匀度指数（E 指数），对出口国际地区结构进行了分析与比较。另外，作者借鉴并融合多种指数，从不同方面对我国出口国内地区结构进行了分析。

3. 根据实证研究结果，结合经济发展的现实与趋势，本书提出了具有可操作性和针对性的政策建议，以优化出口商品结构和地区结构，促进对外贸易平衡发展和可持续发展。例如，国家应该优化要素结构和提升要素质量，为优化出口商品结构奠定要素基础；通过建立新的区域经济发展模式，落后省市建立自己的特色经济发展圈，以缩小地区间出口差距，进而协调区域经济发展；构建内外均衡的经济发展战略，降低我国经济发展对国际市场的过度依赖，降低外贸风险；通过加强与发展中国家的经济合作、加强在国际组织中的控制权、积极参与国际标准的制定等缓解贸易摩擦等等。作者得出的研究结论和所提建议，对我国政府制定协调国内区域发展、缓解外部贸易摩擦、促进我国对外贸易发展的全球战略无疑具有重要的参考价值。

本书作者魏浩是学长张二震教授的博士，可谓名师出高徒，经过数年的磨炼和钻研，魏浩已成为学术界颇为引人注目的一位后起之秀。就我个人而言，早在五六年前，我就在多种刊物上读过魏浩的文章，现在则有幸成为了同事。无论是作为其博士生导师的好友，还是作为现在共求学科发展的同事，我都衷心希望和祝福魏浩博士在今后漫长的学术生涯中拥有一片更为广阔和灿烂的天空。

是为序！

赵春明

2010 年年初于北京师范大学

目　录

内容提要

自从改革开放特别是 2001 年我国加入世界贸易组织以来，我国对外贸易一直保持高速增长，已经成为名副其实的贸易大国。根据 WTO 的统计：2008 年，我国货物贸易进出口总额为 2.56 万亿美元，占世界进出口总额的比例为 7.88%，位居世界第三位，出口总额为 1.43 万亿美元，占世界出口的比例为 8.9%，位居世界第二位；进口总额为 1.13 万亿美元，占世界进口的比例为 6.9%，位居世界第三位。但是，随着我国对外贸易的高速发展，我国对外贸易及其面对的国际经济环境也在发生着巨大的变化，出现了令人担忧的局面，例如，国际贸易摩擦急剧增加、对外资的依赖日益凸显等等。这些现象不仅影响我国对外贸易的持续、稳定发展，还影响我国的经济安全特别是外贸安全，甚至关系到我国经济转轨能否顺利完成。

因此，我国应该根据经济全球化和国际贸易的新发展，进一步树立全球战略意识，积极参与国际经济技术合作和竞争，全面提高对外开放水平，着力转变对外贸易增长方式；按照科学发展观的要求，进一步实施以质取胜的战略，优化对外贸易结构，提高出口竞争力，提高对外贸易的质量和效益；在充分发挥我国比较优势的同时，扩大高新技术产品出口，扩大具有自主知识产权、自主品牌的产品和服务出口，扩大附加值高的产品出口，提高加工贸易的产业层次并增强国内配套能力。

基于此,本书针对我国对外贸易出口结构进行了研究。本书在详细分析我国出口商品结构、出口比较优势、出口国际地区结构和出口国内地区结构的基础上,归纳总结了我国出口结构存在的一些问题,并提出了优化我国出口结构的政策建议。

具体来看,本书研究的主要内容及其结论主要有:

出口在中国经济中的作用:(1)从影响我国经济长期发展的因素来看,内因是我国经济发展的主要因素,内需的作用最大,内资的作用其次,出口和外资的作用居于其后。进口不是GDP的格兰杰(Granger)原因,进口与GDP的相关系数为负。内需对我国经济的促进作用大约是出口的4.5倍。出口每增加一个百分点,GDP增加0.17%。(2)从影响我国经济短期波动的因素来看,预期是一个很重要的因素,上一期经济发展情况的变化(预期)对经济波动影响最大,当期内需和出口对经济波动的影响也比较大,当期进口对经济波动根本没有影响,当期外资对当期经济增长的影响也比较小,上一期内需的变化(预期)会对经济波动产生负面影响。出口每增长1%,会导致本期经济增长0.1%。(3)从对经济的动态影响来看,出口促进经济增长的短期效应明显,进口的长期效应明显,FDI对经济增长的促进作用整体上不如进出口贸易,国内投资对经济增长的短期促进效应不如FDI显著,但是,国内投资对经济增长的长期促进效应却明显大于FDI,国内需求对经济增长的短期促进效应为负,但长期效应为正。(4)从对经济增长的贡献率来看,出口对GDP的贡献率最大,进口对GDP的贡献率逐渐增加,外资对GDP的贡献率逐渐下降,内资对GDP的贡献率逐渐增加,内需对GDP的贡献率一直比较小。

中国出口商品结构:(1)在我国改革开放的过程中,不同时期，我国出口商品结构不同，工业制成品在我国出口中日益占据主导地位，不同时期，不同工业制成品在我国出口中的地位不同。从宏观结构来看，在1980—2007年间，初级产品所占比重逐年下降，工业制成品所占比重逐年上升并日趋占主导地位。工业制成品出口主导产品逐渐由第7类（轻纺产品、橡胶制品矿冶产品及其制品）转变为第8类（机械及运输设备），第8类商品所占比例1996年超过第7类商品、2001年超过第9类（杂项制品）商品，逐渐成为我国出口支柱产品。2007年工业制成品所占比例为94.95%，第8类商品所占比例为47.39%。从微观结构来看，在1992—2007年间，第11类（纺织原料及纺织制品）和第16类（机械设备）一直是我国出口最多的两类商品，1998年以前，第11类商品一直是我国第一大类出口商品，1998年第16类商品首次超过第11类商品并一直成为我国第一大类出口商品。2007年第16类所占比重为43.42%，第11类所占比重为13.84%，两者之和为57.26%。总的来看，我国出口商品结构的商品构成更加集中于少数几种商品。（2）在1992—2007年间，加拿大、日本、中国、德国和墨西哥是美国主要的进口来源地。在1993—2001年间，我国一直是美国第四大进口国，2002年超过日本成为美国第三大进口国，2003年超过墨西哥成为美国第二大进口国，2007年超过加拿大成为美国第一大进口国。1992年我国所占份额为5%，2007年所占份额为16.4%。从微观结构来看，我国对美国出口商品结构的构成变化主要集中于第11类、第12类和第16类等3种商品。自从1994年以来，第16类商品一直是我国对美国出口的第一大类商品，第16类商品所占份额从1992年的9.22%上升到2007年的46.35%。我国对美国出口商品结构日益集中。从我国出口美国十大商品类别的地区构成来看，我国部分出口商品在美国各类商品进口总额中占据较大的份额，第 5 大类（鞋靴、伞等制品）商品所占份额最大，达到了 73.4%，其次是第 7 类（皮革制品、箱包）商品，所占份额为 65.8%，第 2 大类（家具、玩具、杂项制品）商品所占份额也达到了 63.8%。墨西哥、意大利、加拿大和印度等国是我国的主要竞争对手。（3）从制成品的出口结构来看，不管是在世界市场上还是在美国市场上，低技术含量的制成品在我国制成品的出口中都占据绝对优势的地位，所占比例都超过 40%，高科技含量的制成品占我国全部制成品出口份额超过 20%，中等科技含量的制成品占我国全部制成品出口的 15% 左右。另外，高科技含量的制成品所占份额都表现为增加的态势，低技术含量的制成品都表现为下降的态势，中等科技含量的制成品都表现为基本不变的态势。（4）我国不同技术含量的制成品占美国的市场份额都出现了上涨的趋势。低科技含量的制成品所占市场份额最高，所占市场份额从 1999 年的 44.55% 上升到 2003 年的 62.34%；高科技含量的制成品次之，所占市场份额从 1999 年的 13.31% 上升到 2003 年的 24.12%，其中，电子和电力类高科技制成品在美国所占市场份额上升的速度最快，所占市场份额从 1999 年的 8.61% 上升到 2003 年的 19.01%；中等科技含量的制成品最低，所占市场份额从 1999 年的 11.74% 上升到 2003 年的 19.12%。（5）从我国与其他国家和地区占美国市场份额的对比来看，2003 年，在低科技含量的制成品中，中国占据绝对的主导地位，所占份额为 62.34%，亚洲"四小龙"为 17.2%，东亚四国为 13.51%，日本只有 5.85%；在中等科技含量的制成品中，日本占据绝对的主导地位，所占份额为 53.85%，亚洲"四小龙"为 16.9%，东亚四国为 5.56%，中国只有 19.12%；在高科技含量的制成品中，中国、亚洲"四小龙"、日本所占份额都在 23% 左右，东亚四国为 16.9%，各地区相差不是很大。

（6）从出口商品结构与经济增长的关系来看，出口商品结构与经济增长之间有较强的关系，两者之间存在单向的因果关系，出口商品结构的变化是 GDP 增长的原因，但是 GDP 的增长不是出口商品结构变化的原因，出口商品结构每提升 1%，经济增长将上升 0.38%。

中国制成品出口比较优势：（1）2002 年在中国向世界出口的 144 种制成品中，具有比较优势的产品（CA＞1）共 62 种，占全部产品的 43.06%，具有较强比较优势的产品（2＜RCA≤3）有 13 种，具有显著比较优势的产品（RCA＞3）有 18 种。中国最具竞争力的商品是低技术含量的制成品。在 44 种低技术含量制成品中，有 34 种具有比较优势，其中，6 种具有较强的比较优势，14 种具有显著的比较优势。（2）2003 年在中国向美国出口的 144 种制成品中，具有比较优势的产品（RCA＞1）共 40 种，占全部制成品的 27.8%，具有较强比较优势的产品（2＜RRCA≤3）有 9 种，具有显著比较优势的产品（RRCA＞3）有 8 种。中国最具竞争力的商品也是低技术含量的制成品。在 44 种低技术含量制成品中，有 22 种具有比较优势，其中，6 种具有较强的比较优势，7 种具有显著的比较优势。（3）我国低技术含量制成品最具有比较优势，相当数量的中等科技含量和高科技含量制成品已经在世界市场和美国市场上具有比较优势，部分产品还呈现出较强或显著的比较优势，但是，这 3 类产品在世界市场和美国市场上的比较优势分布状况存在较大区别，主要表现为：中国低技术含量制成品在美国市场上的竞争力不如在世界市场的竞争力，在美国不仅具有比较优势产品的种类比较少（22＜34），而且 RCA 指数也比较低；中等技术含量的制成品和高技术含量制成品在美国市场的竞争力都不如在世界市场的竞争力，不仅具有比较优势的产品非常有限，而且多数具有比较优势产品的 RCA 和 RRCA 指数也较低；高科技含量的制成品具有比较优势的产品主要集中在加工贸易特征明显的电子类高科技产品，大部分其他高科技制成品仍然不具有比较优势，中国高科技制成品在美国市场上的区域比较优势与在世界市场上的比较优势分布状况基本一致。（4）在1997—2002年间，中国最具有比较优势的工业制成品主要集中在技术含量很低的产品，这类产品无论在世界市场还是在美国市场，显示比较优势指数都保持在很高的水平，比较优势十分明显。无论在世界市场还是在美国市场，中国制成品的比较优势都比较稳定，没有发生较大的波动。（5）自从1995年以来，机电产品已连续14年保持我国第一大出口产品地位。从出口产品的类型来看，中等技术密集型机电产品所占比例从1985年的72%下降到2007年的45%左右，高技术密集型机电产品所占比例从1985年的19%左右上升到2007年的53%左右，低技术密集型机电产品所占比例一直低于3%。但是，按照劳动和资本密集型划分标准来看，我国出口的绝大部分机电产品都属于劳动密集型产品，2007年63.01%的出口是劳动密集型，36.99%的出口是资本密集型。自从2002年以来，我国机电产品出口的整体竞争力迅猛提升，区域比较优势开始凸显，但是，在日本、韩国等市场上的比较优势不明显。从产品竞争力来看，在各类机电产品中，办公用机械及自动数据处理设备、电信及声音的录制及重放装置设备类产品，具有较强的竞争力，其他各类产品均不具有比较优势。

中国出口国际地区结构：（1）在1993—2004年间，我国出口商品的国际地区结构在部分地区存在一定程度的不平均性。从洲际地区来看，我国出口严重依赖亚洲；从经济集团来看，主要依赖于北美自由贸易区和欧盟；从国家或地区来看，主要依赖美国、欧盟、中国香港和日本。在所有的地区中，我国出口商品在北美洲和北美自由贸易区的地区结构最为失衡，美国在这两个地区所占份额都在90%以上。（2）在1993—2004年间，我国出口商品在部分地区的整体地区结构表现为不断优化的趋势。在对比研究的7个地区中，仅从各个地区最大的5个地区来看，我国出口国际地区结构集中度从大到小的排序是：洲际地区、亚洲、东盟、拉美、欧盟、前5大出口地区、非洲。也就是说，我国出口的国际地区结构在洲际地区最为集中，在非洲最为优化（分散）。从变化趋势来看，除拉美地区的地区结构表现为日益集中的趋势之外，在其他6个地区都表现为日益优化（分散）的趋势，我国出口在亚洲的地区结构优化速度最快，在其他5个地区的出口地区结构也在不断的优化，但速度比较缓慢。（3）在1993—2004年间，我国出口商品在部分地区的内部地区结构也表现为不断优化的趋势。在对比研究的7个地区中，洲际地区、东盟、亚洲和非洲4个地区内部各个国家和地区占我国出口份额之间的差距不断缩小，地区结构不断优化；欧盟、拉美地区和前5大出口地区，这3个地区内部各个国家和地区占我国的出口份额之间的差距不断扩大，地区结构不断恶化。2004年我国在这7个地区内部的出口地区结构均匀度从大到小的排序是：东盟、欧盟、前5大出口地区、亚洲地区、拉美地区、洲际地区、非洲地区。也就是说，东盟5国所占我国的出口份额最为平均，非洲5国所占我国的出口份额差异最大。

中国出口国内地区结构：（1）在1997—2004年间，我国出口商品的国内地区结构日益集中于东部沿海的10个省市。我国出口商品国内地区结构的变化主要表现为：广东地区所占份额下降，上海、江苏和浙江这3个地区所占份额逐渐上升。（2）在1996—2005年间，我国31个省市之间的出口绝对差异在不断扩大，出口相对差异在不断缩小；从三大地区来看，东部地区的内

7

部差异最大且差异越来越大，西部地区的内部差异次之，中部地区的内部差异最小；我国各省市出口差异日益扩大，我国各省市出口差异的 G 指数（基尼系数）一直保持在 0.7 以上，"九五"（1996—2000 年）期间 G 指数的平均值为 0.729， "十五"（2001—2005 年）期间 G 指数的平均值上升到 0.757，差异的扩大主要是由三大地区的外部差异导致的，三大地区的内部差异基本没有发生变化。出口差异扩大及其导致的风险问题日益突出，国家和地方政府要高度重视此问题。（3）2005 年，在我国 31 个省市中，出口发展水平在全国处于领先地位的有 6 个省市，出口发展水平一般的地区有 3 个，其他 22 个地区的出口发展处于落后的地位。在 1996—2005 年间，北京、广东的下降趋势和江苏、浙江的上升趋势最为明显。北京的地位从领先地区转变为一般地区，江苏、浙江从一般地区转变为领先地区。（4）在 2006—2015 年间，全国 31 个省市之间的出口绝对差异将下降，相对差异将下降，出口基尼系数将下降，出口对全国经济的带动作用将上升，三大地带间的出口差异将下降，东部地区内部的出口差异将下降，中部地区内部的出口差异将上升。在"十二五"（2011—2015 年）期间，全国 31 个省市间出口绝对差异将上升，三大区域的内部差异和外部差异都将上升，中部地区的内部差异也将上升。

中国出口结构存在的问题：（1）出口商品过于集中于低科技含量的制成品，"比较优势陷阱"倾向日益凸显。（2）出口商品结构过于集中，且对外资的依赖程度日益增加，外贸安全问题日益凸显。（3）出口国际地区结构过于集中，国际贸易摩擦问题日益严重。（4）出口国内地区结构过于集中，地区间经济发展日益不平衡。（5）外贸依存度不断提高，经济发展对国际市场过度依赖的趋势日益明显。

优化中国出口结构的思路：（1）优化出口商品结构的思路。实施出口商品多元化战略，降低出口商品过于集中的现状；实施核心技术自主研发战略，提高出口商品的技术含量；优化要素结构和提升要素质量，为优化出口商品结构奠定要素基础。（2）优化出口地区结构的思路。实施"新型市场多元化战略"，优化出口国际地区结构；加快落后省市当地经济和对外贸易的发展，优化出口国内地区结构。（3）促进对外贸易平衡发展和可持续发展的思路。在经济发展战略方面，构建内外均衡的经济发展战略，减少经济发展对国际市场的过度依赖；构建新的区域经济发展模式，降低经济发展对东部地区的依赖程度；加快培育我国自主的大型跨国公司，降低对外资企业的依赖程度。在外贸发展战略方面，适度增加战略性进口，提高进口对经济发展的促进作用；千方百计缓解贸易摩擦，创造良好的国际贸易环境。在对外直接投资战略方面，基础资源寻求型和边际产业转移型的对外投资应该投向发展中国家，核心技术寻求型的对外投资地区应该投向美日欧等发达国家，并防范投资风险。在利用外资战略方面，应该积极承接国际服务产业转移，加强我国当地企业与跨国公司的关联，尽快建立健全在华外资企业撤资机制，防范外资企业的垄断行为。

导　论

第一节　问题的提出

自从改革开放以来，我国货物贸易额一直保持高速增长的态势，到 2008 年，我国货物贸易取得了长足发展。主要表现在①：（1）货物贸易进出口额逐年大幅增长。在 1978—2008 年间，我国货物贸易进出口额年均增长 17.4%，比同期世界平均水平（8.7%）高 8.7 个百分点，比美国的平均增速高 9.3 个百分点，比第二大发展中国家印度的平均增速高 5.1 个百分点。（2）在世界进出口贸易中所占份额越来越大。我国货物贸易进出口额从 1978 年的 211 亿美元增加到 2008 年的 2.56 万亿美元，占世界贸易总额的比例从 1978 年的 0.8% 增加到 2008 年的 7.9%。（3）货物贸易进出口额居世界位次不断提升。1978 年，我国货物贸易进出口额居世界的第 29 位，1990 年提升到第 15 位，2000 年提升到第 8 位，2004 年提升到第 3 位并保持至今。

虽然我国对外贸易总量一直保持了高速增长，尤其是在进入 21 世纪的 8 年中，我国货物贸易进出口额更是在高位上逐年大

---

①　数据来源：国家统计局网站。

幅增长，年平均增长速度达到 22.4%，但是，我国对外贸易结构特别是出口结构却存在着一定的问题，日益成为我国对外贸易出口进一步发展的制约因素，严重影响我国对外贸易出口和经济增长的可持续性发展，外贸安全和经济安全问题日益凸显。

目前，我国外贸安全面临三个方面的严峻挑战：

1. 外贸依存度不断提高

外贸依存度提高带来的外贸风险主要表现为：一方面，外贸依存度提高就意味着我国与国际市场的联动加剧，世界政治经济不稳定和不确定性对我国经济的影响将进一步扩大。国际上的金融危机、股市涨跌、石油价格骤升骤降等事件都有可能对我国的经济安全产生巨大影响，由于"涟漪效应"的作用，任何国际市场波动都可能对我国产生影响。另一方面，由于经济增长与外贸规模高度相关，"一荣俱荣，一损俱损"，当围绕市场争夺而产生的贸易壁垒增加以及贸易摩擦加剧，使得出口面临的压力越来越大时，经济增长的风险也相应增大。目前，我国外贸依存度已经达到 70% 左右，随着我国将全面参与经济全球化，外贸依存度有可能继续提高，但是，我国还是一个发展中国家，企业和整体经济的抗风险能力还不够强，这就直接影响我国的外贸安全，进而给稳定经济带来更多的困难。

2. 对外资的依赖日益凸显

纵观我国改革开放的历史，我国经济发展的模式主要是通过积极引进外资、大力发展加工贸易而形成的出口主导型发展模式。不可否认，正是这种发展模式，使我国经济获得了迅速的发展，使我国从一个贫穷落后的国家发展成为在世界经济中具有举足轻重地位的经济大国和贸易大国，成为世界经济的新亮点和"发动机"。

但是，也正是由于这种发展模式，使我国面临着一个十分尴尬的局面：由于外资企业自身的优势、我国吸引外资的特殊优惠政策，导致外资企业在我国的经济力量日益强大，在不同领域不同程度地控制着我国的经济，严重影响我国的经济安全。从整体外贸领域来看，外资企业在我国的对外贸易中占据半壁江山；从具体产品出口来看，我国80%以上的高新技术产品出口是由外资企业主导的。一旦外资企业撤资，我国对外贸易就会急剧下降，进而导致以对外贸易作为经济增长根基的发展模式崩溃，最终导致我国经济改革毁于一旦。

另外，随着我国与国际经济的接轨，国际市场国内化，国内市场国际化，两个市场合二为一，导致我国内贸外贸化，外贸内贸化，内贸与外贸也逐渐地合二为一。在这种情况下，跨国公司无论是在国内的垄断还是在国外的垄断，都直接影响我国的外贸安全。有关研究表明①：目前，在国内市场上，外资在手机、电脑、服务器、网络设备等很多行业里都占有绝对垄断的地位；在化工、轻工业、医药等领域也占到1/3的市场份额；四大国际会计师事务所几乎垄断了我国所有海外上市企业的全部审计业务，而其中一些企业又往往是我国的关键行业，如能源、金融等，通过审计，外国机构可以获取到我国关键行业的重要信息，也会严重影响我国的外贸安全。

3. 国际贸易摩擦急剧增加

我国是国际贸易保护主义的最大受害者。在1979—2007年间，全球共有38个国家对我国发起各种贸易救济调查897起，涉案金额188亿美元，其中，反倾销是最主要的贸易救济手段，案件780起，占全部贸易救济措施的87%，涉案金额162亿美元，占全部贸易救济措施涉案总金额的86%。截至2008年，我

---

① 夏斌：《对外开放须关注经济安全》，中财网2005年7月27日。

国已经连续 14 年成为遭遇反倾销调查最多的成员，连续 3 年成为遭遇反补贴调查最多的成员，而且我国遭受的贸易限制措施所占份额与我国在全球贸易中所占份额不成比例。据世贸组织统计，2008 年外国对我国发起反倾销调查 73 起、反补贴调查 10 起，分别占全世界总数的 35% 和 71%。

目前，我国国际贸易摩擦开始进入了一个新的阶段，主要表现在两个方面：（1）新型贸易壁垒日益增加。传统的关税壁垒让位于非关税壁垒，在"两反一保"（反倾销、反补贴、特殊保障）的基础上，出现了各种标准壁垒。例如，技术贸易壁垒、绿色壁垒、社会责任标准 SA8000、337 调查等等。这些新型贸易壁垒对我国出口的不利影响十分严重。（2）我国与发展中国家之间的贸易摩擦急剧增加。随着我国遭受的国际贸易壁垒与日俱增，在欧美发达国家频频发难的同时，来自发展中国家的贸易壁垒也不容忽视。目前，我国企业遭遇的贸易壁垒有近 3/5 是由发展中国家发起的。

可见，我国外贸安全问题十分显著。根据我国经济发展经验和世界经济发展趋势，我国全面提高对外开放水平的总体方向是对的，但是，我国不能为了发展经济而忽视国家经济安全，我国应该在保证国家经济安全特别是外贸安全的基础上全面提高对外开放的水平。联合国国际劳工组织（ILO）发表的报告 "Economic Security For A Better World" 指出[1]：中国近年来的经济增长、吸引外资等居于领先地位，但是经济安全却未得到相应提升，这应当引起注意。本报告按照各国的经济安全程度分为四个类别，中国属于最低的"仍须努力"（Much To Be Done）国

---

[1] 《国际组织对中国经济安全的指责值得重视》，《世界商业评论》2004 年 9 月 6 日。

家，经济安全指数在 90 个国家和地区中排第 58 名。这就需要我
国重视外贸安全问题。这一问题关系到我国的长期发展，直接关
系到我国的未来命运，与我国几十年的经济改革与发展息息
相关。

其实，我国外贸安全存在的问题与我国的出口商品结构、出
口地区结构有着内在的联系。我国出口商品结构过于低下，出口
商品的技术含量过低，再加上是以加工贸易的形式出口的，出口
企业为了获得较多的利益，各出口企业竞相出口，导致不仅出口
地区日益集中，而且出口价格也日益下降，大大低于其他出口国
家的相应价格，贸易条件日益恶化，长期以来，就导致外国对我
国发起的国际贸易摩擦不断增加。另外，从我国国内地区经济的
发展现实来看，由于我国大力实施对外开放的政策，一直利用外
资、外贸发展我国的经济，在我国进行投资的外资企业一般都是
出口导向型的，进而导致我国目前外资主导型的出口，不仅我国
出口对外资的依赖日益凸显，而且我国经济发展对出口的依赖也
日益增加，最终就形成了各省市的经济发展程度与其利用外资
额、出口额紧密相关。因此，就有必要对我国出口结构问题进行
深入研究，以确保我国的外贸安全，确保我国经济的可持续发展
和顺利转轨。

目前，我国对外贸易出口结构有两个方面的问题亟待
研究：

1. 出口商品结构问题

一个国家的出口商品结构，不仅反映了一个国家的经济发展
水平，也代表着一个国家在国际分工中的地位。一个国家的出口
商品结构是由国家的资源禀赋和外贸战略、经济发展战略等多种
因素决定的。自从改革开放以来，我国一直大力实施出口导向战
略，通过外贸和外资大力发展工业、重工业，经过多年的发展，

我国出口商品结构不断优化，已经从出口初级产品为主转变为以出口工业制成品为主，与此同时，我国经济发展水平不断提高，在国际分工中的地位也在不断地提高。

但是，在我国现行的出口商品结构中，有两个新的问题亟待研究：

（1）在我国现行的出口商品结构中，具体的商品结构构成是什么状态？哪几类商品在出口中占据主导地位？存在不存在我国出口过度依赖某种商品的现象？如果存在过度集中的话，就会影响我国的外贸安全，进而影响我国的经济安全。

（2）工业制成品按照技术含量的不同，可以分为很多类，像低技术含量制成品、中等技术含量制成品、高技术含量制成品等等。21世纪是知识时代，技术成为衡量一国经济水平和国际地位的主要标准，那么，我国各类不同技术含量的工业制成品在国际上的竞争力如何？各类不同技术含量的工业制成品在我国出口商品结构中的构成如何？特别是高技术含量的工业制成品在我国出口商品中的比例以及国际竞争力如何？只有对这些问题保持全面清醒的认识，才能真正地了解我国所处的国际分工地位以及对外贸易持续发展的趋势。

2. 出口地区结构问题

从地域属性来看，出口地区结构可以分为国际出口地区结构和国内出口地区结构。

（1）从国际出口地区结构来看，国际出口地区结构状况与国际贸易摩擦、外贸安全有紧密的关系。由于一些历史因素和客观因素，我国对外贸易的国际出口地区结构主要集中于美、日、欧等发达国家。20世纪90年代初期，我国政府为了改变对外贸易国际地区结构在80年代末期过于集中的状况，减少政治风险和经济风险，于1991年部署并实施了市场多元化战略。那么，目前我国国际出口地区结构到底处于何种状况？国际出口地区结构的整体变化趋势及其发展趋势如何？是否存在过度依赖某一地区的状况？如果过于集中的话，不仅会引起国际贸易摩擦，也会导致外贸不安全问题。

（2）从国内出口地区结构来看，国内出口地区结构状况与国内地区间经济差距、收入差距有着紧密的关系。由于政策因素、地理因素等原因的影响，导致我国对外贸易出口主要集中于东部沿海地区，中部和西部地区在全国中所占份额较少。那么，国内出口地区结构到底处于何种状况？各个省市所占份额及其差距到底有多大？我国省市间出口差异处于何种状态？差异的发展趋势是会扩大还是缩小呢？另外，从实际情况来看，我国区域经济发展不平衡以及居民收入差距拉大问题日益严重，引起了国家政府的高度关注。对外贸易特别是出口是经济增长的"发动机"，在目前跨国公司主导的贸易投资一体化的条件下更是如此。因此，从对外贸易的视角解决地区间发展不平衡问题就具有可行性。但是，只有清楚地了解这些现实状况，才能为缩小我国地区间经济差距、地区间收入水平差距、东中西部互动发展制定可行的政策建议，以确保我国经济持续稳定高速发展和社会稳定。

基于以上的分析，可以知道，对我国对外贸易出口商品结构和出口地区结构进行研究，不仅具有紧迫性、现实性，而且还具有战略性。对于我国来说，深入、全面、及时、准确地研究这些问题对我国对外贸易和经济的进一步发展有着重要的指导意义。这也是本书选题的意义所在。

第二节　文献综述

制造业的发展水平和产业结构的变动趋势是影响经济长期增长率的一个重要因素①。一个国家或地区的人均 GDP 达到 1000 美元以后，工业化进入了中期阶段，农业的增速稳中有降，经济增长主要依靠非农产业特别是制造业的加速增长拉动；与服务业相比，制造业的增长能够较多地利用国外市场，并通过国际贸易调节国内产业结构和经济运行；制造业是国家竞争力的核心，美国曾经因为制造业的衰退而反思其"非工业化"路线。基于此，本书所要研究的对象就是工业制成品，不包括农业和服务业。

自从 1978 年以来，世界经济、国内外形势发生了巨大变化，我国经济发展的速度、态势，面临的机遇和挑战时时刻刻都在发生着变化。特别是自从 2001 年我国加入 WTO 以来，我国对外贸易所处的环境和面临的问题与以前相比发生了很大的变化，出现了很多新的问题。所以，本书主要对 2000 年以后的文献进行综述。这里主要对四个方面的问题进行文献综述：（1）出口商品结构；（2）出口商品比较优势；（3）出口国际地区结构；（4）出口国内地区结构。

一、出口商品结构文献综述

国际贸易按照商品形态的不同，可以分为货物贸易（商品贸易）和服务贸易。由于本书主要针对出口商品贸易进行分析，所以就仅对有关出口商品结构的文献进行综述。从已有的文献来

---

① 郭克莎：《人均 GDP 达到 1000 美元后的长期发展进程》，《新华文摘》2005 年第 9 期。

看，国内外学者从不同方面对出口商品结构进行了相关研究。

1. 中国出口商品结构的整体状况

近年来，一些国内学者从不同方面对我国出口商品结构的整体状况进行了分析和研究，主要代表性研究有：

张曙宵[①]（2003）对我国的出口商品结构及其变化进行了分析，把商品分为初级产品和工业制成品两大类进行考察，认为1980—2000年中国的出口商品结构变动表现为三个特征：工业制成品出口占据主导地位；劳动密集型产品成为出口主导产品；机电产品出口比重不断增大。分析结果认为：中国出口产业结构已经发生了重大转变；中国产业结构的升级主导着中国出口商品结构的变化，而出口规模的扩大和出口商品结构的优化又推动国内产业结构不断由低级向高级转变。同时指出了出口商品结构中存在的矛盾和问题，例如，出口商品结构仍然呈现低级化；出口粗放经营，静态效益低下；我国在国际分工中的地位仍然较低；出口商品结构变化中存在着矛盾；出口商品结构提升与合理化之间矛盾突出。最后提出了一些调整对策。

尹翔硕[②]（2003）对我国对外贸易的产品结构进行了分析，认为我国货物贸易进出口产品结构的一个最大变化就是初级产品的比重下降，贸易中具有比较优势的产品数目以及它们在可贸易产品中的比重也都提高了；同时，中国的比较优势主要还在于劳动密集型产品，但是，中国的高新技术产品出口也在不断地增加。

---

① 张曙宵：《中国对外贸易结构论》，中国经济出版社2003年版，第101页。

② 尹翔硕：《中国外贸结构调整的实证分析》，山西经济出版社2003年版，第128页。

付朝阳①（2003）认为自从 1985 年以来，我国在出口快速增长的同时，出口商品的构成也发生了很大的变化，从以初级产品和低技术制成品的出口为主演变成以低、中、高技术制成品的出口为主。在我国出口快速增长、出口商品构成演变的同时，外国直接投资也大量流入我国。外国直接投资对我国出口增长和出口商品结构的演变产生了很大的作用。

崔蔚等②（2003）运用球坐标变换的成分数据预测方法，研究我国出口商品结构的动态变化规律，对中国出口商品结构的发展趋势进行分析与预测。研究表明，我国出口商品结构正快速由劳动密集型商品向资本密集型和技术密集型商品过渡，初级产品的比重不断下降，机械及运输设备的比重迅速提高。

张小蒂、李晓钟③（2002）利用外贸统计数据对我国的出口商品结构、相关比较优势等进行了实证分析，研究结果表明：劳动密集型产品在我国出口商品中比重最高，同时也是主要具有比较优势的商品。技能、技术密集型产品在我国的总出口额和具有比较优势产品中的比重均有所提高，但与世界平均水平相比，我国出口商品的技术含量还较低，有待进一步改进。

2. 中国出口商品结构存在的问题

（1）出口商品结构与国内生产结构脱离。

金哲松④（2003）提出：从长期的经济发展进程来看，贸易

① 付朝阳：《外国直接投资对我国出口增长和出口商品结构的影响》，《国际贸易问题》2003 年第 11 期。

② 崔蔚等：《中国出口商品结构的预测分析》，《系统工程》2003 年第 4 期。

③ 张小蒂、李晓钟：《我国出口商品结构变化的实证分析》，《数量经济技术经济研究》2002 年第 8 期。

④ 金哲松：《中国贸易结构与生产结构偏离的原因分析》，《中央财经大学学报》2003 年第 3 期。

结构与生产结构应呈现高度的相关性，至少在长期的变化方向上保持一定的趋同性。但是，在我国制成品贸易结构的变化和制造业生产结构的变化上看不出任何趋同的倾向，反而出现了两种结构明显偏离的情况。

尹翔硕①（2003）认为偏离最主要的原因就是加工贸易，由于政策上鼓励加工后出口，限制在国内市场上销售，就使得这种生产与国内的生产产生分离，由于我国改革开放以来一直实施鼓励加工贸易的政策，就导致我国出口产品结构与国内的产业结构日益不一致，形成了一种所谓的体制外的循环增长；但是，自从2001年我国加入WTO以来，由于市场化进程加快，我国出口产品结构与国内的产业结构之间的差距在逐步地缩小。

（2）出口商品结构低下。

韩晶②（2000），蓝庆新、田海峰③（2002）通过对贸易结构变化和经济转型增长的实证分析，证明两者存在着显著的线性相关关系，贸易结构变化和经济增长转型之间存在着相互促进、相互依赖的关系，并具体分析了我国贸易结构的现状，贸易增长主要是数量扩张型增长，出口商品的高附加值趋势有所表现；我国参与国际水平分工程度有所提高，与美日发达国家的贸易仍具有较强的垂直分工特征；我国具有国际竞争优势的出口商品主要来自劳动密集型产业，技术和资本密集型产品的国际竞争力仍然偏低。

11

---

① 尹翔硕：《中国外贸结构调整的实证分析》，山西经济出版社2003年版，第159页。

② 韩晶：《贸易结构变化对经济增长转型影响分析》，《贵州财经学院学报》2000年第5期。

③ 蓝庆新、田海峰：《我国贸易结构变化与经济增长转型的实证分析及现状研究》，《外贸经济、国际贸易》2002年第7期。

3. 改善中国出口商品结构的对策

世界银行（2004）的有关研究表明①：出口构成的变化是支持贸易增长的重要因素。目前，在发展中国家的出口产品中，初级产品少于制成品，20年前，发展中国家的商品出口收入的70%来自出售初级产品，即农产品和能源，目前这一局面已经被彻底扭转过来，出口收入的80%来自于制成品。随着制成品在出口中所占比重的提高，大多数制造业部门取得的高增长对总体出口增长起着越来越大的作用，凡是制成品在出口总额中所占比重很大的国家，出口增长就越快。在未来10年里，由于制成品所占比重会进一步提高，此种结构效应将继续对总体增长产生影响。

尚琳琳②（2000）认为我国外贸已进入到一个调整阶段，只有进行外贸结构的调整，尤其是出口商品结构的调整，逐步由非熟练劳动密集型产品为主转向物质资本、人力资本密集型产品为主，乃至向技术和知识密集型产品为主，才能进一步加大外贸对我国经济增长的贡献，确保我国经济快速稳定增长。

二、出口商品比较优势文献综述

一国工业制成品技术含量和附加值的高低直接体现着一国制造业的竞争力水平，围绕制成品贸易比较优势和结构问题，国内外学者从不同角度做了大量的实证研究。

1. 国际相关研究文献综述

牛津大学教授沙加亚·劳尔③（2002）对比分析了中国不同

① 世界银行：《全球经济展望：履行多哈议程的发展承诺》，中国财政经济出版社2004年版，第40页。
② 尚琳琳：《出口商品结构调整的实证分析》，《国际贸易问题》2000年第8期。
③ ［英］沙加亚·劳尔：《中国对亚洲制成品出口竞争影响》，《南开经济研究》2002年第1期。

技术含量制成品出口对东亚新兴工业化国家和拉丁美洲发展中国家制成品出口造成的影响，并在此基础上提出人力资本、科技成果、外国直接投资、技术进口等是提高制造业竞争力的内在动力。

Liu Xianming、David Parker[1]（2001）等人分析了改革开放以来外资的大量进入对中国高科技含量制成品贸易比较优势所产生的影响，利用显示比较优势指数和净贸易条件率进行了对比分析。

Bender、Siegfried[2]（2001）对亚洲国家（包括东亚新兴工业化国家及地区和东南亚四国）和拉丁美洲国家在世界市场上制成品出口显示比较优势和制成品出口结构进行了对比分析，主要分析了三种不同类型国家和地区的制成品出口在世界市场上所占份额及不同类型制成品贸易结构在 1981—1997 年间的优化幅度。

13

Richardson J. David[3]（1999）把显示比较优势指数进行了一般拓展，并从时间序列和部门截面数据计算了欧盟 15 国、北美自由贸易区、拉丁美洲 6 国、亚洲"四小龙"、东南亚四国等制成品贸易的显示比较优势指数和区域显示比较优势指数并进行了对比分析。

[1]　Liu Xianming, David Parker: "Changes in China Comparative Advantage in Manufacturing 1987 – 1995: A Statistical Study", *Aston Business School Research Paper*, 2001.

[2]　Bender , Siegfried: "Trade and Comparative advantage of Asia and Latin American Manufactured Export", *APEC Study Center Consortium Conference*, 2001.

[3]　Richardson J. David: "Revealing Comparative Advantage: Chaotic or Coherent Patterns across Time and Sector and US Trading Partner", *NBER Working Papers*, 1999.

Xiao – guang Zhang[1]（2000）用国内资源生产率的方法估计了我国不同贸易产品/部门的比较优势。他把所有可贸易产品分为5类：农产品、自然资源产品、物质资本密集产品、人力资本密集产品、非技能劳动密集产品。分析结果表明，自从1978年以来，农产品和自然资源产品的优势不断下降，物质资本密集产品、人力资本密集产品和非技能劳动密集产品的优势在不断上升，其中，下降幅度最大的是自然资源产品，上升幅度最大的是人力资本密集产品。到20世纪90年代中期，物质资本密集产品和人力资本密集产品的优势从绝对值来看还比较低，而农产品仍然还有相当的优势。

World Bank[2]（1993）的研究结果表明：在我国工业制成品的出口中，20世纪60年代资本密集型产品占了65%，劳动密集型产品只占35%；改革开放以后，劳动密集型产品逐渐增加，到1990年达到了74%。

2. 国内相关研究文献综述

岳昌君[3]（2001）比较分析了中国和亚洲其他国家和地区制成品贸易出口比较优势、区域比较优势、出口贸易结构、出口产品要素密集度变化状况，并对影响亚洲区域和中国制成品比较优势的因素进行了计量实证检验。

关志雄[4]（2002）利用出口高度化指标对中国和日本双边贸

① Xiao – guang Zhang: *China's Trade Patters and International Comparative Advantage*, London: Macmollan Press Ltd. , 2000.

② World Bank: *The East Asia Miracle*, New York: Oxford University Press, 1993.

③ 岳昌君：《比较优势与亚洲区域经济》，北京大学中国经济研究中心讨论稿，2001年。

④ 关志雄：《从美国市场看"中国制造"的实力——以信息技术产品为中心》，《国际经济评论》2002年第7—8期。

易的互补性和竞争性进行了实证检验，并且对亚洲国家高科技制成品的比较优势和竞争力做了全面的对比分析，充分论证了亚洲国家之间的"雁阵"分工模式。

汪斌、邓艳梅①（2003）对中日制成品贸易区域比较优势进行了测度，分析了中日之间垂直产业内贸易和水平产业内贸易的发展情况。

范爱军②（2002）对中国各类出口产业的比较优势进行了实证分析，对亚洲10个经济体、10类产品在美国市场上18年出口总额、市场份额、区域显示出口比较优势大小进行了测度。

彭磊③（2004）认为贸易结构优化是一个动态、阶段性的过程。根据发达国家贸易发展路径及其依赖的理论基础，把发展中国家贸易结构优化分为三个阶段：第一阶段，贸易动力主要是由自然禀赋的比较优势决定的，即在现存的资源约束条件下，实现资源最优配置，达到贸易结构的优化。第二阶段，推动贸易发展的动力主要是比较优势的高级化，即用动态比较优势的发展眼光寻求规模经济效应以实现贸易结构优化。第三阶段，竞争优势成为推动贸易结构优化的主要动力。他以"显性比较优势"作为检验指标，对我国现有贸易动力进行实证检验，得出我国贸易结构正处于第一阶段向第二阶段过渡的结论，也就是说，我国制成品的贸易优势在稳步上升的同时，贸易结构和比较优势正在发生着显著变化，我国比较优势商品的上升空间还比较大。比较优势的

---

① 汪斌、邓艳梅：《中日贸易中工业制成品比较优势及国际分工类型》，《世界经济》2003年第4期。

② 范爱军：《中国各类出口产业比较优势实证分析》，《中国工业经济研究》2002年第2期。

③ 彭磊：《贸易结构优化三阶段论及我国所处阶段的实证检验》，《国际经贸探索》2004年第1期。

变动，使我国参与的国际分工正取代部分高阶梯国家的产业分工。

陈建军、肖晨明①（2004）运用实证分析的方法，分析了中国与东盟主要国家出口贸易的国际竞争力和在第三国市场上竞争的激烈程度。他们认为，中国与东盟主要国家具有国际竞争力的产品存在一定差异，比较优势呈阶梯分布，中国与东盟主要国家集中出口的产品正是以上各国具有国际竞争力的产品。

朱迎春、王云飞②（2004）应用显性比较优势指数（RCA）和斯皮尔曼等级系数测量了1999—2003年间中、日、韩三国在美国市场上的竞争情况及其变化，得出中、日、韩三国在美国市场上存在竞争，而且中国和日本、中国和韩国的竞争有不断加剧的趋势，日本和韩国的竞争性虽有不断下降的趋势，但总体竞争性还是比较强。

三、出口国际地区结构文献综述

1. 国际相关研究文献综述

从国际上来看，直接针对出口国际地区结构的研究几乎没有，但是，针对不同地区和国家，很多学者对与出口、出口地区结构有关的方面做了一些理论和实证研究。相关的代表性研究主要有：

Malcolm Dowling 和 David Ray③（2000）对过去20年亚洲经济的贸易和投资模式进行了总结，分析了亚洲地区的出口结构和

---

①　陈建军、肖晨明：《中国与东盟主要国家贸易竞争性比较研究》，《商业经济与管理》2004年第8期。

②　朱迎春、王云飞：《中、日、韩在美国市场上的竞争性分析》，《世界经济研究》2004年第11期。

③　Malcolm Dowling, David Ray: "The Structure and Composition of International Trade in Asia: Historical Trend and Future Prospects", *Journal of Asian Economics*, Vol. 11, 2000, pp. 301–318.

贸易体制、出口构成的变化和创新、进口结构的变化和深层次原因，并指出了亚洲长期增长所面临的挑战。

Masahiro Endoh[1]（2000）对第二次世界大战以后亚洲和太平洋地区之间贸易关系的转变和特征进行了分析，分析结果表明，在1960—1995年间，东盟成员国之间的贸易没有增加，东非经济共同体成员国之间的贸易发展十分迅速，东非经济共同体和其他亚太经合组织国家之间的贸易增加了，亚太经合组织国家和其他亚洲国家之间的贸易关系变得更加紧密。

Donald R. Davis 和 David E. Weinsten（1996[2]，1999[3]）1996年对OECD地区的产品结构进行了分析，1999年对日本的国内地区产品结构进行了研究，他们通过对两次研究的比较，认为地理因素对产品的国际地区结构影响很小，对产品的国内地区结构影响很大。

GuoRongxing[4]（2004）分析了文化因素对两国双边贸易的影响，认为语言上的联系对两国双边贸易的影响比地理上的接近对两国双边贸易的影响更重要。

Marcus Noland[5]（1996）对美国的贸易和投资进行了研究，

17

① Masahiro Endoh: "The Transition of Postwar Asia – Pacific Trade Relations", *Journal of Asian Economics*, 10, 2000, pp. 571 – 589.

② Davis, Donald R. , Weinsten. David E. : "Does Economic Geography Matter for International Specialization", *Working Paper No. 5706, NBER*, Cambridge, MA. , 1996.

③ Donald R. Davis, David E. Weinsten: "Economic Geography and Regional Production Structure: an Empirical Investigation", *European Economic Review* , Vol. 43, 1999, pp. 379 – 407.

④ Guo Rongxing: "How Culture Influences Foreign Trade: Evidence From the US and China", *The Journal of Socio – Economics* , Vol. 33, 2004, pp. 785 – 812.

⑤ Marcus Noland: "Trade, Investment, and Economic Conflict between the United State and Asia", *Journal of Asian Economics*, Vol. 7, No. 3, 1996, pp. 435 – 458.

认为美国的投资和出口是相互补充的。由于美国和贸易伙伴之间的双边贸易摩擦主要是由双边贸易赤字导致的，因此，美国流入亚洲投资的增加，不仅会提高双边的福利水平，还会缓解双边的贸易关系。

Zhang Zhaoyong 和 OW Chin Hock ①（1996）对东盟和中国地区之间的国际贸易和对外直接投资之间的关系进行了研究，发现东盟比较优势和其他宏观因素的变化在促进企业到中国投资起着重要的作用，但是，东盟和中国之间贸易结构雷同、互补性缺乏限制了双方产品的吸收能力。

Tamim Bayoumi 和 Gabrielle Lipworth②（1998）研究发现，不管是在东亚，还是在北美和欧洲，日本的资本流出对日本出口具有临时性的冲击，对日本进口具有永久性的影响。

2. 国内相关研究文献综述

从国内来看，国内学者对此问题只是做了初步的、局部的研究。代表性研究主要有：

强永昌③（1992）从定性和定量的角度对我国出口市场体系进行了分析，认为我国当时的出口市场体系在国别分布上是比较广泛的，但由于各类市场发展的不平衡，致使大部分市场未能得到充分开发和利用，形成出口贸易过分集中。

---

① Zhang Zhaoyong, OW Chin Hock: "Trade Interdependence and Direct Foreign Investment Between ASEAN and China", *World Development*, Vol. 24, No. 1, 1996, pp. 155 – 170.

② Tamim Bayoumi, Gabrielle Lipworth: "Japanese Foreign Direct and Investment and Regional Trade", *Journal of Asian Economics*, Vol. 9, No. 4, 1998, pp. 581 – 607.

③ 强永昌：《我国出口市场多元化战略初探》，《国际经贸探索》1992 年第 1 期。

宣家骥、戴克维①（1996）认为，虽然我国的市场多元战略取得一定进展，但市场分布的格局尚未发生根本转变，出口贸易主要集中在少数几个发达国家和我国港澳地区，这些市场占我国出口总额的 80%，发达国家市场在我国出口贸易中所占比重日渐提高。

高敬峰②（2001）认为，我国出口市场分布过分集中于中国香港、美国、日本、欧盟、东盟和韩国等相对发达的国家和地区。

华晓红③（2002）通过对我国出口市场结构与国际进口市场格局进行比较，发现我国对日本、中国香港市场依赖度较高；对欧盟与拉美市场开拓不足，存在较大开拓空间；对美国市场和其他市场的分布格局基本是合理的。与世界主要贸易国家和地区出口市场格局比较，我国出口市场集中度适当。

张曙宵④（2003）对我国对外贸易外部区域结构进行了研究，主要分析了我国对外贸易外部区域结构即国别结构的演变、现状及其特点和趋势；我国与主要发达国家（美、日、欧、加拿大、澳大利亚和新西兰）、发展中国家和地区、中国内地与港澳台地区，中国同独联体、波罗的海和东欧国家贸易关系的发展状况与特点、存在的问题与发展趋势；我国对外贸易外部区域结构不平衡的原因等等。但是，这些分析都是从宏观的角度进行分

19

① 宣家骥、戴克维：《我国外贸出口市场战略的优序分析》，《湖南大学学报》1996 年第 6 期。

② 高敬峰：《我国出口市场多元化与出口企业重组思考》，《国际经贸探索》2001 年第 1 期。

③ 华晓红：《拓展均衡——我国出口市场多元化战略评价与调整》，《国际贸易》2002 年第 9 期。

④ 张曙宵：《中国对外贸易结构论》，中国经济出版社 2003 年版，第 216 页。

析的，即直接用我国与其他国家之间的双边贸易额来进行分析的。只有在分析中欧出口商品结构时，对商品按照海关统计的标准进行了 20 类的划分，但是，也只是分析了 1994 年和 1998 年的数据。

李夏玲、洪毅颖①（2004）对中、美对外贸易地区结构进行了比较，认为日本在中美两国的外贸中占有相当大的比重，但中国对日本的贸易额要大于美国对日本的贸易额；美国对发达国家的贸易比重远高于中国。美国主要依赖北美市场，而中国主要依赖亚洲市场；中、美两国对非洲、拉丁美洲、东欧等经济欠发达区域的进口贸易比重都不大。美国经过多年的外贸发展和格局调整后，其市场结构已渐趋合理；我国的对外贸易地区结构经过20 多年的发展，虽有很大改善，但也存在着一些不合理的因素，而且市场多元化水平明显低于美国。其主要表现是，我国对亚洲市场的出口比重过高，而对北美、拉美尤其是占世界进口份额很大的欧洲市场的出口比重过低。

另外，有关学者就中国某省或某种产品的出口市场结构进行了相关研究。裴向军②（2004）分析了浙江省出口的市场格局。朱晶③（2004）实证分析了中国 3 类主要劳动力密集型农产品（肉类产品、蔬菜水果产品和水产品）的出口市场结构及目标市场定位的现状和演化。分析结果认为，中国对各主要出口市场的贸易扩张并不平衡，对个别市场扩张趋势过于强烈，而对其他正

---

① 李夏玲、洪毅颖：《中、美贸易结构比较及启示》，《经济纵横》2004年第 7 期。

② 裴向军：《浙江省出口市场多元化的现状和发展对策》，《国际贸易问题》2004 年第 5 期。

③ 朱晶：《中国劳动力密集型农产品出口市场结构与定位分析》，《中国农村经济》2004 年第 9 期。

在发展的市场关注不够。庞守林、田志宏①（2004）运用贸易竞争指数、市场占有率、市场集中度和显示性比较优势指数，定量比较分析了中国苹果对外贸易的产品结构、规模结构和市场结构。

四、出口国内地区结构文献综述

1. 国际相关研究文献综述

近年来，对外贸易与地区经济发展差距之间的关系研究成为国外学者关注的焦点。

Dan Ben – David②（1996）对贸易自由化和经济增长收敛之间的关系进行了研究，认为贸易会促进经济增长的收敛，即贸易会缩小地区间的经济差距。

Feenstra③（1996）认为，如果贸易国之间的贸易和知识国际扩散同时发生，就会导致贸易国增长率的趋同，如果伴随贸易没有知识的国际扩散，贸易就会导致贸易国增长率的差异。

Riccardo Faini④（1998）认为，如果发达地区和落后地区进行联盟，那么，落后地区非熟练工人的工资会增长，落后地区的经济增长趋势比较显著。

Ashok Parikh 和 Miyuki Shibata ⑤（2004）分析了 64 个发展中

---

① 庞守林、田志宏：《中国苹果国际贸易结构比较分析与优化》，《中国农村经济》2004 年第 2 期。

② Dan Ben – David: "Trade and Convergence Among Countries", *Journal of International Economics*, Vol. 40, 1996, pp. 279 – 298.

③ Robert C. Feenstra: "Trade and Uneven Growth", *Journal of Development Economics*, Vol. 49, Issue 1, April, 1996, pp. 229 – 256.

④ Riccardo Faini : "Trade Unions and Regional Development", *European Economic Review*, Vol. 43, 1999, pp. 457 – 474.

⑤ Ashok Parikh , Miyuki Shibata: "Does Trade Liberalization Accelerate Convergence in per Capita Incomes in Developing Countries? ", *Journal of Asian Economics*, Vol. 15, 1999, pp. 33 – 48.

国家贸易自由化对经济增长收敛的影响，认为贸易自由化缩小了亚洲和拉丁美洲地区间的经济差距，扩大了非洲地区间的经济差距。

Cyrus[①]（2004）对国际贸易与跨国收入差异之间的因果关系进行了研究，认为越是经济发展水平相近的国家它们之间的贸易量越多；自从第二次世界大战以来，贸易增加和收入差距缩小同时存在，原因是双向的，收入差距缩小导致贸易量增加，贸易量增加也导致收入差距缩小。

E. Kwan Choi[②]（2006）认为，从南北贸易来看，虽然贸易自由化使两个地区的福利都增加了，但是，两个地区之间的实际收入差距却拉大了。

David 和 Chad[③]（2006）通过对 83 个国家的研究，发现贸易开放度的增加与产出收敛速度较快是有关联的。

2. 国内相关研究文献综述

到目前为止，我国国内学者还是停留在对国内地区间经济差距的现状研究，缺乏对出口与地区间经济发展差距关系的研究，缺乏对我国出口地区差异的研究，甚至对我国出口国内地区结构的研究也比较少。相关的研究主要有：

---

① Teresa Cyrus: "Does Convergence Cause Trade, or Does Trade Cause Convergence", *International Trade & Economic Development*, Vol. 13: 4, 2004, pp. 397 –418.

② E. Kwan Choi: "North – South Trade and Income Inequality", *International Review of Economics and Finance,* Vol. 16, Issue 3, 2007, pp. 347 – 356.

③ Giles. David, Stroomer. Chad: "Does Trade Openness Affect the Speed of Output Convergence? Some Empirical Evidence", *Empirical*, Vol. 31, Issue 4, 2006, pp. 883 – 903.

张曙宵①（2003）对我国对外贸易内部区域结构进行了研究，主要分析了我国对外贸易内部区域结构即东中西三大地区对外贸易发展的现状、特点、趋势和内部结构不平衡的原因。分析结果表明，我国对外贸易主要由十强省市支撑，1996—2000年，前十强的省市保持不变，只是位次发生了变化；我国对外贸易对三强省市的依赖度相当高，2000年广东、江苏、上海成为前三甲，出口总额占全国出口总额的55.58%；我国对外贸易对第一强的依赖度高达1/3。

尹翔硕②（2003）对我国对外贸易的国内地区结构进行了分析，认为地区对外贸易的发展与国家政策紧密相关，良好的吸引外资的投资环境对促进对外贸易的发展非常重要。

郭克莎和李海舰③（1995）分析了各省区的进出口贸易规模、进出口贸易结构，认为我国各地区对外开放水平和开放业绩存在明显的差距。

许雄奇和张宗益④（2003）对中国出口发展的地区差异进行了研究，认为在1992—2001年间，中国省市之间出口发展尽管有差异，但是差距在逐渐缩小。

五、简要评论

从以上的文献回顾来看，国内外有关学者已经对我国的出口商品结构和出口地区结构进行了相关的初步研究。但是，已有研

---

① 张曙宵：《中国对外贸易结构论》，中国经济出版社2003年版，第211页。

② 尹翔硕：《中国外贸结构调整的实证分析》，山西经济出版社2003年版，第188页。

③ 郭克莎、李海舰：《中国对外开放地区差异研究》，《中国工业经济》1995年第8期。

④ 许雄奇、张宗益：《中国出口发展的地区差异实证研究》，《上海经济研究》2003年第1期。

究存在着一定的不足：

（1）在对出口商品结构分析时，没有对我国商品结构变化的历史演变进行全面的分析，很多研究一般都是对个别年份或者间断的几个年份进行分析，具有片面性。另外，对商品分类也只是比较粗略的，没有对商品按照技术含量进行详细的分类，所以，分析结果的现实性就不强，不能真正、准确地反映出我国出口商品结构的变化情况。此外，针对我国出口商品比较优势的研究较少，且缺乏深入性和全面性。

（2）在对出口国际地区结构分析时，已有的研究几乎都是对我国与其他国家之间的双边贸易进行研究，只有极少的文献对我国整体出口国际地区结构进行了研究，但也只是对某一年份的情况进行简单的分析，没有对我国出口国际地区结构的历史演变及其原因进行详细的分析，更没有对历年出口地区结构的变化趋势进行测度和比较分析。

（3）目前关于我国出口国内地区结构的研究极少，关于中国省市间出口差异及其测度的研究更是寥寥无几，根本就没有对出口差异发展趋势进行预测的研究。

基于此，本书将对上述问题进行深入的研究。

第三节　本书研究的国际分工背景

国际分工是指各国在从事商品生产时，相互间实行的劳动分工和产品分工，它是社会分工向国际范围扩展的结果。国际分工属于历史范畴，是社会分工发展到一定阶段的产物，是社会分工超越国界的结果，是生产社会化向国际化发展的结果。一般来说，国际分工是国际贸易和世界市场的基础，也是维持世界经济发展秩序的基石。伴随着经济全球化的不断发展，国际分工也在不断地发生变化，国际分工已经从产业间分工、产业内分工转变为产品内分工。由于国际分工是国际贸易和世界市场的基础，国际贸易的形态也从产业间贸易、产业内贸易转变为产品内贸易。国际分工形式的变化对国际贸易和世界经济都产生了一定的影响。

一、产品内分工的界定

自从20世纪90年代以来，国际分工进一步细化，国际分工由产品层面深入到工序层面，很多产品的生产过程被拆分为不同的阶段，分散到不同的国家或地区进行，并与跨国界的产品内贸易相连接。

不同学科背景的学者们使用不同的概念来描述这一现象。主要概念有：垂直专业化、价值链分解、国际化生产分担、外部筹供、外包、生产分离、国际化生产网络、生产非一体化、多阶段生产、生产过程的分裂化、要素分工等。虽然概念不同，但是实际观察和表达的内容都是同一个国际化生产现象，只是关注的视角和重点不同而已，关注的都是国际分工体系的新变化，即美国、欧洲和日本等发达国家的跨国公司通过在亚洲、拉美新兴工业化国家和地区的大量加工组装业的投资，建立起"世界工厂"或"制造飞地"，而各加工组装点之间产生大量的零部件或中间品贸易。这种变化表明国际分工已经从产业内分工走向产品内分工、从水平型分工走向垂直型分工，国际贸易也从产业内贸易走向产品内贸易、零部件和中间产品贸易，有时也称之为公司内贸易。

"产品内分工"是指特定产品生产过程中不同工序、不同区段、不同零部件在空间上分布到不同国家和地区，每个国家和地区专业化于产品生产价值链的特定环节进行生产的国际现象。一

25

般认为，产品内分工必须具备以下 3 个方面的条件①：产品的生产需要经过 2 个或 2 个以上的连续阶段；2 个或 2 个以上的国家参与产品的生产过程，提供价值增值，每个国家专业化于一个以上的生产阶段，但不是完成所有的生产阶段；至少超过一次的跨越国界，也就是说，至少一个国家必须在它所从事的生产阶段使用进口投入品，或出口的产品作为另一国家生产中的投入品。国内经济学者有时也称之为"价值链分工"、"要素分工"。

产品内分工是产业内分工的进一步深化和细化，是同一产品的不同生产阶段（生产环节）之间的国际分工，其实质是生产布局的区位选择，其既可在跨国公司内部实现，也可以通过市场在不同国家间的非关联企业间完成。产品内分工既可以通过横向扩展方式来实现，表现为发达国家之间的中间产品贸易，又可以通过纵向延伸方式来建构，表现为处于不同发展阶段的国家之间的中间产品贸易。如果说传统国际分工的边界是产业的话，产品内分工的边界则在于价值链和生产环节、生产工序。分工边界的改变，导致了贸易形态的变化，贸易形态也从产业内贸易转变为产品内贸易、公司内贸易。

虽然传统的比较优势理论通常被视为产业间分工的理论，但是，对于产品内分工，传统的比较优势理论依然适用。每一种产品的价值链上都具有劳动密集型、资本密集型、技术密集型的生产环节，每个国家由于要素禀赋不同，在不同的价值链上具有比较优势，跨国公司把不同的生产工序安排在不同的国家，以充分利用各国的要素禀赋。以通用汽车公司的庞蒂亚克·莱曼斯轿车为例，该车由韩国组装，销往美国，其发动机与电子器件等核心

---

① 田文：《产品内贸易的定义、计量及比较分析》，《财贸经济》2005 年第 5 期。

零部件在日本生产，其他小型零部件则在中国台湾、马来西亚等地区生产。韩国进口这些零部件，采用本国产钢板，完成轿车的组装，然后出口到美国市场。在庞蒂亚克·莱曼斯轿车的生产阶段中，韩国、日本、中国台湾、马来西亚各自承担了不同阶段的生产环节。这些生产环节中，属于技术密集型生产阶段的发动机制造安排在日本，属于资本密集型产业的车身组装安排在韩国，属于劳动密集型生产阶段的小型零部件生产则安排在中国台湾和马来西亚。

二、产品内分工对国际贸易和世界经济的影响

产品内分工的产生和发展对国际贸易和世界经济产生了一定的影响，主要表现为贸易增长效应、贸易摩擦效应、经济发展效应、经济依赖效应和收入分配效应。具体分析如下：

1. 贸易增长效应

产品内分工的产生和发展，促进了国际贸易的增长，传统的地区间最终制成品之间的贸易逐渐地演变为零部件、半制成品之间的贸易，零部件和半制成品贸易量在世界贸易总额中所占的份额日益增加。贸易增长主要来源于：（1）贸易地区越来越多。越来越多的国家和地区融入国际分工，参与国际贸易。（2）贸易对象越来越细化。贸易对象由以前的最终制成品转变为半制成品，再转变为零部件，以往一次交易完成的贸易，现在要很多次交易才能完成。（3）国际服务贸易迅速发展。其实，目前贸易的本质已经发生了根本性的变化，传统的贸易是以消费目的为导向的，现在的贸易是以生产目的为导向的。也正因如此，在商品贸易蓬勃发展的同时，为国际生产提供服务的一些国际性活动也迅速发展起来，即国际服务贸易日益兴起。

货物贸易快速增长。在最近的十余年里，零部件产品的国际贸易得到前所未有的发展，其增长速度大大超过世界贸易的平均

水平。1992 年至 2003 年间，零部件产品的出口贸易额由 4100
亿美元增至 10400 亿美元，年均增幅达到 14%，而同期世界出
口贸易额的平均增幅仅为 9%①。

世界服务贸易也快速增长。自从 20 世纪 90 年代以来，国际
投资倾向于服务业，全球海外直接投资总额的一半以上流向了服
务业，为服务贸易的发展提供了强劲动力。科技发展、服务外包
等新贸易方式的兴起、全球及区域服务贸易壁垒的逐渐削减也为
世界服务贸易的发展做出了贡献。1980—2006 年，全球服务贸
易总额从 7674 亿美元扩大到 53304 亿美元，其间增长了 6.9 倍。
服务贸易总额占全球贸易总额的份额从 1980 年的 15.7% 上升至
2006 年的 17.9%。特别是 2003 年以来，全球服务贸易加速增
长，服务出口与进口均保持了两位数的年均增长率（见表1）。

表1　1980—2006 年世界服务贸易发展情况

（单位：亿美元,%）

名目	金额			年增长率			
年份	1980	1990	2006	2003	2004	2005	2006
服务出口	3650	14928	27108	14.6	20	10.9	10.6
服务进口	4024	14766	26196	14	18.9	10.6	10.3

数据来源：WTO international trade statistics database。

但是，各类产品的可分工程度不同。机械设备、电器、电
子、汽车产品等产业的生产工序相对来说比较容易分割，产品内
分工现象比较明显，电子产品尤为突出。针对 1980—1998 年间
国际贸易增长情况来看，从 225 个国际贸易标准分类 3 位数产品

---

①　徐康宁、王剑：《要素禀赋、地理因素与新国际分工》，《中国社会科
学》2006 年第 6 期。

中挑选出口增长最快的 20 类产品，结果发现其中前 3 名全都属于电子产品，这 3 类产品在 1980—1998 年间年均增长率为14.9%—16.3%，远远高于同期世界出口贸易整体年均 8.4% 的增长速度①。

2. 贸易摩擦效应

从理论上来讲，在产品内国际分工的背景下，由于多个国家共同参与同一产品的生产，国家之间相互依赖性增强，成为利益共同体，从而有利于减少彼此间贸易摩擦的发生。但是，从现实情况来看，并非如此。随着产品内分工的不断发展，全球贸易摩擦有日益加剧的态势。这主要是由于：

（1）产品内分工对不同国家、对不同地区以及同一国家内部不同省市、行业和阶层的影响是有差异的。国际分工特别是产品内分工发展的过程，就是国际产业转移、淘汰、重组和整合的过程，必定会对不同利益集团造成不同的影响。受益较多的地区和行业会加快对外开放，实施自由化的贸易政策和投资政策，推动产品内分工的发展。受益较少或受损的地区和行业为了防范外来冲击，就会选择保护贸易政策，对其他国家的产品实施贸易救济措施。

（2）跨国公司利益和国家利益是有差异的。随着跨国公司的生产国际化、资本国际化、营销国际化，其经济能量日益加强，其母国和东道国对其控制力越来越小。跨国公司在全球配置资源，追求的是自身利益最大化，而不是其母国和东道国家利益最大化，跨国公司母国和东道国国家的利益也存在差异，三者利益上的差异，就必定导致跨国公司在全球的经济活动受到各个国家的制约，每个国家都根据自身利益对跨国公司主导的产品内贸

---

① 卢峰：《产品内分工》，《经济学季刊》2004 年第 14 期。

易（公司内贸易）实施一些限制措施。

（3）产品内分工导致贸易流向不对称。在产品内分工时代，跨国公司在全球配置资源，把技术研发、品牌运营等高端生产工序放在发达国家，把技术和资本密集型零部件等中高端生产工序放在经济高收入体，把劳动密集型等低端工序放在发展中国家，从而导致贸易体系发生变化，发展中国家从出口原材料转变为出口制成品，发达国家从出口制成品转变为出口零部件，发达国家从进口原材料转变为进口制成品，全球贸易流向变为：发达国家出口高端零部件给经济高收入体→经济高收入体出口半制成品给发展中国家→发展中国家出口制成品给发达国家。这就是所谓的"三角贸易"。在这个贸易体系中，发达国家和发展中国家之间的贸易流向是不对称的，主要表现为发达国家对发展中国家形成贸易逆差，发展中国家对发达国家形成贸易顺差。名义上发展中国家是顺差，实质上这种顺差是发达国家跨国公司的。但是，由于跨国公司利益与国家利益的差异性，就会导致发达国家会以此为借口对发展中国家实施贸易摩擦。一般来说，由于原产地规则等原因，导致承接加工组装工序的发展中国家遭受的贸易摩擦较多。

在全球范围内，贸易救济措施被频繁使用，反倾销措施成为主要手段。1995年以前，全球有19个国家（地区）进行反倾销立法，采取反倾销措施的只有12个；而2006年120多个国家进行了反倾销立法，占世贸成员的80%以上，采取反倾销措施的达到42个。如果再加上反补贴和保障措施，贸易救济立法的国家或地区将涵盖世界上全部的主要贸易国，也意味着90%以上的世界进出口贸易受到贸易救济措施的潜在影响。根据WTO的统计，从1995年到2006年年底，42个WTO个成员共提起反倾销立案3044起，反补贴立案191起，保障措施155起。当前，贸易摩擦的争执点已经从产品、企业等微观领域延伸到政策、体制等根本性、全局性问题；贸易保护的作用点由货物贸易扩展到服务、投资、知识产权等多个领域；而贸易保护的手段更加花样翻新、种类繁多，除传统反倾销、反补贴、保障措施外，环保、质量安全、标准、知识产权等成为新热点。尤其是技术性贸易壁垒成为贸易保护的焦点。据 WTO 统计，从 1995 年至 2007 年 5 月 31 日，各成员通报影响贸易的新规则总量 23897 件，其中，技术性贸易措施 16974 件，占总量的 71%。①

从 WTO 的统计数据来看（见表 2），在 1995—2006 年间，遭受反倾销调查最多的 10 个地区大部分是发展中国家，其中，中国位居世界第一。从 1995 年至 2006 年年底，共有 42 个世贸

表 2　1995—2006 年遭受反倾销调查最多的 30 个成员及案件数

序号	成员	案件数	序号	成员	案件数	序号	成员	案件数
1	中国	536	11	德国	78	21	法国	38
2	韩国	229	12	马来西亚	72	22	土耳其	36
3	美国	175	13	欧盟	63	23	罗马尼亚	34
4	中国台湾	173	14	乌克兰	59	24	加拿大	30
5	日本	135	15	南非	54	25	荷兰	27
6	印尼	130	16	意大利	44	26	阿根廷	26
7	印度	127	17	西班牙	42	27	波兰	26
8	泰国	120	18	新加坡	41	28	智利	25
9	俄罗斯	101	19	英国	41	29	哈萨克斯坦	24
10	巴西	92	20	墨西哥	39	30	中国香港	21

数据来源：根据 WTO 相关报告整理计算，引自 http://www.cacs.gov.cn。

31

① 杨益：《全球贸易救济的现状、发展及我国面临的形势》，《国际贸易》2007 年第 9 期。

成员发起 3044 起反倾销调查，针对中国产品发起的反倾销案件就有 536 起，占全球反倾销立案总数的 17.6%，直接涉案金额 220 多亿美元。中国已经连续 12 年成为全球遭受反倾销最多的国家，与中国占世界出口总额的比重非常不对称。这主要是因为中国是世界利用外资大国，是全球制造业生产和加工组装基地，由于中国长期与发达国家保持贸易顺差，导致发达国家的制裁；由于中国出口产品冲击发展中国家国内相关产业的发展，导致发展中国家的制裁。

3. 经济发展效应

产品内分工为发达国家和发展中国家的经济发展都提供了新的发展空间。在产业内分工时代，发达国家一般进行整体性产业转移，即一次把某些产业或某种产品的生产工序全部转移出去，转移出去的产业和产品一般都是技术含量较低、环境污染严重、处于产品生命周期末端的产品，此时，发展中国家只能被动地承接发达国家转移出来的产业。可见，在这个时代，国际产业转移的广度、深度和速度还是较低的，对发达国家和发展中国家的经济发展带动力较小。产品内分工的发展大大促进了国际产业转移的范围、速度和形式，迅速提升了对发达国家和发展中国家经济发展的带动力。

对于发达国家来说，产品内分工的发展使其可以进行生产工序的转移，可以把污染环境的工序、劳动密集和技术简单的工序环节转移到其他最具优势的国家和地区，同时把资金、技术等要素密集的经济活动区段保留在国内进行，这些保留的工序环节所对应的生产活动，仍然符合发达国家的要素禀赋及比较优势结构，并且附加值比较高。同时将一部分生产要素转移到新兴产业中，从而为新兴产业发展腾出了更大空间，相关新兴产业因而拥有更为丰富的物质和技术基础，有利于自身的长期成长和国际竞争力提高。这样，发达国家就能利用全球资源提升传统产业的竞争力，获得更多的利益，并为发展新兴产业提供空间。

对于发展中国家来说，在国际市场和国际分工中，具有整体竞争优势的产业较少，但是，在原材料、能源、劳动力等生产要素禀赋方面具有很强的竞争力，这就是发展中国家参与国际分工、承接生产工序的优势。因此，在产品内分工条件下，发展中国家就可以凭借自身的优势参与并承接资源密集型、劳动力密集工序的生产而获利。也就是说，在产业内分工时代不能参与分工的国家，只要在某些产品的特定生产阶段上具有优势，也能参与国际分工和贸易，而且参与国际分工的程度越来越深。从现实情况来看，发展中国家虽然不具备技术和资金、人才等高端优势，但是，发展中国家却能承接高新技术产业的加工组装工序和部分零部件的生产工序。与承接产业相比，发展中国家承接工序更能发挥自身的优势，更有利于参与高端、新型产业价值链。其实，由生产工序转移派生的外商投资和国际贸易，也可以提高发展中国家的技术水平和生产效率，并获得规模经济收益。

33

表3 1980—2006年世界FDI流动情况

（单位：亿美元，%）

年份	1980	1985	1990	1995	2000	2001	2002	2003	2004	2005	2006
世界（1）	553	580	2016	3426	14114	8326	6220	5641	7421	9458	13059
流入发展中国家（2）	77	142	359	1160	2561	2120	1663	1787	2830	3143	3791
（2）/（1）	13.87	24.49	17.80	33.85	18.14	25.47	26.74	31.68	38.14	33.23	29.03

数据来源：根据 http://stats.unctad.org 数据整理计算。

发展中国家带动经济发展、参与国际分工的途径之一就是利用外资。从表3中的数据可以看出，在1980—2006年间，整个世界的对外投资数量基本表现为逐年增加的态势，流入发展中国家的外资额也日益增加。世界对外投资数量从1980年的553亿美元增加到2006年的1.3万亿美元，其中，流入发展中国家的外资额从1980年的77亿美元增加到2006年的3791亿美元，在世界FDI中所占份额也大大提高。

发展中国家利用外资的增加，加深了融入国际分工的深度，带动了本国国际贸易的发展，进而带动本国经济的全面发展。从表4中的数据可以看出，在1989—2008年间，发展中国家的贸易增长速度大于世界贸易的增长速度，世界贸易的增长速度大于发达国家的贸易增长速度。其中，发展中国家的出口和进口增长速度都比较大，具有典型的"大进大出"特点，与产品内分工条件下的产品内贸易状况相符合。另外，在1989—1998年间，发达国家的出口增长速度大于进口，发展中国家的出口增长速度小于进口，在1999—2008年间，发达国家的出口增长速度小于进口，发展中国家的出口增长速度大于进口，这说明，产品内分工在不断地发展，发达国家把更多的生产工序安排在国外，发展中国家参与国际分工的机会增多。

表4 1989—2008年世界贸易量增长情况 （单位:%）

年份		1989—1998	1999—2008	1999	2000	2002	2004	2006	2008
进出口总额	世界	6.7	6.7	5.8	12.2	3.5	10.8	9.2	6.7
出口	发达国家	6.7	5.6	5.6	11.7	2.3	9	8.2	5.3
	其他国家	7.6	9.3	3.7	13.8	7	14.6	11	9
进口	发达国家	6.4	5.7	8	11.7	2.7	9.3	7.4	5
	其他国家	7	10.1	0.6	13.7	6.3	16.7	14.9	11.3

数据来源：www.imf.org, World Economic Outlook Globalization and Inequality, October 2007。2008年数值为预测值。

4. 经济依赖效应

不可否认，产品内分工的发展使得发达国家和发展中国家的贸易日益增加，为贸易进行的国际投资也日益增加，国际贸易和国际投资使发展中国家和发达国家之间的经贸往来日益增多，彼此之间的依赖加强，日益成为经济共同体。但是，国际贸易利益分配的主导权、国际投资的主动权、国际分工的支配权等都掌握在发达国家的手中。可见，在产品内分工时代，发展中国家对发达国家的经济依赖有日益加强的趋势。具体来说，主要表现在：

（1）从工序的配置来看，不是发展中国家想承接什么就承接什么，而是跨国公司根据发展中国家的自身优势来安排合适的工序，是为了充分利用发展中国家的生产要素禀赋优势。一般跨国公司只是把少数工序放在同一个发展中国家或地区，这样发展中国家就无法在这个产业形成整体优势，也就难以对转移国形成较大威胁，发展中国家则需要经历较长时间才能逐步获得整套生产技术和生产能力，在此期间，不得不屈从于转移国。与此同时，发展中国家的优势具有较强的可替代性，为承接工序，发展中国家之间相互竞争，往往为产业转移提供特殊的优惠政策。可见，在工序的全球配置中，发达国家具有主动权。

（2）从工序的发展来看，跨国公司愿意扩散或转移的技术都是成熟性技术，而对高端的核心技术往往严格保密。因此，无论处在产品内国际分工链条的哪个环节，发展中国家都不可能获得最先进技术的扩散或转移，往往被定位于低技术的环节。另外，由于发展中国家的生产是为发达国家的生产服务的，发展中国家的生产工序必须与发达国家控制的全球价值链保持匹配，因此，发展中国家承接的生产工序只能随着发达国家整体价值链的升级而升级，自主创新的可能性大大降低。长期以往，发展中国家就会形成专门与国际产业相匹配的"专用性资产"，资产的专用性越强，改变资产属性的沉淀成本就越大，从而使发展中国家改变产业结构、生产体系和国际分工地位的难度就越大，这就导致依附关系长期存在。

（3）从工序的作用来看，由于分工和专业化的发展，加入产品内国际分工国际网络中的发展中国家，通常只能专注于产品的特定生产工序，由于这些工序只是产品价值链中的一环，这些局部的片断的工序往往难以左右整个产品的发展方向。即使承接的是研发工序，由于发达国家实施知识产权战略，导致发展中国家不可能拥有新技术的知识产权；并且由于技术研发的连续性，导致发展中国家一般不可能摆脱现有的技术研发出全新的技术，而现有的技术都控制在发达国家手中，从而导致发展中国家对发达国家长期具有"依附性"，很难独立发展。

36

表5　世界零部件贸易的地区格局

（单位：亿美元,%）

名目	国家	1995			2004		
		进口	出口	贸易总额	进口	出口	贸易总额
金额	发达国家	5922	7030	12952	5706	10891	16597
	发展中国家	1950	1751	3702	5904	4664	10568
比例	发达国家	75.2	80	75.6	49.1	70	52.9
	发展中国家	24.8	19.9	24.4	50.8	30	47.1

资料来源：根据 UNCOM TRADE Database 计算整理。

从表5中可以看出，在1995—2004年间，发达国家零部件贸易总额从1995年的12952亿美元增加到2004年的16597亿美元，发展中国家零部件贸易总额从1995年的3702亿美元增加到2004年的10568亿美元，可见，发展中国家的增长速度远远大于发达国家。但是，与1995年相比，发达国家在2004年的零部件产品进口比重虽然大幅下降，但出口比重却维持了相当高的水平，占世界出口总量的 70%，净出口额上升了 3.6 倍，而发展中国家的零部件净进口额增长了 5.2 倍，这说明发展中国家在国际分工中仍然处于从属地位。

5. 收入分配效应

产品内国际分工在促使发达国家和发展中国家经济发展的同时，也加剧了不同国家之间、国家内部不同地区和行业之间的差距。主要表现在：

（1）加大了发达国家与发展中国家之间的经济差距。一般来说，发达国家将劳动密集的工序或价值链转移到劳动力成本便宜的发展中国家，而将资本和技术密集的工序或价值链留在国内。可见，发达国家在产品内部分工的价值链中占据了对价值形成最具影响和支配力的环节，因而在价值和利润分配上处于垄断的有利地位。如果这种局面长期得不到改变，还会使发展中国家在产业结构上被"锁定"在低端环节，从而在收益分配上处于不利地位。另外，在国际市场上，产品内分工形成了上下游企业的纵向关系，上游企业提供给下游企业的中间投入品价格成为这种垂直关系利益分配的重要特征。发达国家是产品价值链的组织者和控制者，从而可以影响中间投入品的世界市场价格，形成有利于自己的产品内贸易。总之，依据科技、知识的不同含量而形成的当代国际分工，以及在当代世界经济中财富的分配与科技、知识的占有状况相适应的国际经济秩序，必然导致南北差距进一步扩大的趋势①，往往发达国家与发展中国家之间经济基础差距

37

① 杨国亮、张元虹：《论当代国际分工的深化及其对世界经济格局的影响》，《当代经济研究》2007 年第 7 期。

越大，发达国家与发展中国家差距发展的趋势越剧烈①。

（2）加大了发展中国家之间的经济差距。在产品内分工时代，有的发展中国家实施了对外开放政策，积极参与并融入国际分工，有的发展中国家由于各种原因继续自力更生，有的国家参与国际分工的程度较深，有的较浅，从而导致各个国家受益的程度不同，进而导致发展中国家之间的差距也日益扩大。从现实情况来看，积极参与国际分工的发展中国家经济发展速度较快。从表6中可以看出，中国、印度以及以中国台湾为代表的亚洲"四小龙"等地区的经济发展较快，在世界中所占份额日益增加，而巴西、南非等地区经济发展较慢。

表6　1980—2007年基于购买力平价标准部分地区 GDP 占世界的份额

（单位:%）

年份 地区	1980	1985	1990	1995	2000	2005	2006	2007
巴西	3.58	3.31	3.07	3.21	2.97	2.86	2.83	2.82
中国	2.01	2.92	3.58	5.72	7.25	9.62	10.19	10.86
印度	2.20	2.50	2.83	3.26	3.68	4.22	4.42	4.60
墨西哥	2.46	2.37	2.17	2.10	2.30	2.12	2.12	2.08
中国台湾	0.48	0.59	0.77	0.98	1.08	1.07	1.06	1.06
南非	0.91	0.86	0.78	0.73	0.70	0.72	0.72	0.72

数据来源：www. imf. org, World Economic Outlook Database。

参与国际分工，带动地区经济发展的途径主要是对外贸易，特别是出口。从表7中可以看出，在1983—2006年间，在世界货物贸易出口中，非洲地区所占份额下降，亚洲所占份额上升，

---

① 孟庆民、李国平、杨开忠：《新国际分工的动态：概念与机制》，《中国软科学》2000年第9期。

中国所占份额增加最快，墨西哥、巴西、印度等国增加较慢，这四个国家之间的差距日益扩大。这主要是由各个国家或地区参与国际分工的程度和受益的程度不同导致的。由于各种原因，非洲地区融入国际分工的程度较低，亚洲各国参与国际分工的程度较高，先后出现了"东亚奇迹"、"中国奇迹"等现象。其中，中国自从1978年开始改革开放、印度自从1991年开始改革开放，积极地融入国际分工，中国成为了世界制造业的生产基地，印度成为了全球重要的外包中心，所以，这两个国家的贸易发展较快，中国增加了近6倍，印度增加了1倍多。

表7 1983—2006年部分地区在世界货物出口贸易中所占份额

（单位:%）

年份 地区	1983	1993	2003	2006
非洲	4.46	2.53	2.39	3.08
亚洲	19.08	26.08	26.17	27.82
墨西哥	1.41	1.41	2.24	2.13
巴西	1.19	1.05	0.99	1.17
中国	1.21	2.50	5.95	8.22
印度	0.50	0.59	0.80	1.02

数据来源：WTO International Trade Statistics Database。

（3）加大了国家内部不同地区之间的经济差距。跨国公司在全球整合资源，不同国家凭借自身的优势参与国际分工，融入跨国公司的产业链，但是，对于任何一个国家来说，由于其优势资源在国家内部不同省市具有不均匀性，有的省市占据较多，有的占据较少，这就导致国家内部各个省市受益国际分工的程度不同。一般来说，地理优势明显、参与国际分工程度较深的省市其经济发展一般也较快。长期以往，一个国家内部不同地区之间的经济差距会越来越明显。

（4）加大了国家内部不同行业之间的经济差距。生产要素禀赋理论告诉我们：一个国家出口本国生产要素禀赋丰裕的密集型产品，进口本国生产要素禀赋较少的密集型产品。斯托尔珀—萨缪尔森定理认为：出口行业中密集使用的本国生产要素的价格会逐渐提升，报酬逐渐提高；进口行业中密集使用的本国生产要素的价格会下跌，报酬也会降低。产品内分工的本质就是充分发挥各个国家的生产要素禀赋优势，所以，当一个国家参与产品内分工时，不同生产要素的受益程度不同，就会导致生产要素的流向发生改变，从而影响不同行业的发展，受益行业的发展速度加快，不受益行业的发展滞后。一般来说，工业发展较快，农业发展较慢，两者之间的差距日益扩大。

第四节　本书界定、结构安排与创新

一、本书界定

1. 本书研究内容的界定

本书主要对我国对外贸易出口结构问题进行了深入研究。虽然对外贸易结构包括出口结构和进口结构，但是，根据我国的国情，自从改革开放以来，我国一直实施的是出口导向型的经济发展战略、具有重商主义性质的外贸政策，偏重于关注出口对经济增长的带动作用，在我国的经济发展和对外贸易中，出口也一直占据极其重要的地位，因此，本书只研究我国对外贸易的出口结构问题。一般来说，对外贸易结构主要包括商品结构、地区结构、主体结构、方式结构等等，但是，本书只研究出口商品结构和出口地区结构。

2. 本书研究时间范围的界定

由于研究是一个循序渐进的过程，数据公布特别是国际数据的公布具有时滞性，再加上收集数据具有一定的难度，因此，本书研究所用数据在时间上没有保持一致。各部分研究所用数据的时间范围分别是：

出口在中国经济发展中的作用分析：1978—2007 年，数据来源于《新中国五十五年统计资料汇编》和历年《中国统计年鉴》；

中国出口商品结构的宏观分析：1980—2007 年，数据来源于历年《中国统计年鉴》；

中国出口商品结构的微观分析：1992—2007 年，数据来源于历年《中国统计年鉴》；

中国对美国出口商品结构的微观分析：1992—2007 年，数据来源于历年《中国对外经济统计年鉴》；

中国制成品出口结构分析：1997—2003 年，数据来源于联合国世界贸易统计数据库、美国联邦贸易统计；

中国制成品比较优势分析：数据来源于联合国世界贸易统计数据、美国联邦贸易统计；

中国机电产品出口结构及其竞争力分析：1985—2007 年，数据来源于历年《中国统计年鉴》、世界贸易组织数据库和联合国数据库；

中国出口国际地区结构分析：1993—2004 年，数据来源于历年《中国海关统计》；

中国出口国内地区结构分析：1996—2005 年，数据来源于历年《中国海关统计》。

3. 本书研究方法的界定

本书大多采取实证经济学的分析方法，主要回答"是什么"、"为什么"的问题。当然，完全像自然科学那样避开价值判断不加入任何的主观感受来解释社会经济现象也是比较困难的事情，而且在解释中国经济问题时，没有价值判断是不可能的。所以，本书也有规范经济的分析，说明"应该是什么"的问题，也就是说，本书采取的是实证与规范相结合的分析方法。

二、本书的结构安排

本书对我国对外贸易出口结构问题进行了深入研究，首先，本书实证研究了出口在我国经济发展中的作用，并从理论层面对出口结构进行了考察；其次，对我国对外贸易出口商品结构、出口比较优势、出口国际地区和出口国内地区结构及其历史演变进行了测度和分析，在此基础上，归纳总结了我国出口结构存在的一些问题，并提出了优化我国出口结构的政策建议。

本书分析框架如图 1 所示。

全书共包括八个部分，具体来说，其构成如下：

导论部分。本部分主要分析了选题的原因和重要意义，并对国内外相关文献进行了综述。文献综述主要包括四个方面的内容：我国出口商品结构的文献综述，我国出口比较优势的文献综述，我国出口国际地区结构的文献综述，我国出口国内地区结构及其出口地区差异的文献综述。此外，还重点分析了中国对外贸易出口快速发展的国际背景，即产品内分工及其对国际贸易和世界经济的影响。

第一章，本章主要分析了出口在中国经济发展中的作用。本章利用 1978—2007 年的统计数据，运用回归分析、误差修正模型、脉冲响应函数、方差分解等计量分析方法，考察了出口在影响我国经济发展主要因素中的地位及其动态效应。

第二章，本章主要从理论层面考察了出口结构。本章主要包括四个方面：（1）出口商品结构的理论思考。主要分析了生产

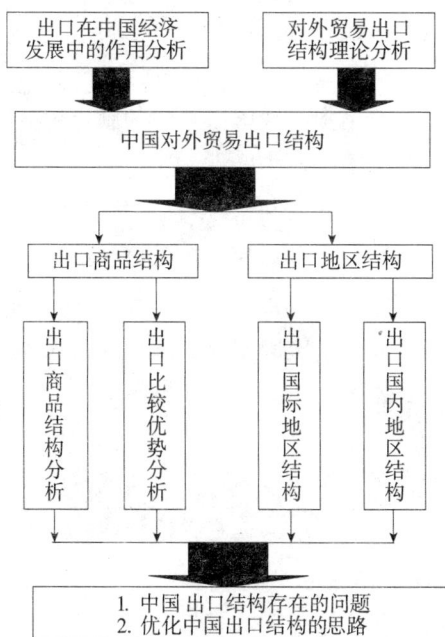

图 1 本书分析框架示意图

成本与出口商品结构、生产要素禀赋与出口商品结构、出口商品结构与贸易利益之间的关系。（2）出口地区结构的理论思考。主要分析了出口国际地区结构和出口国内地区结构的意义及其影响因素。（3）出口商品结构和出口地区结构的关系分析。从外贸安全视角对出口商品结构、出口地区结构与经济发展的关系进行了分析。

第三章，本章分析了中国出口商品结构。本章主要包括三个方面：（1）按照联合国的"标准国际贸易产品分类"方法，把我国对外贸易商品分为 10 大类并进行宏观结构分析；按照联合国的"标准国际贸易产品分类"方法，把我国对外贸易商品分为 22 小类并进行微观结构分析；对中国出口在美国进口中的地位，以及中国对美国出口商品的微观结构进行了分析。（2）对我国不同技术含量的制成品出口结构进行了分析，主要包括我国对世界的制成品出口结构、我国对美国的制成品出口结构、我国不同类别制成品在美国进口中所占市场份额、我国与东亚其他地区在美国市场份额的对比分析。（3）利用贸易结构变动指数和贸易结构优化指数对我国的出口结构变动进行了指数测度。（4）对我国出口商品结构与经济增长的相关性进行了计量分析。

第四章，本章分析了中国制成品出口比较优势。本章在对制成品按技术结构和要素密集度详细分类的基础上，利用贸易统计数据对 1997 年以来中国制成品的出口比较优势做了全面细致的实证分析。分别利用显示比较优势指数和区域显示比较优势指数对中国不同技术含量的制成品在世界市场和美国市场上的比较优势进行了全面的对比分析，并对中国制成品比较优势的稳定性和成熟性做了检验。此外，本章还对我国第一大类出口产品机电产品的出口结构及其竞争力进行了分析。

第五章，本章分析了中国出口国际地区结构。本章利用统计数据对我国出口商品的国际地区结构进行了全面的分析，主要包括洲际地区结构、洲内地区结构、主要贸易集团及其内部地区的地区结构分析，并借鉴产业经济学上的集中度指数（HH 指数）、景观生态学上的多样性指数（H 指数）和均匀度指数（E 指数）等三种指数，对各地区内部的和外部的地区结构的变化情况进行了测度与比较分析。

第六章，本章分析了中国出口国内地区结构以及出口差异的发展趋势。本章主要包括三个方面：（1）按照我国划分为 31 个省市的现状，按照以货源地为统计口径计算的数据，对我国出口国内地区结构进行了一般分析。（2）利用 1996—2005 年间的统计数据，运用标准差指数、变异指数、锡尔指数、基尼系数、经济区位熵指数等研究方法对中国 31 个省市之间的出口差异进行了实证研究。(3) 运用分形理论中的 R/S 分析方法对我国 31 个省市之间的出口差异发展趋势（2006—2015 年）进行了预测分析。

第七章，本章首先归纳总结了我国对外贸易出口结构存在的问题，并提出了政策建议。我国出口结构存在五个方面的问题：(1) 出口商品过于集中于低科技含量的制成品，"比较优势陷阱"倾向日益凸显。(2) 出口商品结构过于集中，且对外资的依赖程度日益增加，外贸安全问题日益凸显。(3) 出口国际地区结构过于集中，国际贸易摩擦问题日益严重。(4) 出口国内地区结构过于集中，地区间经济日益不平衡。(5) 外贸依存度不断提高，经济发展对国际市场过度依赖的趋势日益明显。其次，对我国现行外贸政策进行了反思和重新定位。最后，提出了优化我国出口商品结构、出口地区结构和对外贸易平衡发展、可持续发展的建议。

三、本书可能的创新与不足

由于对外贸易特别是出口是经济增长的发动机，对一个国家或地区的经济发展具有很强的带动作用，因此，各国政府和经济学家都特别重视对外贸易特别是出口的作用。迄今为止，关于对外贸易出口的研究，出现了数不胜数的文献，但是，这些文献一般都集中于"对外贸易出口对经济增长的作用"的研究，而"对外贸易出口结构"问题本身并没有引起经济学家的重视，关于出口结构问题的研究比较少。因此，本书就从这一新的研究视角，对我国出口商品结构和出口地区结构进行了深入研究。

本书可能的创新主要有：

1. 从目前已有的研究来看，关于贸易总量的相关理论和实证研究较多，关于贸易结构的理论和实证研究较少，本书对已有出口结构理论进行了归纳总结和深入思考，深化了理论分析。

本书结合绝对优势、比较优势、生产要素禀赋等理论，对出口商品结构及其贸易利益进行了全面深入的理论分析，并基于安全视角深入分析了出口商品结构、出口地区结构与经济发展、外贸安全的关系。

2. 关于出口在我国经济发展中作用的研究，已有的研究存在两个方面的问题：一是考察视角，要么是从国内的角度研究，要么是从开放的角度研究，没有同时考虑国外因素和国内因素，没有根植于我国对外开放的大背景下进行统一考虑，得出的结论具有一定的偏向性；二是已有研究主要是从理论层面进行分析，缺乏实证方面的研究。基于此，本书在我国对外开放的大背景下，构建一个同时包含国内因素和国外因素的分析框架，并进行了实证研究。

本书利用1978—2007年的统计数据，运用回归分析、误差修正模型、脉冲响应函数、方差分解等计量分析方法，考察了出口在影响我国经济发展主要因素中的地位及其动态效应。

3. 目前国内已有关于中国出口商品结构的研究，缺乏全面、细致、深入的分析。本书在较早、全面借鉴西方更具科学性、现实性的经典商品分类方法的基础上，对我国出口商品结构和出口商品的比较优势进行了详细、全面的分析。

本书在对我国商品结构进行研究时，对我国对外贸易商品结构的历史演变进行了详细、全面的分析，不仅对1980—2003年间我国对外贸易的宏观商品结构进行了分析，还对1992—2003年间我国对外贸易的微观商品结构进行了分析。另外，还借鉴沙加亚·劳尔（Sanjaya Lall）在分析发展中国家制成品竞争力时使用的分类方法，把144种制成品（按SITC 3位数分类）按技术含量分为5大类，细化为9个小类，对我国制成品出口结构进行了分析。在研究对外贸易比较优势时，在把产品按照沙加亚·劳尔标准分类的基础之上，利用比较优势指数对我国出口商品的比较优势进行了全面、细致的分析，并对我国制成品出口比较优势与日本、亚洲"四小龙"等地区进行了比较研究和稳定性检验。

4. 目前国内外关于中国出口国际地区结构的研究，不仅数量很少，而且一般只是对少数出口地区进行描述性分析。本书对我国出口国际地区结构不仅进行了全面、细致、深入的分析，而且还首次创造性地借鉴并融合不同学科的经典指数对此问题进行了实证研究。

在研究国际出口地区结构时，对我国国际出口地区结构进行了全面的分析，包括洲际地区结构分析、洲内地区结构分析、主要贸易集团及其内部地区的地区结构分析，并借鉴了产业经济学中的集中度指数（HH 指数）、景观生态学中的多样性指数（H 指数）和均匀度指数（E 指数）等三种指数，对不同地区结构进行了比较研究，把产业经济学、景观生态学和国际经济学有机地联系起来。

5. 到目前为止，我国国内学者还是停留在对国内地区间经济差距的现状研究，停留在对对外贸易特别是出口对经济发展作用的研究，缺乏对我国出口国内地区结构的研究，更缺乏对我国出口地区差异及其发展趋势的研究。本书对我国出口国内地区结构进行了分析，对出口差异的程度进行了具体测量，并利用分形理论的经典研究方法对出口差异的发展趋势进行了试探性、创造性的预测研究。在此基础上，提出通过缩小地区间出口差异以缩小地区间经济差距的新观点。

本书在对我国 31 个省市出口国内地区结构分析的基础上，利用 1996—2005 年间的统计数据，运用标准差指数、变异指数、锡尔指数、基尼系数、经济区位熵指数等研究方法对中国 31 个省市之间的出口差异进行了实证研究，并运用分形理论中的 R/S 分析方法对我国 31 个省市之间的出口差异发展趋势（2006—2015 年）进行了预测分析。

本书全部内容研究的时间跨度较长，从而导致不同章节使用的数据时间段不一致，也没有包括最新的统计数据，这可能是本书的不足之处。但是，从研究的过程和结果来看，这并不影响研究的结论。

当然，本书只是对中国出口结构进行了研究，还有很多与此相关的、有重要意义的内容本书并没有涉及。在以后的工作和学习中，作者将对这些领域再做进一步的研究。

第一章　出口在中国经济发展中的作用

在改革开放的 30 多年期间，我国经济发展迅猛，国内生产总值增长了近 68 倍。不可否认的是，对外贸易特别是出口为我国经济发展做出了巨大贡献。那么，出口到底在我国经济发展中的作用如何？为了回答这个问题，本章利用 1978—2007 年的统计数据，运用回归分析、误差修正模型、脉冲响应函数、方差分解等计量分析方法，重点考察了出口在影响我国经济发展主要因素中的地位及其动态效应。

第一节　研究视角与分析框架

自从 1978 年以来，中国实施改革开放战略已经 30 多年了。在 1978—2007 年间，中国经济发生了翻天覆地的变化：中国经济总量迅速扩张，人民生活水平不断提高，国际地位日益提高，2006 年中国 GDP 总量占世界的比重为 5.5%，位居世界第四位；中国的进出口贸易额大幅增长，贸易总量在世界贸易中所占比重逐年提高，在世界各国的位次不断提升，2006 年，占世界的比重提高到 7.2%，在世界位居第三位。随着我国综合国力大大增强，在世界经济中的地位进一步提升，中国经济也促进了世界经济的增长，中国经济成为世界经济增长的重要驱动力之一，日益成为世界经济不可或缺的一极。根据世界银行公布的数据，2003年至2005年，我国经济增长对世界 GDP 增长的平均贡献率高达13.8%，仅次于美国的29.8%，排名世界第二。

但是，我们在看到巨大成就的同时，还要思考一些问题：在中国的经济发展过程中，影响中国经济发展的因素是什么？长期的和短期的主导因素是什么？由于中国经济是对内改革和对外开放共同支撑的，那么，到底是外部因素占主导地位还是内部因素占主导地位？出口的作用如何？

针对这些问题，经济学者从不同视角对中国经济发展的影响因素进行了研究。李富强等学者（2008年）[1] 分类检验资本、技术进步、制度、贸易、金融和地域与经济增长的作用关系，研究结果显示，出口贸易和外商直接投资对我国经济增长都具有较大影响，但是，物质资本、人力资本和产权制度对我国经济增长的解释更具效力。海闻（2008）[2] 对对外开放对中国经济发展的作用进行了分析，指出对于一个转型的发展中大国来说，对外开放对中国经济发展的特殊作用主要体现在对建立市场经济体制的作用、对培育企业家的作用以及对稳定经济的作用。姚枝仲和李众敏（2008）[3] 认为净出口的变化低估了国际贸易对 GDP 的影响，并分析了出口变化对 GDP 的综合影响，指出出口的减少不

---

① 李富强等：《制度主导、要素贡献和我国经济增长动力的分类检验》，《经济研究》2008 年第 4 期。

② 海闻：《对外开放对中国经济发展的作用及挑战》，《国际经济评论》2008 年第 5—6 期。

③ 姚枝仲、李众敏：《国际贸易如何传导美国经济衰退?》，《国际经济评论》2008 年第 5—6 期。

仅通过净出口的减少直接降低 GDP，而且会通过对消费和投资的影响进一步影响 GDP。樊纲（2008）[1] 对基础设施的改进、外资的外溢效应、外贸活动效应等中国经济增长的要素因素进行了分析，认为基础设施最近这几年起的作用非常大；近几年外资的外溢效应因素对经济增长的作用是相对下降的，因为外资在全部投资中的比重由于我国自己积累能力的提高而相对下降；外贸的增长具有大量的外溢效应，对整个经济结构的调整有重大的效果。

　　这些研究都得出了具有重要价值的结论，但是，这些研究的视角比较单一，没有根植于中国对外开放的大背景下进行统一考虑，要么是从国内的角度研究，要么是从开放的角度研究，没有同时考虑国外因素和国内因素，因此，得出的结论也就具有一定的偏向性。另外，这些研究主要是从理论层面进行分析的，缺乏实证研究。与此同时，Rodrik et al.（2004）[2]认为，深化经济增长动力问题研究不应该局限于某一要素和经济增长的因果关系论证，更应展开综合和横向的对比分析。Stiglitz（2004）[3] 也强调，经济增长动力问题研究更应该建立在一国特定经济环境和经济结构的基础上。Sachs（2005）[4] 认为经济体如同生物体，有着复杂的个性特征，需要对每一个个体逐一进行分析。

　　基于此，本章在中国对外开放的大背景下，构建一个同时包

---

①　樊纲：《中国经济增长的要素因素分析与展望》，《资本市场》2008 年第 4 期。

②　Rodrik et al.："Insititutions Rule: the Primacy of Insititutions over Geography and Integration in Economics Development", *Journal of Economic Growth*, Vol. 9, 2004, pp. 131 – 165.

③　Stiglitz, Joseph E.："Post Washington Consensus Consensus", *IPD Working Paper Series*, Columbia University, 2004.

④　Sachs, J. D.：*The End of Poverty*, New York: Penguin Books, 2005.

含国内因素和国外因素的分析框架，利用1978—2007年的统计数据，运用回归分析、误差修正模型、脉冲响应函数及其方差分解等前沿计量分析方法，对影响中国经济发展的主导因素及其动态效应进行实证研究，并重点考察了出口在所有影响因素中的地位以及对经济发展的带动作用。

第二节　变量的选取与数据来源

一、变量的选取

自从1978年以来，中国实施了改革开放的战略，改革开放不仅仅指对我国经济的改革，它分为对内改革和对外开放，对内改革主要包括经济体制的改革，即从计划经济时代向市场经济时代转变；对外开放主要是积极利用外资、大力发展对外贸易。对内改革是中国经济发展的"内因"，对外开放是中国经济发展的"外因"，两者共同支撑中国经济的整体发展，缺一不可。

影响经济发展的因素很多，投资和需求是影响经济发展的主要因素，从内外因的角度来看，可以分为内资、外资和内需、外需。全社会消费品零售总额是指各种经济类型的批发零售贸易业、餐饮业、制造业和其他行业对城乡居民和社会集团的消费品零售额和农民对非农业居民零售额的总和。本章用全社会消费品零售总额表示国内需求。全社会固定资产投资是以货币表现的建造和购置固定资产活动的工作量；全社会固定资产投资按经济类型可分为国有、集体、个体、联营、股份制、外商、港澳台商、其他等；全社会固定资产投资总额分为基本建设、更新改造、房地产开发投资和其他固定资产投资四个部分。本章用全社会固定资产投资表示国内投资水平，本章在进行分析时，从企业视角和投资类别视角进行了论述。本章用进出口表示国外需求，用利用外商直接投资的额度表示国外投资。因此，本章选择以下指标作为研究变量：（1）中国经济发展的指标：国内生产总值（GDP）。（2）外因指标1：出口（EX）。（3）外因指标2：进口（IM）。（4）外因指标3：外商直接投资（FDI）。（5）内因指标1：全社会消费品零售总额（NEIXU）。（6）内因指标2：全社会固定资产投资（NEIZI）。其中，GDP是因变量，其他均是自变量。

二、数据来源

本章1978—2004年间的数据都来自于《新中国五十五年统计资料汇编》，2005—2007年间的数据都来自历年《中国统计年鉴》。

变量的基本情况如表1-1所示。在1978—2007年间，GDP从3645亿元增长至24.7万亿元，增长近68倍；人均GDP从381元增长至18665元，增长近49倍；出口从168亿元增长至8.99万亿元，增长近537倍；进口从187亿元增长至7.06万亿元，增长近377倍；利用外资从2亿美元增长至748亿美元，增长近374倍；全社会固定资产投资从800亿元增长至13.72万亿元，增长近172倍；全社会消费品零售总额从1559亿元增长至8.92万亿元，增长近57倍。

表1-1　原始变量的主要统计性质

变　量	TGDP	TRADE	EX	IM	FDI	NEIXU	NEIZI
1978年	3645	355	168	187	2	1559	800
2007年	246619	160496	89927	70569	748	89210	137239
2007/1978年	68	452	537	377	374	57	172
均值	63374	30760	16449	14311	256	24541	25894

注：变量FDI的单位为亿美元，其他变量的单位都是亿元人民币。

第三节 模型的建立与实证结果分析

一、平稳性检验

经计算得知，各变量之间的相关系数都在 0.9 以上，为了避免伪回归，我们将对各指标的平稳性进行检验。我们利用 ADF 检验方法对模型中使用的对数序列和对数差分序列进行检验，结果表明（见表 1－2）：各对数序列不平稳，但是经过一阶差分变换以后都是平稳的，满足建立回归方程和误差修正模型的要求。

表 1－2 各变量的平稳性检验

变量	结论	变量（d）	ADF 检验值	P 值	检验形式（c, t, k）	结论
lnTGDP	不平稳	lnTGDP（1）	－3.219301**	0.0307	(c, 0, 3)	平稳
lnTRADE	不平稳	lnTRADE（1）	－4.273847*	0.0024	(c, 0, 0)	平稳
lnIM	不平稳	lnIM（1）	－3.877578*	0.0064	(c, 0, 0)	平稳
lnEX	不平稳	lnEX（1）	－5.060299*	0.0003	(c, 0, 0)	平稳
lnFDI	不平稳	lnFDI（1）	－3.477476**	0.0167	(c, 0, 1)	平稳
lnNEIXU	不平稳	lnNEIXU（1）	－4.657288*	0.0010	(c, 0, 1)	平稳
lnNEIZI	不平稳	lnNEIZI（1）	－3.354423*	0.0221	(c, 0, 1)	平稳

注：（1）检验行形式中，c 为常数项，t 为趋势项，k 为滞后阶数；（2）变量括号中的 d，表示变量的差分阶数；（3）＊＊表示 5% 显著水平下的临界值，＊表示 1% 显著水平下的临界值。

二、协整与模型的建立

对于一个序列单独来说，可能是非平稳的，但是，多个这样序列的线性组合却可能是平稳的，如果真的成立，那么，这些非平稳时间序列之间就被认为具有协整关系。Engle 和 Granger 提出了协整检验的方法。具体步骤为：（1）建立回归方程，得出模型估计的残差；（2）判断残差序列是否含有单位根，即是否平稳。如果残差平稳就说明变量之间具有协整关系。我们利用E-G两步法对各变量进行协整检验，发现回归方程的残差没有单位根，也就是说，各变量之间具有协整关系。

首先建立回归方程（长期均衡方程）：

$$\ln TGDP_t = c_0 + c_1\ln EX_t + c_2\ln IM_t + c_3\ln FDI_t + c_4\ln NEIZI_t + c_5\ln NEIXU_t + U_t$$

进行回归后，可以得到估计方程，进而可以得到残差序列：

$$\hat{u}_t = \ln TGDP_t - \hat{c}_0 - \hat{c}_1\ln EX_t - \hat{c}_2\ln IM_t - \hat{c}_3\ln FDI_t - \hat{c}_4\ln NEIZI_t - \hat{c}_5\ln NEIXU_t$$

根据前面估计得协整方程的残差序列 $\hat{u}_t$，令误差修正项 $ecm_t = \hat{u}_t$，建立误差修正模型（短期波动方程）：

$$\Delta\ln GDP_t = \beta_0 + \beta_1\Delta\ln EX_t + \beta_2\Delta\ln IM_t + \beta_3\Delta\ln FDI_t + \beta_4\Delta\ln NEIZI_t + \beta_5\Delta\ln NEIXU_t + \beta_6\Delta\ln GDP_{t-1} + \alpha_1 ecm_{t-1} + \varepsilon_t$$

三、回归方程（长期均衡方程）的估计结果及其分析

根据建立的方程进行回归分析，可以得到估计方程和具体估计结果（见表1-3）：

$$\ln TGDP_t = 1.02 + 0.17\ln EX_t - 0.19\ln IM_t + 0.02\ln FDI_t + 0.77\ln NEIXU_t + 0.23\ln NEIZI_t$$

从回归方程的估计结果来看，拟合度较高，高达99%，除了FDI变量的统计量不显著外，其他变量的统计量都很显著，除了进口的相关系数为负外，其他变量的相关系数都为正。在影响中国经济长期发展的5个因素中，内需的作用最大，内资的作用其次，出口和外资的作用居于其后。

55

表1-3 回归方程的估计结果

Variable	Coefficient	Std. Error	t-Statistic	Probability
C	1.023	0.378	2.708	0.012
lnEX	0.173	0.077	2.239	0.035
lnIM	-0.198	0.071	-2.772	0.011
lnFDI	0.018	0.021	0.873	0.391
lnNEIXU	0.770	0.104	7.385	0.000
lnNEIZI	0.234	0.075	3.103	0.005
R-squared	0.99			
Adjusted R-squared	0.99			

另外，从自变量和因变量的 Granger 因果关系来看（见表1-4），只有进口不是 GDP 的 Granger 原因，其他变量都是 GDP 的 Granger 原因。这一结果与前文 GDP 与进口之间的相关系数为负相吻合。

表1-4 Granger 因果关系检验

原假设	Obs	F-Statistic	Probability
lnEX does ot Granger Cause lnTGDP	28	3.229	0.058
lnFDI does not Granger Cause lnTGDP	28	3.139	0.062
lnNEIZI does not Granger Cause lnTGDP	28	4.020	0.032
lnIM does not Granger Cause lnTGDP	28	0.702	0.506
lnNEIXU does not Granger Cause lnTGDP	28	5.401	0.012

对回归方程结果的进一步解释：联系中国经济发展的历程与现实，可以知道，上述方程的回归结果与中国经济的现实基本吻合。

从对外开放来看，中国的对外贸易具有"重商主义"的性质，由于中国特殊的国情，中国一直比较重视出口，在一定程度上忽视了进口，导致长期以来中国对外贸易保持顺差。截至2007年年底，中国外汇储备高达1.5万亿美元，成为世界外汇储备第一大国。另外，中国出口很大一部分是加工贸易，加工贸易具有"大进大出"的特点，这也就导致中国的进口有一大部分是为出口服务的，不仅没有真正地融入到中国经济的发展中来，进而导致进口不仅与中国经济的发展联系较少，也对中国国内经济的发展具有一定程度的替代效应。这与上述实证结果相吻合，即进口不是GDP的格兰杰（Granger）原因，进口与GDP的相关系数为负。另外，从利用外资来看，中国利用外资额自从1992年以来基本保持了稳定的增长态势，利用外资额都在两三百亿美元以上，外资到中国来，大部分是为了充分利用中国价廉质优的劳动力，而且大部分是加工贸易型企业。这样，外资对中国经济的影响就被转移到出口上，这也就导致FDI变量的统计量不显著。

57

　　从国内投资来看，从企业改革的视角来看，在早期，开展了多种形式的国有企业扩大自主权试点，集体经济和个体经济逐步恢复和发展；其后，以搞活国有企业为中心环节全面展开，对国有企业实施了承包制、租赁制等改革措施，积极进行以厂长负责制、工效挂钩、劳动合同制为内容的企业领导、分配、用工等管理制度的改革，增强企业的内在活力。党的十五大确立了以公有制为主体、多种所有制经济共同发展的基本经济制度，按照建立现代企业制度的方向，实施"抓大放小"，积极推进国有企业改革和国有经济布局的结构调整。一批国有大中型企业改制为国有独资公司、有限责任公司或股份有限公司；许多全国性的行业总公司改组为控股公司；通过改组、联合、兼并、租赁、承包经营和股份合作制、出售等形式，对中小型国有企业进行了改革。党的十六大进一步提出建立完善的社会主义市场经济体制的改革目标，其后开始清理和修订限制非公有制经济发展的法规、规章和政策性规定，放宽非公有制经济的市场准入，允许非公有资本进入法律法规未禁入的行业和领域，为非公有制经济发展提供制度保障。这些政策的实施，大大调动了国内国有企业和非国有企业的投资积极性，促进了中国经济的发展。

从国内需求来看，在中国改革开放的过程中，最终消费需求对国内生产总值增长的贡献率整体表现为日益下降的态势，1981年最终消费需求对国内生产总值增长的贡献率为93.4%，1991年为65.1%，2001年为50%，2006年下降到40%。国内需求对中国经济发展促进作用的下降，一直受到国家政府和经济学家的重视，如何扩大内需也就成为国家政府和经济学家一直关注的问题。其实，关于外贸依存度过高、国家经济安全、产业安全、外资垄断等问题的讨论都与内需有关系。从实证结果来看，在所有因素中，内需对中国经济的促进作用最大：内需每增加一个百分点，GDP 将增加 0.77%，大约是外需的 4.5 倍；外需（出口）每增加一个百分点，GDP 只增加 0.17%。这同时也表明：对外开放只是加速了中国的经济发展，国内因素才是中国经济发展的"根基"。在国际经济环境不好的时候，扩大内需是保证中国经济持续、稳定发展的根本因素。

四、误差修正模型（短期波动方程）的估计结果及其分析

由前文回归方程的估计结果，可以得知：

$$\hat{u}_t = \ln TGDP_t - 1.02 - 0.17\ln EX_t + 0.19\ln IM_t$$
$$- 0.02\ln FDI_t - 0.77\ln NEIXU_t - 0.23\ln NEIZI_t$$

经检验得知该序列是平稳的，令误差修正项 $ecm_t = \hat{u}_t$，建立下面的误差修正模型：

$$\Delta \ln GDP_t = \beta_0 + \beta_1 \Delta \ln EX_t + \beta_2 \Delta \ln IM_t + \beta_3 \Delta \ln FDI_t$$
$$+ \beta_4 \Delta \ln NEIZI_t + \beta_5 \Delta \ln NEIXU_t + \beta_6 \Delta \ln GDP_{t-1}$$

$$+ \alpha_1 ecm_{t-1} + \varepsilon_t$$

根据上述误差修正模型进行估计后，发现估计结果不是很满意，进口的相关指标以及总体指标达不到要求，在此情况下，我们在原误差修正模型的基础上，在方程式的右边加上所有自变量的前一期一阶差分，进行检验并剔除不显著的变量，最后再重新进行检验，得到误差修正模型的估计结果（见表1-5），具体方程如下：

$$\Delta \ln TGDP = 0.01 + 0.1\Delta \ln EX + 0.0\Delta \ln FDI + 0.56\Delta \ln NEIXU -$$
$$0.48\Delta \ln NEIXU(-1) + 0.67\Delta \ln TGDP(-1) -$$
$$0.23ECM(-1)$$

表1-5的估计结果表明：首先，在影响中国经济短期波动的因素中，上一期经济发展情况的变化（预期）对本期波动会有较大的影响，上一期经济每增长1%，会导致本期经济增长波动0.66%；其次，当期内需和出口对经济增长具有促进效应，内需每增长1%，会导致本期经济增长波动0.56%，出口每增长

表1-5 误差修正模型的估计结果

Variable	Coefficient	Std. Error	t – Statistic	Prob.
C	0.006	0.008	0.788	0.440
D（lnEX）	0.102	0.020	5.100	0.000
D（lnFDI）	0.048	0.013	3.643	0.002
D（lnNEIXU）	0.565	0.066	8.544	0.000
D（lnNEIXU（-1））	-0.479	0.096	-4.979	0.000
D（lnTGDP（-1））	0.666	0.108	6.146	0.000
ECM（-1）	-0.231	0.070	-3.301	0.003
R – squared	0.96			
Adjusted R – squared	0.95			
Durbin – Watson stat	1.82			

1%，会导致本期经济增长波动0.1%，当期进口对当期经济增长根本没有影响，当期外资对当期经济增长的影响也比较小，上一期内需的变化（预期）会对当期经济增长产生负面影响。另外，误差修正项系数为 - 0.23，表明当经济增长的短期波动偏离长期均衡时，将以 - 0.23 的调整力度将非均衡状态拉回到均衡状态。

对误差修正模型结果的进一步分析：在影响供给和需求的因素中，预期是一个很重要的因素。当预期价格上涨时，需求将增加，这将有利于当期经济的发展，但是不利于下一期经济的发展；同样，前一期的价格预期上涨也不利于本期经济的发展，从而导致当期内需的变化、前一期内需的变化对当期经济增长波动的影响是相反的（与估计结果一致）。同理，如果预期经济将具有持续增长的态势时，那么，很明显前一期的经济增长变化会给当期经济增长变化一个正向冲击。另外，由于中国利用的外资大部分都是"绿地投资"，一般来说，这类外资对经济增长的影响都有一个"时滞"，只有少数通过并购等形式进行投资的外资，在当期才可能对经济增长变动产生影响。可见，我们关于经济短期波动的研究结果与现实也很吻合。

第四节　出口对中国经济发展的动态效应分析

一、脉冲响应函数

脉冲响应函数刻画的是在扰动项上加一个一次性的冲击对于内生变量当前值和未来值所带来的影响。它的优点在于不需要考虑变量的外生性和内生性，每一个模型含有相同的滞后结构。在

VAR 模型中，对第 i 个变量的冲击不仅直接影响第 i 个变量，并且通过 VAR 模型的动态（滞后）结构传导给所有的其他内生变量。以 VAR（2）模型来说明基本思想[①]，VAR（2）模型为：

$$\begin{cases} x_t = a_1 x_{t-1} + a_2 x_{t-2} + b_1 z_{t-1} + b_2 z_{t-2} + \varepsilon_{1t} \\ z_t = c_1 x_{t-1} + c_2 x_{t-2} + d_1 z_{t-1} + d_2 z_{t-2} + \varepsilon_{2t} \end{cases} t = 1,2,\cdots,T$$

其中，a_i, b_i, c_i, d_i 是参数，扰动项 $\varepsilon_t = (\varepsilon_{1t}, \varepsilon_{2t})'$。假设上述系统从 0 期开始活动，且设 $x_{t-1} = x_{t-2} = z_{t-1} = z_{t-2} = 0$，又设定扰动项 $\varepsilon_{10} = 1$，$\varepsilon_{20} = 0$，并且其后均为 0，$\varepsilon_{1t} = \varepsilon_{2t} = 0$（t = 1，2，…）称此为第 0 期给定 X 以脉冲，那么，可以得知：

当 t = 0 时，$x_0 = 1, z_0 = 0$

将上述结果代入 VAR（2）模型，可以得知：

当 t = 1 时，$x_1 = a_1, z_1 = c_1$

将上述结果再代入 VAR（2）模型，可以得知：

当 t = 2 时，$x_2 + a_1^2 + a_2 + b_1 c_1, z_2 = c_1 a_1 + c_2 + d_1 c_1$

继续这样计算下去，可以进一步求出所有 x 和 z 的值，x_0，$x_1, x_2, x_3, x_4, x_5, \cdots$ 称为由 x 的脉冲引起的 x 的响应函数；z_0, z_1，$z_2, z_3, z_4, z_5, \cdots$ 称为由 x 的脉冲引起的 z 的响应函数。

可以将上述讨论推广到多变量的 VAR（p）模型，如果 VAR 模型特征多项式根的倒数均小于 1，即位于单位圆内，那么，VAR 模型就是稳定的，进一步可以得到等价的多变量的向量移动平均模型 VMA（∞）[②]：

$$Y_t = \psi_0 \varepsilon_t + \psi_1 \varepsilon_{t-1} + \psi_2 \varepsilon_{t-2} + \cdots + \psi_p \varepsilon_{t-p} + \cdots$$

[①] 高铁梅：《计量经济分析方法与建模》，清华大学出版社 2007 年版，第 264 页。

[②] 高铁梅：《计量经济分析方法与建模》，清华大学出版社 2007 年版，第 264 页。

其中 $\psi_p = (\psi_p, ij)$ 为系数矩阵，$p = 0, 1, 2\cdots$，由 y_j 的脉冲引起的 y_i 的响应函数为 $\psi_0, ij, \psi_1, ij, \psi_2, ij\cdots$，由于脉冲响应函数要求扰动项之间是正交化的，为了满足这个条件，我们将通过 Cholesky 分解来计算脉冲响应函数。

我们构建了 VAR（6）模型，6 个变量分别是 lnGDP，lnIM，lnEX，lnFDI，lnNEIZI，lnNEIXU。在分析的时候，还把进口和出口加起来作为 lnTRADE 进行了分析。我们估计得到的 VAR 模型特征多项式根的倒数均小于 1，即位于单位圆内，可见，VAR 模型是稳定的。具体的分析结果如图 1-1—图 1-6 所示，得到 GDP 的脉冲响应函数图。在各图中，横轴表示冲击作用的滞后期数（单位：年），纵轴表示 GDP（单位：亿元），实线表示脉冲响应函数，代表了 GDP 对各变量冲击的反应，虚线表示正负两倍标准差偏离线。

从图 1-1 中可以看出，如果当期给出口一个单位的正冲击后，GDP 表现为同向的变动，并且逐渐增大，在第 5 期达到最高点，其后开始逐渐回落，自从第 10 期以后表现基本稳定、小幅度的波动态势。可见，出口对 GDP 具有显著的促进作用，并且这种促进作用具有较长的持久效应。

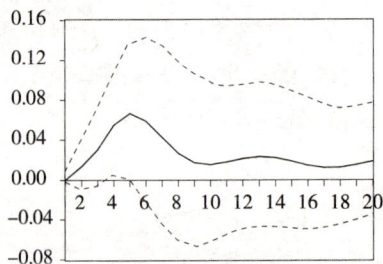

图 1-1 出口冲击引起 GDP 的响应函数

出口对经济增长的促进作用来源于多方面，主要表现为专业化生产、劳动生产率提高、规模经济、贸易乘数效应等。其中，贸易乘数效应的传导机制为：出口部门收入扩大→消费扩大→其他部门生产、收入扩大→消费进一步扩大→……→国内生产总值倍数增加。出口是中国经济增长的主要动力之一，特别进入 21世纪以来，中国的出口取得了十分骄人的业绩，为中国经济的发展做出了巨大的贡献，目前中国出口额在世界位居第二位，仅次于德国。与此同时，我国出口的国际经济环境日益恶化，国际贸易摩擦日益严峻，严重影响到中国出口的可持续发展。但是，随着我国经济增长生产方式和外贸方式的转变、出口商品结构和技术的提高，中国出口不仅在量上会有一个新的突破，在质上也会发生根本性的转变，出口对中国经济的促进作用将会更加明显。

63

从图 1-2 中可以看出，如果当期给进口一个单位的正冲击后，在其后的 2—3 期内，GDP 表现为反向的变动，但是，幅度较小，自从第 3 期以后，GDP 表现为同向变化，整体表现为逐渐增大的态势，在第 12 期左右达到最高点，其后开始小幅度回落，自从第 16 期以后表现为基本稳定的态势。可见，进口对GDP 的促进作用在短期内难以发挥出来，从第 8 期以后进口的促进作用才开始显现，并具有较长的持久效应。

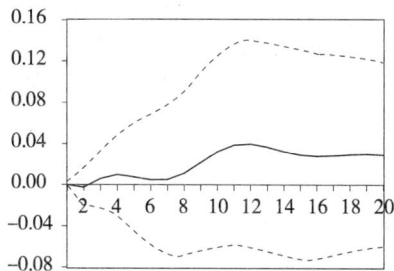

图 1-2　进口冲击引起 GDP 的响应函数

中国进口主要是三类商品：一是中国经济发展急需的资源类产品，例如，矿产品、贱金属及其制品等；二是用于提高国内技术水平和生产水平的专利技术、先进生产设备的引进；三是为加工贸易服务的高新技术产品的半制成品或零部件，例如，机器、机械器具、电气设备及零件、录音机及放声机、电视图像声音的录制和重放设备及零附件等等。以 2006 年为例，初级产品进口占进口总额的比例是 24%，工业制成品进口占进口总额的比例是 76%，其中，高技术产品进口占进口总额的比例是 31%。可见，在进口的产品中，绝大部分都是第一类和第三类产品。从短期来看，这些产品特别是第三类产品与中国国内经济发展的关联度较小，对转变经济增长方式的作用也不大，对国内经济具有"替代效应"，从而导致对经济发展的贡献度也较小。从长期来看，随着进口规模的不断扩大，专利技术、先进生产设备的引进也日益增加，经过一段时间的消化和吸收，有利于经济增长方式转变的产品进口，将会在未来的几年内显现对经济增长的促进作用。自从 2002 年以来，我国的进口贸易迅猛发展，2003—2006 年间，我国进口分别达到 4128 亿美元、5612 亿美元、6599 亿美元和 7915 亿美元，年平均增速达 28.3%。

从出口效应和进口效应的对比来看，可以得知：出口的短期效应明显，进口的长期效应明显，出口的短期效应大于进口的短期效应，进口的长期效应大于出口的长期效应。可见，出口的长期和短期效应与进口的长期和短期效应正好具有互补性，从而使得进出口贸易对 GDP 的整体促进作用都表现为正效应，在前 5 期表现为逐渐增加的态势，其后小幅度下降，自从第 8 期开始表现为小幅度波动的态势（如图 1-3 所示）。

从图 1-4 中可以看出，如果当期给 FDI 一个单位的正冲击后，GDP 表现为同向的变动，并且逐渐增大，在第 3 期达到最

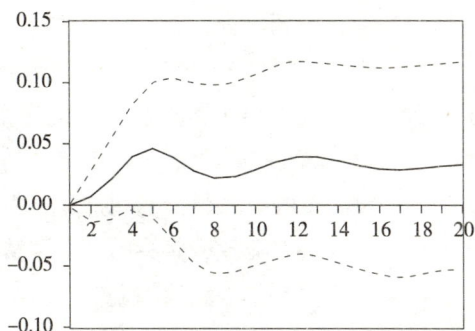

图 1-3　进出口总额冲击引起 GDP 的响应函数

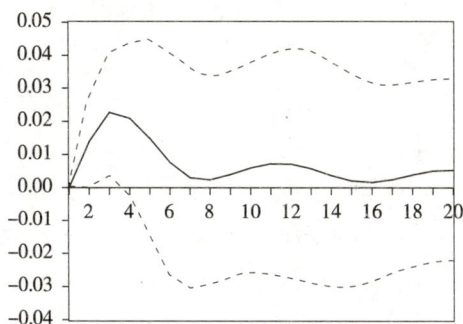

图 1-4　FDI 冲击引起 GDP 的响应函数

高点,其后开始逐渐回落,自从第 7 期以后表现基本稳定、小幅度的波动态势。可见,FDI 对 GDP 具有正的促进作用。但是,与进出口的促进作用相比,FDI 的促进作用比较小,从短期来看,FDI 的最大促进作用大约只有进出口最大促进作用的 1/2,大约只有出口最大促进作用的 1/3;从长期来看,FDI 的促进作用大约只有进出口促进作用的 1/7,大约只有出口促进作用的 1/4,大约只有进口促进作用的 1/6。可见,FDI 对 GDP 的促进作用整体上不如进出口贸易。

自从 20 世纪 90 年代中期以来，中国利用外资的规模稳定增长，2007 年达到了 748 亿美元，外资的稳定增长对中国经济发展做出了一定的贡献，但是，对中国经济的促进作用日益下降，这主要是由于中国利用外资的结构引起的。中国利用的外资大部分是集中于劳动密集型、低技术密集型的制造业，大部分又来源于中国周边地区，由于这些企业比较熟悉中国的国情，虽然带动了一部分就业，但是，中国获得的利润率较低，对经济增长的促进作用也就比较小了。以 2007 年为例，中国实际利用外资的 37% 来源于中国香港，来自英属维尔京群岛、毛里求斯等自自由港的外资占 30%，日本和新加坡、韩国占 5% 左右，美国占 3.5%，英德法等发达国家都不到 1%。其中，来自自由港的外资很多都是所谓的"假外资"。因此，中国利用外资的地区结构不改变，也就是说，利用外资的质量不提升，将很难提升对经济增长的促进作用。目前国家政府实施的提升利用外资质量的战略、优化出口商品结构的战略、调整出口退税的战略等都有利于利用外资质量的提高。

从图 1-5 中可以看出，如果当期给国内投资一个单位的正冲击后，前 3 期 GDP 表现为同向的变动并且逐渐增大，其后开始逐渐回落，从第 5 期开始表现为反向变动，从第 7 期又开始表现为逐渐增加的态势，第 12 期达到最大值，其后基本保持稳定。可见，国内投资对 GDP 的促进作用在短期内（前 8 期）不明显，在第 10 期以后促进作用才显著、持久。与 FDI 的促进作用相比，国内投资对 GDP 的短期促进效应不如 FDI 显著；但是，国内投资对 GDP 的长期促进效应却明显地大于 FDI，大约是 FDI 的 4 倍。

近年来，我国固定资产投资特别是基础设施和基础产业投资快速增长，一大批重点建设项目建成投产，交通、通讯、能源等基础产业和基础设施得到加强，长期以来困扰我国经济发展的煤

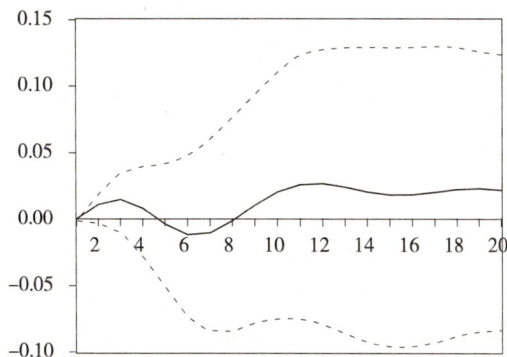

图 1-5　内资冲击引起 GDP 的响应函数

电油运等"瓶颈"制约得到明显缓解。有关数据表明①：2003—2006 年全社会固定资产投资累计完成 32.5 万亿元，比 1981—2002 年 22 年间全社会固定资产投资的总和还多 1.3 万亿元；年平均增长 26.6%，比 1981—2002 年年平均增长 20.4% 快 6.2 个百分点。其中，基础产业和基础设施固定资产投资总额 12 万亿元，是 1978 年到 2002 年基础产业和基础设施基本建设投资的近两倍，累计建成投产项目 212461 个，年平均 53115 个。这些基础设施和基础产业项目的竣工投产和生产能力的建成使用，使我国电力等能源工业紧张状况得到缓解，极大地改善了交通等基础设施条件，为促进人民生活水平提高、优化产业结构发挥了重要的积极作用，同时为下一步我国国民经济又好又快发展奠定了坚实的物质基础。其实，外资对经济增长的促进效应还体现在进出口方面，因为外资的进出口一直占据中国进出口总额的半壁江山，例如，2007 年外资企业进出口各占全国进出口的 58% 左右。所以，外资质量的提升也将在一定程度上提高进出口对经济的促

---

① 《从十六大到十七大经济社会发展回顾系列报告》，国家统计局网站。

进作用。

从图 1-6 中可以看出，如果当期给国内需求一个单位的正冲击后，GDP 表现为反向的变动，并且逐渐下降，在第 5 期达到最低点，其后开始逐渐增加，在第 10 期达到最大值，其后小幅度波动，基本表现为稳定的态势。可见，国内需求对 GDP 的促进作用不明显。与外需（出口）相比，国内需求对 GDP 的短期促进效应为负，长期效应为正但促进作用比较小，大约只有出口长期促进作用的 1/3 左右。

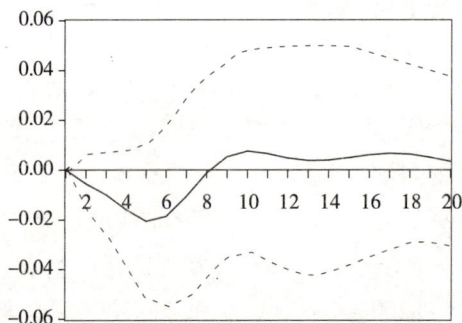

图 1-6 内需冲击引起 GDP 的响应函数

自从党的十六大以来，在国家一系列扩大内需、促进消费的宏观调控措施的积极作用下，商品市场供应充裕，消费规模不断扩大。我国商务部对 600 种商品市场供求情况的分析结果显示，供求基本平衡的商品占全部商品的比重由 2002 年的 12% 提高到 2006 年的 28.7%；而供过于求的商品由 88% 下降到 71.3%，长时间在市场上供不应求的商品已经消失。市场供求状况的根本改变，推动了我国商品市场格局由生产销售者占主导地位转向由消费者占主导地位。特别是以手机、计算机为代表的 IT 商品，方便居民出行的汽车，用于改善人们居住条件和生活质量的住房装饰商品、家用电器等商品大量增加，使市场商品供求结构趋于合理。近几年来，以移动通讯和信息为代表的通讯信息消费，以私人汽车为代表的交通消费，与住房相关的商品消费，以教育、旅游为代表的精神文化消费等为主的消费热点基本形成。有关统计数据表明[①]：2003—2006 年，全国限额以上批发零售企业 23 类主要商品零售额中，年均增速较快的是汽车类（52.3%），通讯器材类（50.4%），建筑及装潢材料类（28.9%），家电、音像器材类（18.3%）和金银珠宝类（17.4%）。从长期来看，国内消费需求的增加，势必会成为中国经济新一轮增长的"重大引擎"。

二、方差分解

脉冲响应函数描述的是 VAR 模型中的一个内生变量的冲击给其他内生变量所带来的影响，没有分析每一个结构冲击对内生变量变化的贡献度。Sims 于 1980 年提出的方差分解是通过分析每一个结构冲击对内生变量变化（通常用方差来度量）的贡献度，进一步评价不同结构冲击的重要性。相对方差贡献率（Relative Variance Contribution，RVC）是根据第 j 个变量基于冲击的方差对 y_i 的方差的相对贡献度来观测第 j 个变量对第 i 个变量的影响。方差分解的基本模型是[②]：

$$RVC_{j \to i}(s) = \frac{\sum_{q=0}^{s-1}(\psi_{q,ij})^2 \sigma_{jj}}{\mathrm{VAR}(y_{it})} = \frac{\sum_{q=0}^{s-1}(\psi_{q,ij})^2 \sigma_{jj}}{\sum_{j=1}^{k}\left\{\sum_{q=0}^{s-1}(\psi_{q,ij})^2 \sigma_{jj}\right\}}$$

其中，如果 $\mathrm{RVC}_{j \to i}$（s）大时，意味着第 j 个变量对第 i 个

---

① 《从十六大到十七大经济社会发展回顾系列报告》，国家统计局网站。

② 高铁梅：《计量经济分析方法与建模》，清华大学出版社 2007 年版，第 270 页。

变量的影响大；相反地，$RVC_{j \to i}$（s）小时，可以认为第 j 个变量对第 i 个变量的影响小。

我们用此模型来分析各自变量的冲击对 GDP 的贡献率。图1-7 中横坐标表示滞后期数（单位：年），纵坐标表示变量变化对 GDP 的贡献率（单位:%）。

（单位：%）

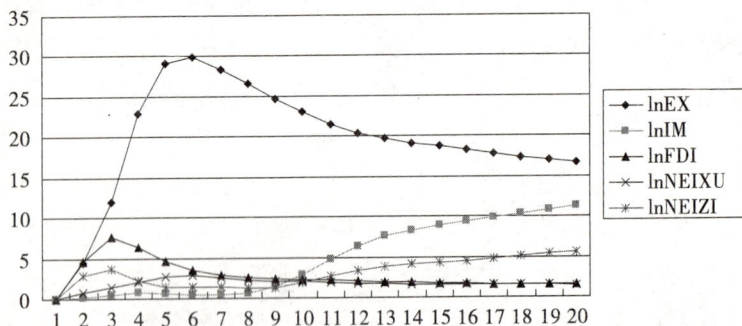

图1-7　各自变量的冲击对 GDP 的贡献率

从图1-7 中可以看出，在我们考虑的所有经济发展因素中，出口对 GDP 的贡献率一直最大，最大值在第 6 期达到 29.9%，其余各期基本都在 16% 以上（第 1—3 期除外）；从短期来看，出口、外资对 GDP 的贡献率较大，从长期来看，出口、进口、内资对 GDP 的贡献率较大；从发展趋势来看，进口和内资对 GDP 的贡献率整体表现为逐渐增加的态势，进口对 GDP 的贡献率从第 2 期的 0.13% 增加到第 20 期的 11.26%，内资对 GDP 的贡献率从第 5 期的 1.45% 增加到第 20 期的 5.64%，出口、外资和内需对 GDP 的贡献率整体表现为逐渐下降的态势，其中，外资对 GDP 的贡献率从第 2 期的 7.59% 下降到第 20 期的 1.56%。

进一步来看，可以发现：

（1）出口对 GDP 的贡献率最大，进口对 GDP 的贡献率逐渐增加。进入 21 世纪以来，中国经济发展对进出口的依赖性越来越大，2000 年总体外贸依存度为 40%，出口和进口依存度都为 20%，2007 年总体外贸依存度增加到 65%，出口依存度增加到 36%，进口依存度增加到 29%。部分省市的外贸依存度更是超过 100%。随着进出口规模的扩大、进出口结构的优化等，势必会进一步提升对经济增长的促进作用。

（2）外资对 GDP 的贡献率逐渐下降，内资对 GDP 的贡献率逐渐增加。伴随着中国经济从经济大国向经济强国转变、从贸易大国向贸易强国转变、从中国制造向中国创造转变，中国的国有企业和非国有企业将会不断地成长起来，中国经济的发展将会更多地依赖这些内资企业，势必会导致外资对 GDP 贡献率的下降。这是任何一个国家从弱到强发展的必然趋势。

（3）内需对 GDP 的贡献率一直比较小。我国政府一直在想方设法地大力扩大内需，虽然取得了一定的效果，但是与外需相比，发展速度还是比较小的。社会消费品零售总额由 2002 年的 48136 亿元增加到 2006 年的 76410 亿元，年均增长 12.2%，剔除价格因素，实际增长 11.5%。与此同时，2003—2006 年间，我国货物进出口连续四年快速增长，年均增长 29.8%，其中出口增长 31.3%，进口增长 28%，是历史上发展最为迅速的时期。外需的迅猛发展，势必会使内需的发展及其作用相形见绌。

第五节　基本结论

投资和需求是影响经济发展的主要因素。在中国对内改革和对外开放的背景下，我们从内资、外资和内需、外需四个方面对影响中国经济的发展情况进行了分析。我们的研究结果表明：

（1）从影响中国经济长期发展的因素来看，内因是中国经济发展的主要因素，内需的作用最大，内资的作用其次，出口和外资的作用居于其后。进口不是 GDP 的格兰杰（Granger）原因，进口与 GDP 的相关系数为负。内需对中国经济的促进作用大约是外需的 4.5 倍。外需（出口）每增加一个百分点，GDP增加 0.17%。

（2）从影响中国经济短期波动的因素来看，预期是一个很重要的因素，上一期经济发展情况的变化（预期）对经济波动影响最大，当期内需和出口对经济波动的影响也比较大，当期进口对经济波动根本没有影响，当期外资对当期经济增长的影响也比较小，上一期内需的变化（预期）会对经济波动产生负面影响。出口每增长 1%，会导致本期经济增长 0.1%。

（3）从对经济的动态影响来看，出口促进经济增长的短期效应明显，进口的长期效应明显，FDI 对经济增长的促进作用整体上不如进出口贸易，国内投资对经济增长的短期促进效应不如FDI 显著。但是，国内投资对经济增长的长期促进效应却明显地大于 FDI，国内需求对经济增长的短期促进效应为负，长期促进效应为正。

（4）从对经济增长的贡献率来看，出口对 GDP 的贡献率一直最大，进口对 GDP 的贡献率逐渐增加，外资对 GDP 的贡献率逐渐下降，内资对 GDP 的贡献率逐渐增加，内需对 GDP 的贡献率一直比较小。

第二章　对外贸易出口结构的理论分析

对外贸易特别是出口对一个国家的经济发展来说尤其重要。一个国家的经济发展一般从经济总量和经济结构两个方面进行考察，经济的发展，不仅在于经济总量的增加，还在于经济结构的不断优化。因此，对于一个参与国际分工和全球化的国家来说，作为国内经济发展的主要动力之一，考察对外贸易出口也同样需要从总量和结构两个方面进行分析。从目前已有的研究来看，关于贸易总量的相关理论和实证研究较多，关于贸易结构的理论和实证研究较少。因此，在已有研究的基础上，本章对对外贸易出口结构理论进行了深入研究。

第一节　出口商品结构理论

出口商品结构是指某大类或某种商品出口贸易额占出口贸易总额的比例。出口商品结构与一个国家或地区的整体外贸效益有着十分密切的关系。通过优化出口商品结构来提高外贸效益、促进经济发展，是一个国家或地区外贸政策的重要组成部分。一个国家的对外贸易出口商品结构，反映了这个国家在国际贸易中的比较优势和竞争力，与这个国家的生产要素禀赋、产业结构、经济政策、经济战略等紧密相关。

一、生产成本与对外贸易出口商品结构

绝对成本理论和比较成本理论是国际贸易理论的两大根本性理论。这两个理论虽然没有重点研究出口商品结构问题，但是都涉及出口商品结构、出口战略等问题。

国际贸易分工理论的创始者、英国古典经济学家亚当·斯密，在《国民财富的性质和原因的研究》一书中，提出绝对成本理论来论证国际贸易发生的基础。斯密不仅论证了国际贸易分工的基础是各国商品之间存在绝对成本差异，还进一步指出了存在绝对成本差异的原因，为各国参与国际分工和贸易提供了理论依据。斯密虽然没有深入研究出口商品结构问题，但是，斯密明确指出，每一个国家都有其适宜生产某些特定产品的绝对有利的生产条件，因而生产这些产品的成本会绝对地低于他国，一个国家出口什么样的产品是由本国绝对成本优势决定的。一般来说，一国的绝对成本优势来源于两个方面：一是自然禀赋的优势，即一国在地理、环境、土壤、气候、矿产等自然条件方面的优势，这是天赋的优势；二是人们特殊的技巧和工艺上的优势，这是通过训练、教育而后天获得的优势。一国如果拥有其中的一种优势，那么这个国家某种商品的劳动生产率就会高于他国，生产成本就会绝对地低于他国。[①] 一个国家就会出口本国生产成本比较低的产品，进口本国生产成本比较高的产品，即形成了一国的对外贸易商品结构。

亚当·斯密的"绝对成本"理论解释了在生产上各具绝对

---

① 张二震、马野青：《国际贸易学》，南京大学出版社2007年版，第58—59页。

优势国家之间的贸易及其出口商品结构，但是，不能解释事实上存在的所有产品都处绝对优势的发达国家和所有产品都处绝对劣势的经济不发达国家之间的贸易及其出口商品结构问题。

　　为了解释这一问题，英国古典经济学家大卫·李嘉图在绝对成本理论的基础上，提出了比较成本理论，第一次以无可比拟的逻辑力量，论证了国际贸易分工的基础不限于绝对成本差异，只要各国之间产品的生产成本存在着相对差异（即"比较成本"差异），就可参与国际贸易分工并取得贸易利益。比较成本理论认为，每个国家都可以生产自己具有比较优势的产品出口，而进口那些对自己来说具有比较劣势的产品，如果一个国家所有产品的生产都处于劣势，它也可以"两劣择其轻"，选择劣势比较小的产品进行专业化生产，然后和其他国家进行交换，最终也可以获得贸易利益。对于都处于优势的国家来说，"两优择其重"，则可以获得更多的贸易利益。在这一理论的指导下，越来越多的国家和地区参与全球化、参与国际分工，由于每个国家的优势和劣势各不相同，导致每个国家的出口商品类型不同，世界贸易中的商品类别越来越多。可见，相对成本理论不仅为处于任何发展程度的国家都可以参与国际贸易提供了理论指导，也在一定程度上论证了国际贸易交易商品具有多样化的特征。

　　这两个理论都从"成本"角度解释了国际贸易产生的原因和出口商品结构形成的原因，但是，并没有对国家之间生产商品的绝对成本或比较成本的差异性进行解释。从出口商品结构的角度来看，这两个理论都没有对为什么不同国家出口不同类型产品进行解释。另外，这两个理论都只是探讨了贸易是互利的，并没有把出口商品结构和贸易利益联系起来共同讨论。

二、生产要素禀赋与对外贸易出口商品结构

　　为了解释国家间生产产品成本的不同，20世纪30年代，瑞典经济学家伯尔蒂尔·俄林提出了生产要素禀赋理论①。俄林把李嘉图的个量分析扩大为总量分析，不是单单比较两国两种产品的单位劳动耗费的差异，而是直接比较两国生产要素总供给的差异，从一国经济结构中的资本、土地、劳动力等这些最基本的因素来解释贸易分工基础和贸易格局。俄林论证生产要素禀赋理论的逻辑思路是：商品价格差异是国际贸易的基础，而商品价格的差异是由于商品生产的成本比率不同；商品生产成本比率不同，是因为各种生产要素的价格比率不同，而生产要素价格比率不同，则是由于各国的生产要素禀赋比率的不同。因此，生产要素禀赋比率的不同，是产生国际贸易最重要的基础。一个国家出口的是它在生产上大量使用该国比较充裕的生产要素的商品，而进口的是它在生产上大量使用该国比较稀缺的生产要素的商品。也就是说，一个国家的出口商品结构是由本国的生产要素禀赋决定的。可见，一个国家生产要素数量及其结构的变化就会导致其出口商品及其结构的变化。世界贸易的商品结构是由各个国家出口商品类型及其结构综合而成的。

随着经济全球化的不断发展，在贸易投资一体化②和要素分工的新形式下，要素本身也发生了变化，出现了一些新的特点。生产要素的种类很多，有的生产要素的数量和质量是很容易变化的，例如，技术、资金、人力资本等生产要素；有的生产要素的数量和质量是不容易变化的，例如，地理位置、气候、土壤等生产要素。具体来看，当前要素的新特点主要有：（1）要素的细化性。国际分工的细化和贸易投资一体化的发展，导致贸易分工

---

① ［瑞典］伯尔蒂尔·俄林：《地区间贸易和国际贸易》，商务印书馆1986年版，第23页。

② 张二震、马野青等：《贸易投资一体化与中国的战略》，人民出版社2004年版，第1页。

的多样性,生产要素的种类也在相应地增加。(2)要素的扩展性。随着要素分工的到来,生产要素的含义发生了变化,生产要素的范围也扩展了。如果把以前的劳动、资本和土地定义为狭义的生产要素,那现在广义的生产要素,不仅包括劳动、资本和土地,而且包括技术、人力资本、研究开发、信息以及管理等新要素。(3)要素的流动性和变动性。生产要素的流动性日益增强。生产资本的国际化程度最高,几乎可以在全球的任何角落配置资本,劳动力的流动特别是高科技人员的流动性日益加强,技术转移的速度也越来越快,运输成本快速下降使原材料的流动更为可能。随着要素流动性不断的加强,由于各个国家的政策和经济实力不同,对要素的吸引力也不同,从而导致各个国家所拥有的要素种类、要素数量和要素比例都处于动态的变化之中。(4)要素的专用性。以劳动力为例,劳动者所掌握的技能越来越专业于某个狭窄的领域,再加上各种非技能知识,如企业文化对个人观念、行为方式的影响,长期积累的关于企业工作流程的经验,与企业其他工作人员良好的人际关系等,都进一步加强了人力资本的专用性。这种现象同样存在于其他要素当中,像高科技之间的转换也是十分困难的。要素职能日益专业化而成为专用性资产,这就增加了要素彼此替代的难度。专用性要素的使用范围一般比较窄,生产要素跨行业移动的阻力相当大,若因为专用性资产的无法使用而被迫转移到其他行业,就会造成巨大的转置成本。要素的专用性越强,其使用范围越窄,转置成本越大。

生产要素出现的新变化和新特点,给国际分工、国际贸易提出了新的挑战,进而影响到每个国家出口的商品结构以及整个世界的贸易格局。在新的形势下,如何参与国际分工、参与国际贸易、获得贸易利益成为发达国家和发展中国家共同关注的新课题。

77

三、对外贸易出口商品结构与贸易利益

在国际市场上，不同的商品具有不同的价格，出口一单位不同的商品获得的利益也是不同的，由于每一个国家或地区参与国际分工和贸易的根本目的是为了获得贸易利益，因此，就导致了每个国家都追求具有高附加值商品的出口，即导致了各国对出口商品结构的重视。如果不考虑获得贸易利益的多少，出口国家或地区基本上不会考虑出口商品的结构问题，这就是绝对成本理论和比较成本理论等以往的理论都只是专注于贸易互利的讨论、没有过多关注贸易利益分割问题的原因，这些理论只关注贸易出口行为，忽视贸易出口商品结构问题。随着经济全球化的日益发展，国际市场竞争日益激烈，发达国家和发展中国家为了获得较多的贸易利益，为了最大程度地促进国内经济发展，都十分关注本国的出口商品结构。

根据生产商品要素的密集度，一般把产品划分为资源密集型产品、劳动密集型产品、资本密集型产品和技术密集型产品。每种产品的附加值、对经济发展的带动作用各不相同，一般认为，劳动密集型产品对本国的就业效应比较大，但是，在国际市场上供过于求，竞争比较激烈，附加值比较低，出口这类商品的国家，在国际分工中处于低端位置；资本和技术密集型产品的附加值比较高，出口这类商品的国家，在国际分工中处于高端位置。在产业间分工和产业内分工时期，每个国家出口的商品基本是最终产品；目前，在产品内分工或价值链分工时代，每个国家出口的基本都是中间产品，包括零部件、半制成品等。从最终产品到中间产品，虽然出口的形式发生了变化，但是，本质却没有变，在一个产品的价值链上，不同的生产工序具有不同的属性，正如著名的"微笑曲线"所表示的一样，生产工序也可以分为资源密集型、劳动密集型、资本密集型和技术密集型，不同生产工序

的附加值也不同，一般来说，研发、设计、销售等工序的附加值较高，加工、生产、组装等工序的附加值较低。在这样的背景下，出口商品结构同样可以反映出口国家可获贸易利益的多少及其国际地位。

在产品内分工时代，每个国家都会充分利用本国的生产要素，大量生产并出口本国生产要素富裕型的产品或中间产品，进口本国生产要素稀缺型的产品或中间产品，在跨国公司的主导下，国际经济活动日益频繁，世界贸易额也日益增加。从世界经济的现实来看，一般来说，发展中国家自然资源和劳动力资源都比较富裕，资本和技术比较缺乏；发达国家正好相反，发达国家资本和技术资源比较富裕，劳动力资源比较缺乏。根据比较成本理论和要素禀赋理论，国际贸易的格局就是：发达国家进口劳动密集型和自然资源密集型产品，出口资本和技术密集型产品，发展中国家则进口资本和技术密集型产品，出口劳动密集型产品。这样的贸易格局对发达国家是有利的，但是，对发展中国家却是不利的。在劳动密集型产品的国际市场上，虽然发展中国家劳动密集型产品因其工资低而劳动成本较低，但发达国家面对国内充分就业的压力，会以各种壁垒阻碍廉价的劳动密集型产品进入。

另外，为了应对外来竞争，发达国家会用资本替代劳动，这都大大削弱了发展中国家的劳动力优势，使发展中国家的劳动密集型产品并不具有竞争优势。可见，对于发展中国家来说，单纯由资源禀赋决定的比较优势在国际贸易中不一定具有竞争优势，单纯根据资源禀赋来确定自己的国际贸易结构，企图以劳动密集型产品作为出口导向，就会跌入"比较利益陷阱"①，处于国际分工的低端，参与国际分工和贸易获得的利益也较少。另外，在

---

① 洪银兴：《从比较优势到竞争优势》，《经济研究》1997 年第 6 期。

国际市场上，劳动密集型产品的竞争最为激烈，发展中国家为了获得较多的市场份额或较多利益，就会增加产品的出口量，其后果是产品价格下降，即"贸易条件恶化"，甚至会导致"贫困化增长"的局面，即价格贸易条件恶化所造成的损失会超过产出增加所带来的收益，最终使该国的贸易状况不如从前。

当然，"贫困化增长"的出现是一种极特别的现象，一般认为，它的发生需要具备以下四个条件：经济增长必须是偏向出口部门的；外国对本国出口商品的需求必须是缺乏弹性的，以致出口供给的扩大一定导致出口价格的迅速下跌；该国必须是一个贸易大国，这样其大幅度的出口扩大必然导致该国价格贸易条件的恶化；该国经济严重依赖对外贸易，贸易条件的大幅度恶化才有可能导致整个社会福利的绝对下降。从发展中国家参与国际分工和贸易的现实情况来看，一些发展中国家确确实实跌入了"比较优势陷阱"，不同发展中国家的不同出口产品、不同产业部门都出现了"贸易条件恶化"、"贫困化增长"的现象。

四、生产要素、出口商品结构优化与贸易利益

对于参与国际分工和贸易的国家来说，特别是发展中国家，如果想要获得较多的贸易利益，提高在国际分工中的地位，就必须高度重视出口商品结构，不断优化出口商品结构。出口商品结构优化的顺序一般是从劳动密集型到资本密集型，再到技术密集型，最终产品的生产如此，中间产品的生产也是如此。

在经济全球化的今天，产品内分工的产生和发展改变了国际经济环境。跨国公司生产价值链上不同环节的专业化分工成为国际分工的主要表现形式，任何国家参与国际分工的决定因素还是本国的要素禀赋。在这样的分工环境中，决定一个国家现在和未来在国际分工交换中所获利益的，不再取决于进口什么、出口什么，而是取决于参与了什么层次的国际分工，是以什么样的要

素、什么层次的要素参与国际分工，对整个价值链的控制能力有多少。[1] 发达国家的起点比较高，他们从一开始就控制着价值链的两端，发展中国家的起点比较低，实施对外开放的国家，一部分处于价值链的最底端，一部分处于价值链的中间位置，没有实施对外开放的国家，几乎还没有任何的国际分工地位，在国际价值链中找不到他们的身影。目前，从国际分工的角度来说，优化出口商品结构，就是提高在国际价值链中的位置和国际分工地位。林毅夫等人的研究表明[2]：无论是早期的重商主义、德国的历史学派经济学，还是第二次世界大战之后传统发展经济学发展战略的倡导者、赶超战略的实践者，都把产业结构和技术结构的差异看做是发达经济与落后经济之间的根本差别。然而，产业结构和技术结构的升级，都是经济发展过程中内生的变量，即它们仅仅是发展的结果，或者说是一个经济中资源禀赋结构变化的结果。可见，一个国家优化本国出口商品的关键是本国生产要素质量的提升和结构的优化。

众所周知，一个国家如果改变了本国生产要素的结构和质量，本国的出口商品结构也会发生变化。那么，在当今世界，一个国家能否改变本国的生产要素结构和质量呢？从世界经济发展的现实来看，答案是肯定的。伴随着经济全球化的纵深发展，国际贸易和国际投资日益自由化，各种生产要素的国际流动性大大地增强了。但是，生产要素的国际流动存在着结构性的偏向性，主要表现为资本、技术、优秀人才等高级要素极易流动，而一般劳动力、土地、自然资源等低级要素的流动不充分甚至基本不能

---

① 张二震：《全球化、要素分工与中国的战略》，《新华文摘》2005 年第 22 期。

② 林毅夫等：《中国的奇迹：发展战略与经济改革》，上海三联出版社 1999 年版，第 108—109 页。

流动，从而导致要素流动主要表现为高级要素拥有国家的要素向某些低级要素拥有国家流动①，在一定程度上也可以说，发达国家的优势要素流向发展中国家。这种流动对发展中国家生产要素的结构优化和质量提升具有积极的促进作用，进而必定对发展中国家的出口商品结构也产生影响。

以资本为例，在所有要素中，资本是国际流动性最强的要素。如果大量国际资本流入某一个发展中国家，对这个国家的出口商品结构会有什么样的影响呢？根据罗伯津斯基定理，在商品相对价格不变的前提下，某一要素的增加会导致密集使用该要素部门的生产增加，而另一部门的生产则下降。显而易见，如果大量国际资本流入某一个发展中国家，不管是直接投资还是间接投资，这必然会增加这个发展中国家的资本要素存量，在劳动要素相对稳定的情况下，就降低了资本要素的相对稀缺程度，进而会导致本国资本密集型产业的扩张。如果资本密集型产业本身是这个国家的优势产业和出口产业，这种产业的优势就会被扩大，出口量就会增加，如果资本密集型产业本身不是这个国家的优势产业，那么，该国的资本密集型部门将获得迅速的发展而成为新的出口主导产业，即这个国家的出口商品结构会优化。从发展中国家利用外商直接投资的业绩来看，外商直接投资优化了发展中国家的出口商品结构。具体来看，外商直接投资优化发展中国家出口商品结构的途径主要有：外商直接投资通过技术溢出对出口商品结构产生影响，例如，设立研发机构、培训雇员以及研发人员、管理人员的流动；外商直接投资通过产业升级对出口商品结构产生影响，例如，外资进入带来的市场竞争效应、对国内配套

---

① 张幼文：《要素集聚：中国在全球化经济中的地位》，《文汇报》2006年6月5日。

企业的培育；等等。

总的来看，生产要素质量的提升和结构的优化是一个国家特别是发展中国家优化出口商品结构的关键。生产要素特别是高级生产要素国际流动性的增强，发展中国家对外开放战略的实施以及开放水平的进一步提升，跨国公司全球战略的实施，产品内分工的形成等，都有利于发展中国家本国生产要素质量的提升和结构的优化。

五、优化出口商品结构的经济政策和发展战略

虽然生产要素质量的提升和结构的优化是优化出口商品结构的关键，但是，对于任何一个国家来说，都不可能仅仅只关注生产要素这一因素，都必须同时实施多种经济政策以及相应的发展战略，才能在最短的时间内、最大程度地优化本国的出口商品结构。对于发展中国家来说，更是如此。具体来说，为了优化出口商品结构，国家应该重视以下几个方面的问题：

1. 加大对外开放的步伐，充分利用国际资源

在经济全球化的背景下，一个国家的经济要想获得快速发展，参与国际分工、参与全球化是大势所趋。从现实情况来看，一个国家参与全球化，其经济发展不一定会获得成功，但是，如果不参与全球化，其经济发展一定不会获得成功。因此，对于没有参与国际分工的国家，要尽快实施对外开放的步伐，对于已经实施对外开放战略的国家，要继续实施对外开放战略并加大对外开放的步伐。当然，也要防范外部风险。

实施对外开放战略并加大对外开放的步伐，是为了更好地充分利用国际资源，来优化本国的要素结构、提升要素质量，进而优化本国的出口商品结构，而不是一味地出口本国已有的优势商品。只有这样，对于发展中国家来说，才能避免"比较优势陷阱"，才能变"静态比较优势"为"动态比较优势"，才能不断

提升本国的出口商品结构以及本国在国际分工中的地位。对于发展中国家来说，利用国际资源的途径主要有：一是直接进口先进技术、高新技术设备以及大力吸引国际间接投资资本和高级人才的流入；二是积极承接国际产业转移。不管是制造业的产业转移，还是服务业的产业转移，对于发展中国家来说，都是资本、技术、人才、管理方法、经营理念等一揽子要素的整体转移。这两种途径都会极大地优化发展中国家的要素结构。亚洲"四小龙"等地区的成功经验就是最好的例证。

2. 实施战略性的产业政策和贸易政策，不断培育新兴产业

一个国家的贸易竞争力是这个国家产业竞争力的体现，同样，一个国家的出口商品结构是这个国家产业结构的体现，即产业结构是出口商品结构的基础。根据钱纳里的分析，一个国家的对外贸易战略同这个国家产业结构的比较优势相联系，一个国家对外贸易战略的调整又同这个国家的产业结构比较优势的改变相联系。可见，一个国家出口商品及其结构的决定因素在于该国相关产业的竞争力和结构。

在开放型产业结构条件下，产业结构是贸易结构的基础，产业结构的调整和优化对一国贸易结构的形成和变化产生直接的影响。国内产业结构的调整必定要受到国际经济和世界市场的影响，只有与国际经济的发展趋势相吻合，与世界市场的需求相一致，产业结构的调整才能获得成功，贸易结构才能与时俱进，经济才能具有国际竞争力以及保持可持续发展。贸易结构的变化并不仅仅取决于国家之间比较优势的变化，同时也取决于各个产业国际竞争力的强弱变化。具有国际竞争力的产业发展较快，在贸易结构中的比重必然趋于上升；而缺乏国际竞争力的产业发展较慢，甚至出现衰退现象，因而在贸易结构中的比重趋于下降。因此，为了优化出口商品结构，国家就要重视产业结构的调整和

优化。

　　然而，为了优化产业结构，国家就要实施战略性的产业政策和贸易政策。要明确的是，优化产业结构并不是完全放弃已有的产业，而是在继续大力发展目前已有主导产业的同时，有选择、有重点地培育未来具有巨大国际市场、对本国经济有较大促进作用、技术含量较高等特点的新兴产业。这类新兴产业可能是全新的产业，也可能是传统产业内部高端价值链上的某一生产工序，一般具有"幼稚产业"的特点。对于具有"幼稚产业"特点的新兴产业，根据实际情况，政府必要时可以采用战略性的贸易保护政策和扶持性的产业政策等，确保其发展起来。美国，尤其是日本的经验说明，政府的产业政策确实能促进高新技术产业的发展，主要因素是掌握必要技术的工人，愿意向风险事业投资的私人企业，以及生产者之间激烈的竞争等，政府对基础研究及应用研究开发的补贴也起到一定的作用①。要特别指出的是，保护性的贸易政策不再仅仅局限于限制进口，因为在对"幼稚产业"的保护措施方面，WTO 为"幼稚产业"的保护提供了一个法律框架，对于 WTO 成员国，保护性手段必须符合相应的法律法规。另外，培育新兴产业是一个系统性工程，是一个动态的过程。

　　随着世界经济一体化程度的提高，全球竞争突出表现为高科技水平的竞争，由此带来世界产业结构的调整和升级，在世界贸易格局上就表现为各国出口商品结构的知识、技术密集化。因此，在未来竞争中，最具竞争力的产业就是高科技产业或者传统产业的技术密集型生产环节，谁能在高科技产业或生产环节占有

85

---

　　① 〔美〕保罗·克鲁格曼：《战略性贸易政策与新国际经济学》，中国人民大学出版社 2000 年版，第 231 页。

一席之地，谁就能成为赢家。

3. 充分发挥动态比较优势和后发优势，创造国际竞争优势

创新是世界各国优化出口商品结构的主要途径。对于发达国家来说，由于其技术水平在世界中一直处于领先的地位，是世界科技发展的领导者，他们优化出口商品结构的主要途径只有进一步加强技术创新。对于发展中国家来说，由于在资金、技术等方面与发达国家存在巨大的差距，现实的选择是，首先缩小与发达国家的差距，然后通过自主技术创新等方法进一步优化出口商品结构。对于发展中国家来说，为了缩小与发达国家之间的出口商品结构差距、追赶发达国家，就要充分发挥动态比较优势和后发优势，并创造竞争优势。

对于发展中国家来说，如果通过自身资本积累以及外部资本的流入，资本要素的积累速度就会快于劳动要素的积累速度，长此以往，本国的资本要素数量就会超过劳动力要素数量；与此同时，通过提升教育水平、加大培训力度以及国际人才的引进等方法，本国的人才结构也会发生变化，高端人才数量会越来越多，那么，这个国家的要素结构就会改变，创新速度就会加快，出口商品结构也就会优化，从出口劳动密集型商品转向出口资本密集型或技术密集型商品。可见，只有不断优化本国的要素结构和提升本国的要素质量，发展中国家的比较优势才会动态变化，才会高级化，正是因为动态比较优势的存在，给发展中国家提供了优化出口商品结构的机会和可能，一旦比较优势发生变化，本国的产业结构和出口商品结构也会随之改变。

发展中国家在收入水平、技术发展水平、产业结构水平等方面与发达国家有差距，正是这种差距给发展中国带来了特有的"后发优势"。例如，发展中国家引进发达国家的技术和设备可以节约科研费用和时间，快速培养本国人才，在一个较高的起点

上推进工业化进程；外部资金的引进可以解决发展中国家工业化进程中资本严重短缺的问题；发展中国家借鉴先进国家的经验教训，避免或少走弯路，采取优化的赶超战略，从而有可能缩短初级工业化时间，较快进入较高的工业化阶段。后发优势是发展中国家特有的优势，在发展本国经济、优化出口商品结构方面，发展中国家要特别重视后发优势战略的运用，瞄准现代最新技术和产业，直接发展现代工业，实现产业结构和出口商品结构的跨越式发展。生产要素结构的动态调整是成功实现跨越式发展的基础。

动态比较优势和后发优势只是发展中国家缩小与发达国家经济差距的重要途径，如果想要追赶并超过发达国家，改变国际分工格局，在出口商品结构方面有实质性的突破，那么，发展中国家还要创造竞争优势。过去在按照比较利益理论建立的国际分工格局中，国际贸易的主要目的是互通有无，目前，在产品内分工时代，国际竞争的一个重要特点是，各个国家（包括许多发展中国家在内）进入国际市场都有明确的占领国际市场、获得更大国际贸易利益的目标。为了达到这个目标，许多国家没有停留在已有的比较优势上，而是致力于创造国际竞争优势①。根据迈克尔·波特的分析，一个国家的国际竞争优势来源于一个相互增强的"钻石"系统，在这个系统中，有四个关键因素（生产要素、国内需求、相关的支持产业和企业战略、结构和竞争）和两个辅助因素（政府的作用和机遇）。这六个因素相互影响、相互作用，共同构成了一个动态的激励创新的竞争环境，有利于产生一些在国际市场上具有竞争力的产业。发展中国家通过发展开放型经济培植国际竞争优势是历史的必然选择。

87

① 洪银兴：《从比较优势到竞争优势》，《经济研究》1997 年第 6 期。

4. 重新审视进口的作用，增加战略性进口，以进口促进出口结构升级

过去，很多国家往往只重视出口对经济发展的带动作用，忽视进口的作用，一般实施具有重商主义性质的贸易政策，但是，目前，越来越多的国家开始重视进口对经济发展的作用。其实，进口也是优化出口商品结构的一个重要因素。进口增长是出口竞争力提高和出口扩大的基本保证，只有适度的进口，才能保证持续、稳定的出口，才能使出口产品结构不断地升级，保持国际竞争力。因此，在制定新的外贸政策时，要重新审视进口的作用，增加战略性进口，确保进口与出口之间形成互动增长的机制，以进口促进出口商品结构的升级。

第二节　出口地区结构理论

对外贸易出口地区结构，也叫出口地理方向或出口地区分布。出口地区结构又可以分为出口国际地区结构（或国际出口地区结构）和出口国内地区结构（或国内出口地区结构）。我们将主要对影响出口国际地区结构和出口国内地区结构的因素进行分析。

一、对外贸易出口国际地区结构的意义及其影响因素

1. 出口国际地区结构的意义

出口国际地区结构是指一国对世界其他各个地区或国家的出口额占本国出口总额的比重。出口国际地区结构指明一国出口商品的去向，从而反映一国与其他国家或区域集团之间经济贸易联系的程度、经济的竞争性与互补性。

出口国际地区结构是衡量双方之间贸易紧密程度的指标。如

果两国之间的地区结构比较大，说明两国之间的贸易相互依赖程度比较高，两国之间的经济关联、贸易关联就比较强。此时，一个国家经济政策、贸易政策的变化就会影响到另外一个国家的经济发展、外贸发展，如果其中一个国家的经济发展趋于良好，贸易国的经济、对外贸易也会在这个国家的带动下朝着良好的方向发展。一般情况下，如果两国之间的地区结构比较小，就说明这两个国家之间的经济关系、贸易关系的紧密性、互补性比较弱，竞争性比较强，要么是由于政治、历史的原因，要么是由于国家实施的经济政策、贸易政策的原因导致的。

出口国际地区结构是衡量外贸安全状况的指标。一国对外贸易出口国际地区结构状况还与这个国家的外贸安全有关系。如果一个国家的对外贸易出口国际地区结构比较集中，就可以凭借对传统市场的熟悉而节省市场开拓的费用，降低交易成本，扩大出口商品在进口市场的影响；但是，如果出口厂商之间协调不力、出口产品差异化程度较小，就会造成出口厂商之间的恶性竞争，激化与进口国的贸易摩擦，从而影响正常出口。如果一国对外贸易出口国际地区结构比较分散，不仅进行国际贸易的成本较高，而且还不利于对外贸易的持续稳定发展。因此，从对外贸易的平稳发展来看，对外贸易出口国际地区结构应该适度集中，否则容易受制于人，在对外贸易中处于不利的地位。

2. 出口国际地区结构的影响因素

影响一个国家出口国际地区结构的因素很多，我们主要从以下五个方面进行分析：

（1）贸易国家之间的地理、文化、语言因素。

贸易国之间的地理距离、文化、语言因素在一定程度上影响两国之间的国际贸易。贸易国之间的地理距离越远，文化差异越大，进行国际贸易的交易成本就越大，贸易量就会减少；反之，在其他条件不变的情况下，如果两国之间的地理距离越近，文化差异越小，使用的语言相近，贸易量就会增加。最明显的现象就是近年来区域贸易发展迅速，详见表2－1。

表2－1　1970—2002年间集团内商品出口额占集团出口总额的百分比

（单位:%）

年份	1970	1980	1990	2000	2001	2002
亚太经合组织	57.8	57.9	68.3	73.1	72.6	73.3
中欧自由贸易区	12.9	14.8	9.9	12.2	12.4	12.2
欧洲联盟	59.5	60.8	65.9	61.6	60.8	60.6
北美自由贸易区	36.0	33.6	41.4	55.7	55.5	56.7

资料来源：世界银行：《2004年世界发展指标》，中国财政经济出版社2005年版。

（2）比较优势因素。

根据传统的贸易理论，国际贸易的基础是国际分工，一般来说，一个国家出口的商品一般是本国生产具有比较优势的产品，而这种比较优势又来源于本国拥有某些生产要素的量较多，所以，具有不同比较优势、不同要素禀赋的国家之间的贸易比较多。从发展中国家的角度来看，一般来说，由于发达国家都在资本、技术上具有比较优势，在劳动力方面具有比较劣势，发展中国家都在资本、技术上具有比较劣势，在劳动力方面具有比较优势，也就是说，发展中国家与发达国家之间的互补性较强，而发展中国家之间的竞争性比较强，导致发展中国家出口商品的国际地区主要集中于发达国家。

（3）本国的外贸政策、对外贸易增长速度因素。

一个国家的外贸政策，不仅影响着这个国家的对外贸易量，而且还影响着这个国家的对外贸易增长速度。一般来说，与实施进口导向型外贸战略的国家相比，实施出口导向型外贸战略的国家，其出口量比较多，出口的增长速度比较快。随着出口量的增加和出口增长速度的加快，出口国一方面会增加对传统出口市场的出口，另一方面会开拓新的出口市场。

（4）贸易国的经济政策、外贸政策。

一个国家对外贸易的国际地区结构，不仅与本国的外贸政策、经济政策有关系，还与贸易国的经济政策、外贸政策有关系。如果贸易国实施外向型的经济发展战略，降低国际贸易的壁垒，重视进出口特别是进口的作用，就会增加发展经济所需商品的进口，进而有可能增加从本国的进口，提高本国与贸易国之间的贸易量。反之，如果贸易国实施封闭型的经济发展战略、实施趋于保护性的贸易政策，就会降低本国与贸易国之间的贸易量。

（5）双方之间的经济强弱、政治关系、历史关系。

贸易国之间的地区结构还与双方之间的经济强弱、政治关系、历史关系有联系。一般情况下，如果贸易国的经济实力比较弱、两国政治关系比较紧张、两国之间还存在历史争端，那么，本国与此贸易国之间的贸易量就会比较小；如果贸易国的经济实力比较强大、两国之间的政治关系一直保持良好发展、两国之间不存在重大的历史争端和贸易冲突，而且两国之间在国际组织中属于同一集团，那么，本国与此贸易国之间的贸易量就会比较大。

二、对外贸易出口国内地区结构的意义及其影响因素

1. 出口国内地区结构的意义

对外贸易国内地区结构是指一国出口商品的国内来源，从而反映一国内部各个省市对全国对外贸易的贡献情况、各个省市发展经济对贸易的依赖情况等等。一般又可以分为出口国内地区结构（国内出口地区结构）和进口国内地区结构（国内进口地区

91

结构)。其中，出口国内地区结构是指一个国家内部各个省市的出口额在国家出口总额中的比重。出口国内地区结构指明一国出口商品的内部来源，从而反映各个省市在国家出口中的地位，在国家经济中的地位，也可以反映出国家经济发展的均衡性。如果一个国家的出口国内地区结构过度集中（依赖）部分省市的话，就会导致省市间经济发展的不平衡，出口较多的省市，经济发展速度较快；出口较少的省市，经济发展速度较慢。如果出口差异较大的话，就会引起很多社会问题，例如，地区间发展不平衡、贫富差距过大等等。

2. 影响出口国内地区结构的因素

影响一个国家出口国内地区结构的因素有很多，我们主要从以下五个方面进行分析：

（1）国家地区经济发展战略因素。

如果一个国家实施均衡的地区经济发展战略，那么，这个国家各个省市的出口差异就会比较小，出口国内地区结构就比较分散或均衡，就不会出现出口过度集中于部分省市即出口结构失衡的状况。反之，如果一个国家实施非均衡的地区经济发展战略，即有重点地发展某些省市，那么，这个国家各省市的经济发展以及对外贸易发展就会出现较大的差异，从而在出口地区结构上就表现为出口地区结构过度集中于少数省市。

（2）不同省市开放程度差异因素。

各地区开放程度的差异是造成地区间对外贸易差异的一个重要原因。由于各省市的对外开放程度参差不齐，这就导致由对外开放而产生的效率提高和对经济、贸易增长的促进作用在各省市的表现不同，从而形成"马太效应"。从整体来看，开放程度越高的省市，市场机制所发挥的作用越明显，资源配置的效率越高，经济发展水平越高，出口量越大。

（3）不同省市利用外资差异因素。

利用外资战略是发展经济的一个有效战略。世界所有的国家特别是发展中国家，为了发展经济不遗余力地竞相利用各种优惠政策吸引外商直接投资。利用外资的数量直接影响开放国家的经济发展速度。对于一个国家如此，对于一个国家内部不同地区的省市也是如此，吸引外资较多的省市，其经济发展速度就比较快，对外贸易特别是出口就比较多，在全国出口中所占的份额就比较大；反之，吸引外资较少的省市，经济发展落后，出口较少，在全国出口中所占份额也较小。

（4）不同省市经济发展程度差异因素。

地区经济发展程度是影响国家对其进行固定资产投资的一个重要因素。一般来说，经济发展水平越高、经济发展速度越快的省市，国家对其投资意愿和投资力度就越大。经济水平较高、发展速度较快的省市，对外资的吸引力也较强，外资的进入越多，当地的经济特别是对外贸易出口的发展就越来越快，经济效益就越来越好，国家对其的投入就会越来越多，从而形成良性循环，出口发展也越来越快；相反，经济发展速度越慢的省市，对外资的吸引力也较弱，外资的进入也较少，当地经济特别是对外贸易出口的发展就会比较慢，经济效益就会比较低，国家对其的投入就会越来越少，从而形成恶性循环，出口发展越来越慢。

（5）不同省市投资环境差异因素。

地区间投资环境的差异，也会影响地区间对外贸易的差异。投资环境分为软环境和硬环境，软环境比较重要的是人力资本，硬环境比较重要的是基础设施。地区间投资环境差异也会因"马太效应"最终导致地区间对外贸易的差异。对于经济落后的省市，由于经济发展水平较低，导致能利用的资金较少，为了在短期内出政绩，地方政府比较看重短期效益，一般将有限的资金和人才用于物质生产，而不是投入到回报周期长的教育部门，从而使得有限的人力资本水平无法提高，进而形成恶性循环，人力资本水平越低，投资收益越低，外资越不进入，国内投资也越少，经济发展的基础和潜力越来越弱，在发达地区不断从落后地区吸引高端人力资本的情况下，更是如此；相反，具有较高人力资本存量的经济发达地区，可以通过教育部门积累更多的人力资本，同时，不断从落后地区吸引高端人力资本，通过生产过程中的"干中学"效应进一步积累专业化的人力资本，从而人力资本的数量不断增加、质量不断提高，这就为本地区的经济发展和吸引外资奠定了基础，最终有利于当地出口贸易的发展。

第三节　出口商品结构和出口地区结构的关系

由于对外贸易是一国与其他国家之间发生的商品交换，因此，把对外贸易按商品分类和按地区分类结合起来进行研究，即把出口商品结构和出口地区结构的研究结合起来，具有十分重要的意义：不仅可以十分清楚地了解一国出口中不同类别商品在出口中的地位、不同类别商品的去向、本国与其他国家地区之间经济贸易关系的紧密程度、国家内部不同地区之间的出口差异情况，还可以考察本国对外贸易发展的稳定性和安全性。如果一国对外贸易出口商品结构和出口国际地区结构过度集中，就会导致对外贸易对某些商品、某些地区的过度依赖，从而引起国际贸易摩擦，增加出口的不稳定性；如果一国出口国内地区结构过度集中，就会导致各省市经济发展的不平衡，进而影响这个国家的外贸安全和经济的可持续发展。也就是说，出口商品结构、出口国际地区结构和出口国内地区结构都与本国的外贸安全、经济安全紧密相关。对于发展中国家来说，更是如此。

一、国家经济安全问题日益凸显

当今世界，一方面，经济全球化快速发展，越来越多的国家开始参与全球化，国际分工也更加细化，从产业间分工、产业内分工已经发展到了产品内分工、价值链分工和要素分工；另一方面，国家之间的贸易冲突和矛盾也日益凸显，国际贸易摩擦日益增多就是明显的例证。与此同时，经济集团化趋势也日益加强。在这样的国际背景下，对于参与全球化的国家特别是发展中国家来说，在经济全球化的浪潮中，如何防范风险、趋利避害，确保国家经济安全就成为一个值得特别关注的重大问题。

当代西方最著名的国际政治经济学权威罗伯特·吉尔平，以国家为中心的现实主义方法认为①：国家安全永远是国家主要关心的问题。肯尼思·沃尔兹也曾说过，在一种"自助型"的国际体系中，国家必须不断防止实际的或潜在的对他们的政治和经济独立所构成的威胁。在传统观念中，国家安全主要强调国家军事力量的稳定和强大，以确保国家不受外来力量的进攻，非军事因素引出的国家安全问题非常不突出。但是，自从第二次世界大战特别是苏联解体以后，经济因素代替军事因素成为世界发展的主导因素，经济全球化开始蓬勃发展，随着经济全球化范围的不断扩大和程度的不断深化，国家安全越来越多地取决于非军事因素，经济安全代替军事安全逐渐成为国家安全的核心和基础。

国家经济安全相对应的是国家经济利益。国家经济利益的客观存在，是研究国家经济安全、制定国家经济安全战略的基础。

---

① ［美］罗伯特·吉尔平：《全球政治经济学——解读国际经济秩序》，上海人民出版社2003年版，第17页。

其实，世界大国历来都很重视经济利益问题。从 17 世纪中期以来的国际经济的性质中可以看出，各大国都把本国的经济和政治利益摆在首位①：英国强权之下的世界和平和英国在全球的主导地位是建立在经济基础之上的；第二次世界大战以后，美国动用了它的政治、经济等资源，就是想形成一种能包括其政治盟国和第三世界大部分国家在内的开放性世界经济，缔结强大的反苏联盟。在经济全球化的过程中，经济和技术的力量深刻地改变着国际事务和影响着各国的行为，但是，各国仍把本国的经济和政治利益摆在首位。在高度一体化的全球经济中，各国继续利用他们的权利，推行各种引导经济力量有利于本国国家利益和公民利益的政策。这些国家的经济利益包括利用自己的权利来影响经济活动，争取最大限度地增加本国的经济利益和政治利益，保持本国独立。世界各国、各地区朝着像欧盟和北美自由贸易协定这种区域性安排的方向前进，典型地说明了各国为达到自己的目标而做出的共同努力②。可见，国际经济的形成是大国（霸权国）出于经济、政治，特别是安全的理由采取行动的结果。

国际经济的形成过程本质上就是经济全球化的过程。经济全球化就是由发达国家发动并主导的经济运动，以国际贸易作为最基本的纽带，以跨国公司为主体，把世界各国的经济按照发达国家的需要有计划、有目的、有顺序地纳入到由发达国家主导的国际经济体系。一方面，强制新加入的国家接受发达国家制定的各种标准、规章和制度，加快其对外开放的步伐，使其不断地融入由发达国家主导的国际分工体系；另一方面，通过对外投资等多

---

① ［美］罗伯特·吉尔平：《全球政治经济学——解读国际经济秩序》，上海人民出版社 2003 年版，第 44 页。

② ［美］罗伯特·吉尔平：《全球政治经济学——解读国际经济秩序》，上海人民出版社 2003 年版，第 20 页。

种形式,加快对新加入国家资源的利用和经济的控制,从而达到发达国家支配整个全球经济的目的,进而保证发达国家的经济和政治利益最大化、风险最小化。目前,WTO 及其多边贸易体制就是发达国家推进经济全球化的主要组织机构。

从过去几十年的发展历史来看,任何一个国家要想获得发展,就必须参与全球化,参与全球化经济不一定会取得成功,但是,不参与全球化经济一定不会取得成功,因此,越来越多的国家选择逐渐地参与全球化。在参与经济全球化的国家里,有些国家取得了成功,有些国家失败了。但是,不可否认,即使是取得成功的国家,在获得经济发展的同时,这些国家的经济安全也面临着新的问题和严峻挑战。主要表现在:在参与全球化的过程中,通过直接投资、跨国并购和国家贸易等途径,规则流、资金流、人流、物流、信息流、技术流等外来要素越来越多地渗透到开放国家经济的各个领域、各个层面,在开放国家领土上与本土要素进行全方位、宽领域的竞争和对抗,从而削弱开放国家对经济运行的控制力,大大增加了开放国家经济运行的不确定性和不稳定性,给开放国家经济安全造成了潜在的巨大威胁。对于WTO 成员国来说,挑战更加严峻,主要是因为:按照 WTO 多边贸易体制的要求,各成员国的经济建设必须在开放的环境下展开,各成员国的经济改革必须遵守 WTO 统一的时间表,各主权国家的经济必须在市场经济制度上运行。可见,对于参与全球化的国家来说,国家经济安全问题面临严峻的挑战。

这里说参与全球化会带来国家经济安全问题,但并不否认全球化的正面作用。其实,全球化对开放国家特别是发展中国家的发展是一把双刃剑,既有利亦有弊,究竟是利大还是弊大,取决于发展中国家参与全球化的方式以及采取的经济战略。发展中国家并不一定是全球化的输家,而发达国家也未必是全球化的赢家。发展中国家在应对全球化挑战时也拥有自身的优势，只要政府应对得当，就可以成为全球化的赢家，受益于全球化。同时不可否认的是，只要参与全球化，国家经济安全问题就会变得更为复杂，影响因素更多，不仅包括国内因素，而且还包括国外因素，从而使开放国家面临新挑战。

经济全球化凸显了经济安全的战略地位，使得国家安全观发生了新的变化，安全概念的内涵已从纯粹政治性转化为经济性的，"经济安全在冷战后成为国家利益的重点"[1]。因此，"在新的形势下，安全观必须加以扩展，转换和充实，……要有对全球化新现实、新问题的关注和探讨，如经济安全"[2]，对于参与全球化的发展中国家尤其如此。

对于参与全球化的国家来说，国家经济安全是指国民经济的发展和国家经济实力处于不受根本威胁的状态。进一步说，国家经济安全是指[3]：一国在开放的经济条件下，经济向全球化、国际化发展进程中，综合本国经济因素抵御国内外风险的能力。这种能力可以保证国家根本经济利益不受伤害，其主要内容包括：一国经济在整体上自主独立、基础稳固、健康运行、稳健增长、持续发展，在国际经济生活中具有一定的自卫力和竞争力，不至于因为某些问题的演化而使得一国经济受到打击和造成损失，能够避免或化解可能发生局部性或全局性的经济危机。具体而言，国家经济安全包括两个方面[4]：（1）国内经济安全，即一国经济免于金融危机、失业、生态灾难、通货膨胀、大规模的贫困、商

---

①　阎学通：《中国与亚太安全》，时事出版社 1999 年版，第 44 页。

②　王逸舟：《论综合安全》，《世界经济与政治》1998 年第 4 期。

③　雷家骕：《国家经济安全理论与方法》，经济科学出版社 2000 年版，第 1 页。

④　庞中英：《略论国家经济安全》，《人民日报》1998 年 5 月 30 日第五版。

品不安全、外来人口冲击等而处于稳定、均衡和持续发展的正常状态。（2）国际经济安全，即一国经济发展所依赖的国外资源和市场的稳定与持续，免于供给中断或价格剧烈波动而产生的突然打击，以及一国散布于世界各地的市场和投资等商业利益不受威胁。因此，一个国家要想确保国家经济安全，这个国家既要保护、调节和控制国内市场，又要维护和开拓国际市场，参与国际经济谈判，实现国际经济合作。前者是在国内实现宏观经济目标，后者是在国际上参与国际经济协调，保证国内市场与国外市场的协调和统一。

二、外贸安全是发展中国家经济安全的核心

一般来说，按照不同的标准，国家经济安全包括外贸安全、金融安全、产业安全、资源安全等等。但是，由于每个国家的经济发展模式、国情、国际经济地位、开放程度等不一样，每个国家经济安全的核心也不同。例如，对于日本来说，日本在国民经济生产中，80%以上的矿产资源和能源资源要依赖国外进口，其中，石油的自给率很低，99%左右靠进口。因此，资源安全是日本国家经济安全的核心。日本能源资源保护战略的根本目标主要有[1]：调整能源消费结构，建立战略石油储备，重视海外石油勘探开发，调整石油进口策略，提高油气利用效率和节油效果。对于美国来说，美国在世界上承担着霸主的角色，这是由它的国家综合实力所决定的。尽管它是经济全球化中受益最大的国家，风险很小，但是，美国仍然十分重视国家经济安全问题，主要保护关系国计民生的重要经济部门的安全，例如，能源、银行和金融系统、通讯、交通、水资源、应急服务等等，使之免受突如其来

---

① 周肇光：《谁来捍卫国家经济安全——开放型国家经济安全新论》，安徽大学出版社 2005 年版，第 238 页。

的毁灭性打击，保护美国的经济繁荣。

目前，在产品内分工时代，跨国公司特别是国际大型跨国公司已经成为全球经济的主体。因此，在某种程度上可以说，经济全球化就是跨国公司的全球化，国家的对外开放就是加强与跨国公司的关联，以及融入到跨国公司的国际生产体系中。也就是说，国家参与全球化或者对外开放的形式就是国际贸易或者国际投资。从目前的实际情况来看，发展中国家主要是通过引进外资，大力发展对外贸易，特别是出口来发展经济的，进而不断地融入到由跨国公司主导的全球生产体系中。发达国家主要是通过对外直接投资，在世界各国配置资源，实施全球战略，大力发展经济。也就是说，发达国家主要表现为国际投资，发展中国家主要表现为国际贸易。因此，从这个角度来说，外贸安全就是发展中国家在全球化大潮中面临的主要经济安全。

具体来看，发展中国家外贸安全产生的原因主要有：

1. 在国际贸易中确实存在着固有的利益冲突

在现代自由贸易环境下，一国的福利主要取决于国际贸易产业的成功，贸易产业的成功或失败事关整个国家的得失[①]。但是，一国生产能力的提高往往以牺牲他国的总体福利为代价。发达国家让其贸易伙伴国（发展中国家）与本国产业进行有效竞争，并以此来提高生产能力，有可能会使本国全面受损，这种损害不是局部危险，而是一种波及整个国家的负面效应。更精确地说，一个工业化国家将从其非常落后的贸易伙伴发展新产业从而使生产率获得普遍提高中受益，这一受益过程将一直持续到其贸易伙伴达到在全球市场上占有更重要地位的发展水平为止。通常

---

① ［美］拉尔夫·戈莫里、威廉·鲍默尔：《全球贸易和国家利益冲突》，中信出版社2003年版，第5—6页。

这种发展水平仍然远远不及发达的工业化国家，但是，这是一个重要的转折点。在这个转折点之后，该新兴贸易伙伴国发展更多的产业将不利于发达国家。发达国家将通过激烈的竞争来维持其相对于新兴对手的巨大优势，从而确保最佳利益，如果发达国家做不到这一点，那么，他的经济财富将受到抑制①。

事实上，随着发达国家和发展中国家的趋同，他们之间的冲突必然会加剧②：（1）新经济大国的兴起减少了起支配作用的大国在国际经济中所占的份额，削弱了他们的国际地位。（2）财富和技术能力的变化可能使发达国家衰落到其国家安全令人担心的地步。（3）新兴国家缩小了与发达国家的经济技术差距，衰退国家会归罪于新兴国家，让他们当替罪羊，指责他们做事不公。20世纪80年代末和90年代初，日本看起来将取代美国成为世界上居主宰地位的经济大国时，美国就对日本进行指责。当前，美日等国对中国人民币汇率问题、知识产权问题、出口产品质量和价格问题、贸易顺差问题等的指责和刁难，也是由于中国经济的快速发展，引起发达国家恐慌的一种表现。面对衰落，衰落大国可供选择的战略有③：（1）衰落大国最激烈的做法是利用自己的军事实力，排除新兴国家的经济挑战和军事威胁。（2）后退到贸易保护中去，或者试图削弱新兴国家的经济。（3）采取能使本国日趋落后的经济振兴起来的政策措施。通常，衰落大国把各种战略结合起来贯彻。对于发展中国家来说，这样

101

① ［美］拉尔夫·戈莫里、威廉·鲍默尔：《全球贸易和国家利益冲突》，中信出版社2003年版，第4—5页。
② ［美］罗伯特·吉尔平：《全球政治经济学——解读国际经济秩序》，上海人民出版社2003年版，第159页。
③ ［美］罗伯特·吉尔平：《全球政治经济学——解读国际经济秩序》，上海人民出版社2003年版，第160页。

就会导致外贸安全问题。

2. 发展中国家处于外围地带

早在 20 世纪 50 年代，一些拉丁美洲经济学家就提出依附理论，阿根廷著名经济学家普雷维什和联合国经济学家辛格赞同这个依附理论，并着重分析了发展中国家贸易条件长期恶化的原因和后果，最终形成以普雷维什为代表的"中心—外围"论，这个理论认为当今的国际经济体制是由发达的资本主义国家作为中心，控制着由发展中国家组成的外围地带。唯有中心国家能够独立自主地发展，而外围地带只能顺应中心国家的发展而发展。[①]

在 20 世纪 50 年代甚至更早的时候，发达国家和发展中国家之间的"中心—外围"关系主要表现为：（1）在生产结构上，发达国家技术先进，生产涉及资本品、中间产品和最终消费品在内的相对广泛的领域，发展中国家技术落后，生产主要涉及资源、原材料和初级产品等。也就是说，发达国家垄断基本工业，发展中国家发展非工业为发达国家服务。（2）在贸易结构上，发达国家主要进口原材料，出口工业制成品，发展中国家主要进口工业制成品，出口原材料。（3）在分工结构上，发达国家主导国际分工，发展中国家只担当原材料供应者的角色，没有真正地参与国际分工。

目前，半个世纪过去了，这种状况仍然没有改变，发达国家和发展中国家之间的"中心—外围"关系仍然存在，只是形式上发生了变化。从目前经济全球化的现状来看：（1）在生产结构上，通过产业转移，发达国家一方面把技术落后的"夕阳产业"、传统产业转移到了其他经济比较发达的地区，例如亚洲"四小龙"等；另一方面开始大力发展电子信息产业、生物医学

---

① 张二震、马野青：《国际贸易学》，人民出版社 2007 年版，第 162 页。

产业等高新技术产业，而参与全球化的发展中国家，一般都是承接经济比较发达国家二次转移出来的"夕阳产业"，可见，虽然发展中国家的生产结构升级了，但是，发达国家与发展中国家在生产结构上的等级差别并没有发生实质上的改变。（2）在贸易结构上，发达国家主要出口大量的高新技术产品和关键的零部件，进口一些低端的工业制成品和由本国企业主导的在发展中国家组装的高端工业制成品。发展中国家主要进口资本品、高科技产品，出口由发达国家跨国公司主导的在本国组装的高端工业制成品，以及一些劳动密集型的产品。发展中国家出口的高端产品，并不是发展中国家独立生产的，只不过是加工组装而已，所以，发展中国家贸易结构形式的升级，并不能掩饰本质上与发达国家之间的巨大差距。（3）在分工结构上，发达国家依旧主导国际分工，随着国际分工的细化，以及发达国家跨国公司全球战略和归核化战略的实施，发达国家集中精力继续垄断研发、品牌等高端价值链，发展中国家只能在国际分工的最低端从事一些加工组装活动而已。所以说，发达国家与发展中国家在分工结构上也没有发生本质上的改变。

直到今天，发达国家与发展中国家之间支配与被支配的关系依然没有发生本质上的变化，一旦发展中国家的经济发展给发达国家带来竞争或不符合发达国家的意愿，发达国家就会为了维护本国的利益，通过各种形式对发展中国家进行"制裁"，这势必就会影响发展中国家的经济安全问题。

正如罗伯特·吉尔平所说：在经济日益一体化的世界上，"核心—外围"结构在各国普及，核心地区只由一国控制，而外围地区由其他一些国家构成，必然导致占核心支配地位的核心国家和处于依附地位的外围国家之间的经济矛盾甚至是政治矛盾。核心国家希望保持支配地位，外围国家希望自己也变成核心国家。处于依附地位的外围国家努力摆脱公认核心地区的支配，核心地区则努力保持自己的支配地位。因此，强大的核心国家和依附的外围国家组成的结构可能会造成经济紧张，有时甚至会引起政治冲突，将引起全球经济活动分布的变化，各国经济比较优势和贸易模式的变化，最后引起国际经济均势和军事均势的变化。[①] 但是，在绝大多数情况下，外围地区对核心地区的依存远远超过核心地区对外围地区的依存。核心地区是外围地区资本和投资的主要来源，也是外围地区出口商品的大市场。外围地区基本上是商品、低附加值出口产品以及在有些情况下是工人的来源。核心地区有力量控制外围地区，如果他们之间的联系破裂，外围地区付出的代价比核心地区大[②]。对于外向型国家来说，付出的代价可能是国家的经济长期衰退或经济崩溃，甚至会是政治动乱和政府的更替。

联合国的有关研究也表明：全球一体化使得国家与国际之间的相互联系更加紧密，然而从人类发展的角度来说，各国之间在收入和生活机会上的距离不仅存在，而且不均衡状况在有些情况下还在不断扩大[③]；在贸易领域中，正如在其他领域中一样，声称全球一体化在促使穷国和富国趋同那是言过其实[④]。

3. 贸易保护不断以新的面貌出现

尽管经济学界存在支持自由贸易和开放市场的倾向，但是贸易保护从未完全消失，甚至可以说，在过去的两个世纪，贸易限

---

① ［美］罗伯特·吉尔平：《全球政治经济学——解读国际经济秩序》，上海人民出版社 2003 年版，第 134 页。

② ［美］罗伯特·吉尔平：《全球政治经济学——解读国际经济秩序》，上海人民出版社 2003 年版，第 156 页。

③ 联合国开发计划署：《2005 人类发展报告》中译本，第 3 页。

④ 联合国开发计划署：《2005 人类发展报告》中译本，第 10 页。

制一直是世界经济的普遍特征。正如经济史学家保罗·巴洛克（Paul Bairoch）指出的①：在历史上，自由贸易是例外，而保护主义才是惯例。许多国家想要利用外国市场，但是，他们通常不愿意开放自己的经济，国家和国内利益同样惧怕一个由市场确定规则，由相对价格决定贸易模式和贸易利益分配的世界。即使支持自由贸易的论据充分，贸易保护主义仍不断以新的面貌出现。②

其实，早在20世纪70年代中期，全球性的滞胀、新保护主义等事件改变了自由化趋势。特别是美国实施非关税壁垒，例如"自愿出口限制"，以抵抗日本和其他国家进口，是新保护主义的罪魁祸首。另外，美国以世界贸易组织作为公开解决贸易纠纷的讲坛，同时也作为剥削发展中国家利益的合法组织，在要求发展中国家按照WTO规则开放各种市场、降低或取消门槛的同时，自己却在利用关税保护条款限制别国出口，凡是不符合美国利益的都会受到美国的制裁③。

目前，对于发展中国家来说，贸易保护的新形式日益增多。贸易保护的新形式主要有：反补贴贸易壁垒、反倾销贸易壁垒、特别保障贸易壁垒、技术贸易壁垒、绿色贸易壁垒、社会责任标准贸易壁垒等等。新型贸易壁垒的特点主要有④：从关税壁垒保护向新型非关税壁垒保护转变；从显性保护向隐性保护转变；从

---

① Paul Bairoch: *Economics and World History: Myths and Paradoxes*, New York: Harvester Wheatsheat, 1993.

② Douglas A. Irwin: *Against the Tide: An Intellectual of Free Trade*, Princeton: Princeton University Press, 1996.

③ 周肇光：《谁来捍卫国家经济安全——开放型国家经济安全新论》，安徽大学出版社2005年版，第235页。

④ 魏浩、马野青：《新型贸易壁垒的类型、特点与启示》，《经济问题》2004年第11期。

单一保护向多样保护转变；从简单保护向复杂保护转变；从"非合法"保护向"合法"保护转变。随着新型贸易壁垒的出现和发展，贸易壁垒正在发生结构性变化，新型贸易壁垒将长期存在并不断发展下去，种类越来越多，壁垒越来越高，对发展中国家的对外贸易特别是出口的负面影响日益严重，外贸安全问题十分严峻。联合国的研究表明[①]：世界上最高的贸易壁垒是针对一些最贫穷的国家而设立的，贫穷国家向富裕国家出口时遇到的贸易壁垒，平均要比富裕国家相互间出口遇到的壁垒高3—4倍。

三、对外贸易出口结构与外贸安全的理论分析

正如经济学家西蒙·库兹涅茨所说[②]："在任何时代，经济增长不仅仅是整体上的变动，还应该包括结构的转变。它必须考虑经济增长的内部方式，即当每个单元经历与时代有关的增长时，要分析它内部经济活动的数量和结构及其持续变化的序列。"因此，在经济全球化条件下研究对外贸易发展问题时，就要高度重视外贸结构问题，从外贸结构视角考察国家外贸安全和经济发展问题。

1. 对外贸易出口结构与外贸安全的相关历史文献回顾

外贸出口结构（商品结构、地区结构）与外贸安全、经济发展问题一直是经济学家关心的问题。代表性的历史文献主要有：

安德烈·冈德·弗兰克在《依附性积累与不发达》中认为[③]：与正统的国际贸易和国家发展理论相反，世界资本主义的不均衡发展并非伴随着平衡贸易（或增长），而是事实上依靠发

---

① 联合国开发计划署：《2005人类发展报告》中译本，第10页。

② ［美］西蒙·库兹涅茨：《现代经济增长》，北京经济学院出版社1989年版，第6页。

③ ［德］安德烈·冈德·弗兰克：《依附性积累与不发达》，译林出版社1999年版，第179页。

达的宗主国与不发达的殖民地国家之间国际贸易的基本不平衡。不发达国家的出口长期超过进口，这对发达国家的资本积累、技术进步和经济发展做出了基本贡献，不发达国家产生的这种出口盈余已经在那里形成了一种亚、非、拉沦为不发达的方式。可见，弗兰克认为发达国家与不发达国家之间的出口商品结构差异，是导致不发达国家经济落后的关键原因，出口盈余（顺差）只是一种假象或表象，并不一定会真正地带动不发达国家的经济发展。

　　西蒙·库兹涅茨在《现代经济增长》中指出：（1）很显然，如果小国家认识到专业化和规模经济的优越性，那么小国家就必定比大国更严重地依赖于对外贸易，因为，对于大国来说，国内市场及资源条件可以使其发展专业化和规模经济。倘若一个国家对外贸易集中于几个主要经济部门，而不是平均分散在各个部门，那么这种依赖性似乎就会更大[①]。（2）随着世界经济的不断发展，特别是在经济全球化纵深发展的今天，各个国家并不是孤立地生存的，而是互相联系的，所以，一个国家的增长会影响其他国家，反过来也受这些国家的影响[②]。也就是说，库兹涅茨认为出口商品结构集中度的大小影响国内经济对国际贸易的依赖性，如果出口商品结构比较集中，那么国内经济对贸易的依赖性就比较大，再加上其他国家对本国的关联性影响，就使国家面临较大的外贸风险。可见，库兹涅茨已经意识到了出口结构、外贸安全与开放的关联性风险问题。

　　萨米尔·阿明在《不平等的发展》中指出：（1）不发达国

107

---

　　① ［美］西蒙·库兹涅茨：《现代经济增长》，北京经济学院出版社1989年版，第262页。

　　② ［美］西蒙·库兹涅茨：《现代经济增长》，北京经济学院出版社1989年版，第1页。

家对外贸易集中在一些很易于为发达国家所使用的矿产资源外，它们在交通运输、外贸组织以及技术知识方面固有的落后情况，一般说来都将使得大量的对外贸易成为不可能。许多不发达国家外贸比例很高，是因为相对于它们巨大而发达的贸易伙伴国来说，它们的规模很小，而且经常是集中在一个或者几个发达大国出口一种或几种商品①。（2）就商业交换而言，中心国家的统治地位并不是由于外围国家的出口都是基础产品而造成的，而是由于外围经济只是基础产品的生产者，换言之，这种生产并没有结合一种自主中心的工业结构。总的来说，外围国家的大部分贸易是和中心国家进行的，而中心国家则在它们自身间进行大部分贸易活动②。（3）在出口部门已经达到某种增长水平以后，的确会出现一个国内市场，但是，国内市场是有限的和畸形的③。可见，萨米尔·阿明认为，一般情况下，不发达国家的出口商品有限且技术含量低、贸易规模小且出口商品集中、对外贸易由发达国家主导、出口对国内市场的培育有限。如果把这些与外贸安全联系起来，就可以得到一些结论：发展中国家获得的贸易利益较少，处于被支配的地位、对国内经济发展的带动作用不大，从整体看来，外贸风险较大，影响国内的经济发展。另外，萨米尔·阿明的一个进步之处在于他指出了出口地区集中（或结构）问题。

阿瑟·刘易斯在《经济增长理论》中更加准确、直接、明

---

① ［美］西蒙·库兹涅茨：《现代经济增长》，北京经济学院出版社 1989 年版，第 382 页。

② ［埃及］萨米尔·阿明：《不平等的发展》，商务印书馆 1990 年版，第 208 页。

③ ［埃及］萨米尔·阿明：《不平等的发展》，商务印书馆 1990 年版，第 160—161 页。

了地指出了出口结构对外贸安全和国内经济发展的影响问题。对外贸易特别是出口会带动国家的经济发展，原因之一就是贸易会促进专业化的发展，使各国发挥自己的比较优势和绝对优势。不断提高专业化似乎就像生物进化原理一样，已经成为一条经济原理。[①] 然而，不断提高专业化程度，也有一定的代价，主要表现为[②]：（1）贸易中断。专业化越高，越需要职业上的机动性，这是防备需求变化的最佳保证，如果贸易中断因此而无法得到重要的供应，专业化也许会给社会造成困难。（2）经济失衡。在农业经营中，过分专门种植一种作物就会造成生态失调。同样，专业化的生产也会造成经济结构失调、人才失调。虽然扩大出口是开始发展经济最容易的手段，但是，过分集中于出口就像过分集中于任何其他部门那样是不利的。教训并不在于扩大出口不对，而在于完全集中在这个经济部门是不对的。[③] 很明显，阿瑟·刘易斯已经认识到出口结构对外贸安全、国内经济发展的影响，明确指出专业化生产和出口过度集中的严重后果。

　　上述四位经济学家从不同的角度，直接或者是间接地，都在一定程度上指出了对外贸易出口结构与外贸安全、国内经济发展的关系和影响。但是，他们的分析深度都十分有限，主要跟他们所处的年代和环境有关。他们所处的年代，全球化还没有获得充分发展，国与国之间的经济关系还比较松散，很多国家对外开放的程度没有现在高，对国际贸易的依赖没有现在强，跨国公司支

---

　　① ［英］阿瑟·刘易斯：《经济增长理论》，商务印书馆1996年版，第71—72页。

　　② ［英］阿瑟·刘易斯：《经济增长理论》，商务印书馆1996年版，第71—72页。

　　③ ［英］阿瑟·刘易斯：《经济增长理论》，商务印书馆1996年版，第306—307页。

配全球经济的能力没有现在大，因此，他们的分析深度还有待于进一步提高。

随着世界经济的不断发展，特别是在经济全球化纵深发展的今天，国际经济关系、国际分工、经济全球化的深度和广度已经有了很大的发展，世界经济一体化程度大大提高，世界贸易量大大增加。与此同时，参与全球化的国家数量越来越多，参与的程度越来越大。在这种情况下，各个国家的经济发展并不是孤立地生存的，而是互相联系的，所以，一个国家的增长会影响其他国家，反过来也受这些国家的影响①。对于依靠对外贸易带动本国经济发展的国家特别是发展中国家来说，外贸出口结构与外贸安全问题就日益凸显。

2. 对外贸易出口结构与外贸安全的关系分析

对外贸易出口结构与外贸安全、国内经济发展有着内在的关联。一般来说，对外贸易出口结构与外贸安全的关系主要表现为：

（1）出口商品结构与外贸安全。如果出口商品结构日益高级化，表明这个国家在国际分工中的地位日益上升，同时，由于高端产品的替代性比较弱、专业性比较强，因而这个国家面临的外贸风险比较小，防范风险的能力比较强。否则，如果出口商品结构集中于劳动密集型等低端商品，由于替代性比较强，潜在的外贸风险就比较大，不利于出口国国内企业的长远发展和相关产业的培育，影响国内经济的可持续发展。另外，如果出口商品集中于少数几种或者一种商品的话，贸易中断的危险就比较大。

（2）出口国际地区结构与外贸安全。如果出口国际地区结

---

① ［美］西蒙·库兹涅茨：《现代经济增长》，北京经济学院出版社1989年版，第1页。

构日益分散，表明这个国家的出口辐射范围更大，不仅提高了在国际经济中的地位，而且也避免了对某些地区的过度依赖，外贸风险日益下降，有利于出口的可持续发展。否则，如果出口地区结构日益集中，就会导致对某些地区的过度依赖，不仅对外贸易的辐射范围变小，而且还会引起贸易摩擦等一系列贸易冲突和矛盾，外贸风险就会日益加剧，影响国内经济的可持续发展。一些国家实施市场多元化战略就是为了应对这种外贸风险。

（3）出口国内地区结构与外贸安全。如果出口国内地区结构比较集中，就会导致外贸出口对少数几个省市的过度依赖，一旦这些省市的出口因为贸易摩擦、自然因素等原因急剧下降的话，就会影响本国的外贸安全和经济稳定发展。与此同时，如果出口国内地区结构比较集中，就会导致出口较多的省市其经济发展较快，出口较少的省市其经济发展较慢，由于"马太效应"，导致国家内部不同省市间、地区间出口差距和经济差距日益扩大，地区经济不平衡日益凸显。

一般来说，外贸安全的本质，体现在"发展"和"稳定"两个概念的关系之中。发展是外贸安全的要素之一。如果外贸没有发展，那么，外贸的生存能力、抵御和适应国内外威胁的能力就会大大降低。外贸的稳定性则反映了外贸体系中各要素之间、外贸体系与其他系统之间联系的稳定性和可靠性，反映了外贸承受内部和外部压力的能力。外贸体系内各系统之间的结构越稳定、组织机制越健全，外贸的生命力就越强。如果体系内各要素之间的联系遭到破坏，必然导致体系的不稳定，便有可能使得外贸从安全状态转为不安全状态。其实，无论是发展，还是稳定，都与出口结构紧密相关。出口商品结构升级是外贸发展的目标，出口地区结构优化是外贸长期稳定的必要条件，商品结构升级和地区结构优化都是外贸体系内部各系统结构升级和优化的外在

111

表现。

因此，在经济全球化的今天，从出口结构的视角，就可以把"外贸安全"界定为：一个国家的出口商品结构和出口地区结构不因内力、外力的干扰而严重失衡；伴随国内外经济发展和经济环境的变化，出口结构不断升级和优化，与国内外经济环境保持协调，与国内外经济发展形成最佳匹配；在出口结构升级和优化的过程中，以外贸为纽带，加强本国经济与外国经济的相互融合，形成相互依存的经济体。要特别指出的是：出口结构动态优化和适度优化是保证外贸安全的基础。

四、对外贸易出口结构与外贸安全的国际经验分析

从世界经济发展的历史来看，一个国家国际经济地位的变化、国内产业结构的变化与对外贸易出口结构的变化有着极强的内在关联。我们以英国和日本为例，从历史的视角对出口结构与外贸安全、经济发展的关系进行经验研究。

1. 英国出口结构的变迁与经济发展的变化

当荷兰的贸易从 1672 年或 1700 年、1740 年开始下滑时，英国的海外贸易却在 17、18 世纪获得了突飞猛进的增长。有关数据表明①：在 1700—1800 年间，英国外贸年增长大约为 1.8%，在 1800—1913 年间的年增长为 3.4%。但是，不同时期，增长率不均衡，在 1781—1801 年间，进口增加 2.5 倍，出口增加 3.4 倍，在 1825—1870 年这半个世纪中，增长率年平均为 4%，在 1840—1860 年间，增长率达到每年 5%。

在贸易增长的过程中，英国出口商品结构和出口地区结构都

---

① ［德］安德烈·冈德·弗兰克：《依附性积累与不发达》，译林出版社 1999 年版，第 82 页。

在发生着变化①:

(1)贸易增长的开始阶段。英国最初出口的是羊毛,然后是羊毛纺织品。在羊毛纺织品的出口中,起初是老式纺织品,然后是新式纺织品。老式纺织品大部分属于绒面呢和克尔赛手织粗呢。新式纺织品包括桂冠、纬起绒织物,重量较轻,1730年战争结束后的初期,主要在南欧和黎凡特地区销售。纺织品的生产和贸易过程是一个包括下列阶段的普通过程:从原料转向半制成品、提高半制成品等级;接着是漂洗,最后是整理、染色;从位于尼德兰的莱登接过最后的工序,进行最后加工;最后直接销售制成品。贸易还从原材料出口与欧洲制成品进口,转向原材料进口与制成品出口。欧洲作为进口的主要来源和出口的主要市场,让位于殖民地、后来独立的美国和南非联邦等国家,使他们成为食品和原材料的来源和制成品的出口市场。在这个阶段,出口商品结构优化是其关键因素。

(2)贸易增长的成熟阶段。19世纪中叶,随着工业革命的完成和机器大工业的普遍建立,英国就以其发达的纺织业、采矿业、机器制造业和海运业确立了他的"世界工厂"地位。在19世纪前70年里,仅占世界人口2%左右的英国,一直把世界工业生产的1/3—1/2和世界贸易的1/5—1/4掌握在自己的手里。英国"世界工厂"的地位在贸易结构上的表现是:英国成为世界各国工业制成品的主要供给者,世界各国则在不同程度上成为英国的原料供应地②。英国经济学家史丹莱·杰温斯曾作过形象的描述:北美和俄国是我们的谷物种植园,芝加哥和奥德赛是我

113

---

① [美]查尔斯·P.金德尔伯格:《世界经济霸权1500—1990》,商务出版社2003年版,第204页。

② 高德步等:《世界经济史》,中国人民大学出版社2005年版,第333页。

们的粮仓，加拿大和波罗的海诸国是我们的森林，我们的羊群和牧场在澳洲，我们的牛群在美洲，中国为我们种茶，法国和西班牙是我们的葡萄园，地中海沿岸是我们的果园，我们从其他国家获得棉花。可见，在这一时期，从世界范围来看，英国的出口商品比较领先，出口国际地区结构十分分散。

（3）贸易增长的衰退阶段。然而当大英帝国大摆财富盛宴的 19、20 世纪之交，它在世界经济中的地位已经悄然发生变化，开始相对微弱。除了美、德的崛起这个因素之外，由于英国没有找到更大的活力来刺激生产的进步和经济的发展，失去了在国内改进技术、提高产品质量的动力，创新能力低下，高新技术应用迟缓，英国工业品竞争力下降，出口商品结构优化速度过慢，由此造就了 20 世纪英国经济无可挽回的衰退①。

2. 日本出口结构的变迁与经济发展的变化

第二次世界大战后，在日本经济复兴、成为新一代世界制造中心的历程中，不同时期，出口结构的变化情况是：

（1）1956 年之前，日本出口是劳动密集型产品，主要有纺织品、服装、瓷器、玩具和家庭用品等②。但是，在这一时期，出口商品结构已显露出向重化工业发展的趋势，在 1949—1955 年间，重化工业制品出口额从 0.82 亿美元增加到 7.39 亿美元，占出口贸易的比重也相应地从 26.1% 上升到 36.7%。

（2）在 1956—1973 年间，处于贸易立国阶段，加工贸易出口是工业生产的主要形式，重化工业是经济结构主导和支柱产业。日本的出口涉及一个转变，即从使用廉价劳动力的产品，转

---

① 张幼文、徐明棋等：《经济强国——中国和平崛起的趋势与目标》，人民出版社 2004 年版，第 30 页。

② ［美］查尔斯·P. 金德尔伯格：《世界经济霸权 1500—1990》，商务出版社 2003 年版，第 320—328 页。

向资本密集型、包含有高技术与质量控制的产品，包括使用大量资本的钢铁和船舶，质量非常重要的相机、收音机、电视机、家庭用具、手表以及汽车等等①。有关统计数据表明：轻纺工业在日本出口贸易中所占地位急剧下降，所占比例从 1960 年的 56.1% 骤减到 1973 年的 20.6%，与此同时，电子机械、金属制成品及化学品等重化学工业品所占比例从 1960 年的 43.9% 增加至 1973 年的 79.4%。

（3）在 1974—1990 年间，处于技术立国阶段，日本持续增加科技投入的规模，持续引进世界先进科技成果并加以吸收改进应用于工业生产中，使日本的产业结构和整体经济结构不断优化和提升，出口产品结构以高附加值的制成品为主。在此期间，日本的产品结构也实现了由劳动密集型的轻工业向资本技术密集型的重工业再向知识密集型的智能工业转变。重化工业品仍然是日本出口贸易的主要商品，在出口总额中所占比重由 1973 年的 79.4% 升至 1985 年的 86.7%。但是，其内部构成却发生了很大的变化，较多消耗资源的钢铁和化学产品所占比重下降，知识与技术密集度较高的机电产品所占比重大幅度上升。例如，钢铁产品出口在出口总额中的比重由 1973 年的 14.4% 下降到 1980 年 11.9%，而机电产品出口占出口总额的比重却由 1973 年的 55.1% 上升至 1985 年的 71.8%。在出口机械中，比重呈上升趋势的是办公用机器、产业机械、电子机器和电子零部件中的半导体。也就是说，出口主导商品已由耐用消费品转向技术水准较高的生产设备和高级零部件。另外，在 1965—1986 年间，日本高科技产品出口增长了 50 倍，而同期美国仅增长了 12.5 倍，日、

① 张为付：《国际产业资本转移与中国世界制造中心研究》，中国财政经济出版社 2005 年版，第 44—45 页。

美、西欧高技术产品出口比由 1∶4∶5 变为 1∶1∶1。

在经济复兴的整个时期，日本不仅与美国的贸易摩擦日渐增大，而且面临的贸易冲击也日益严重。例如，1971 年 8 月，尼克松总统关闭了美国黄金自由兑换的窗口，并对美国的进口产品强行征收一项 10% 的附加税，当年还使美元实现同等程度的贬值。① 日本称此举造成的影响为"尼克松冲击"。1973 年，美国政府为抑制国内大豆的价格而停止出口大豆（日本进口的主要产品）时，对日本造成了更加直接的冲击。随后，石油输出国组织对石油出口实行禁运，使石油价格从每桶 3 美元提升为 12美元，由于日本严重依赖进口的石油，使其再次遭受打击。这些冲击或危机迫使日本改变产业结构。日本政府在发表的《70 年代展望》中，提出产业结构知识集约型设想，把以电子计算机、宇航等尖端技术领域为中心的知识密集型产业作为主导性产业发展。这些产业具有耗能少、附加价值高等特点，是摆脱能源制约、切实提高产品国际竞争力的有效途径。数年之内日本的重化学工业比重明显下降，产业结构向"资源节约型"、"加工技术选择型"的方向发展。20 世纪 80 年代日本产业结构的调整战略使得日本经济大国地位继续增强。

总的来看，经过第二次世界大战后几十年的发展，日本出口商品结构已成功地从以劳动密集型为主转变为以技术和资金密集型为主。

3. 启示

从英国经济和日本经济的历史变迁，可以得到以下启示：

（1）出口结构变化的重要性。日本的贸易结构与英国的贸

---

① ［美］查尔斯·P. 金德尔伯格：《世界经济霸权 1500—1990》，商务出版社 2003 年版，第 320—328 页。

易结构形成强烈的对比。第二次世界大战后，日本一直坚持改变出口产品结构，从以劳动密集型的轻工业产品出口为主→以资本技术密集型的重工业产品出口为主→以知识密集型的智能工业产品的出口为主，其结果是国内经济发展迅猛，国际经济地位日益提升。相比之下，英国在贸易增长的初期阶段，贸易商品结构和地区结构的优化，使英国的对外贸易获得了飞速发展，最终造就了英国"世界工厂"的地位；在贸易增长的衰退阶段，出口商品结构缺乏变化，使得英国最终丧失了世界霸主和世界工厂的地位。

（2）防范外贸风险的必要性。日本在出口商品结构不断优化的同时，贸易安全问题却日益突出，主要原因就是，日本的外贸结构的变化，没有和国外经济环境保持协调，没有和国外经济相互融合，给其他国家带来了巨大的竞争和恐惧。随后日本加大了对外直接投资的力度，通过投资加强了与其他国家的经济关联，改善了与其他国家紧张的经贸关系。可见，在对外开放的过程中，防范外贸风险是十分必要的。

第四节 基本结论

一个国家的出口商品结构是由本国的生产要素禀赋决定的，一个国家生产要素数量及其结构的变化会导致其出口商品及其结构的变化。世界贸易的商品结构是由各个国家出口商品类型及其结构综合而成的。在国际市场上，不同的商品具有不同的价格，出口一单位不同的商品获得的利益也是不同的，由于每一个国家或地区参与国际分工和贸易的根本目的是为了获得贸易利益，因此，就导致每个国家都追求具有高附加值商品的出口，即导致各国对出口商品结构的重视。

对于参与国际分工和贸易的国家来说，特别是发展中国家，如果想要获得较多的贸易利益，提高在国际分工中的地位，就必须高度重视出口商品结构，不断优化出口商品结构。出口商品结构优化的顺序一般是从劳动密集型到资本密集型，再到技术密集型。最终产品的贸易如此，中间产品的贸易也是如此。

生产要素质量的提升和结构的优化是一个国家特别是发展中国家优化出口商品结构的关键。但是，对于任何一个国家来说，都不可能仅仅只关注生产要素这一因素，都必须同时实施多种经济政策以及相应的发展战略，才能在最短的时间内、最大程度地优化本国的出口商品结构。对于发展中国家来说，更是如此。具体来说，为了优化出口商品结构，国家政府应该重视：（1）加大对外开放的步伐，充分利用国际资源。（2）实施战略性的产业政策和贸易政策，不断培育新兴产业。（3）充分发挥动态比较优势和后发优势，创造国际竞争优势。（4）重新审视进口的作用，增加战略性进口，以进口促进出口结构升级。

出口国际地区结构是衡量双方之间贸易紧密程度的指标，也是衡量本国外贸安全状况的指标。影响一个国家出口国际地区结构的因素主要有：贸易国家之间的地理、文化、语言因素；比较优势因素；本国的外贸政策、对外贸易增长速度因素；贸易国的经济政策、外贸政策；双方之间的经济强弱、政治关系和历史关系。

出口国内地区结构是指一国出口商品的国内来源，从而反映一国内部各个省市对全国对外贸易的贡献情况、各个省市经济发展对贸易的依赖情况等等。影响一个国家出口国内地区结构的因素主要有：国家地区经济发展战略因素；不同省市开放程度差异因素；不同省市利用外资差异因素；不同省市经济发展程度差异因素；不同省市投资环境差异因素。

　　随着经济全球化的快速发展和国际分工的日益细化，越来越多的国家特别是发展中国家开始参与经济全球化并不断地融入国际分工。全球化是一把双刃剑，在受益于全球化的同时，也给开放国家特别是发展中国家提出了很多新挑战。随着经济全球化的快速发展，国家安全观发生了新的变化，经济安全的战略地位日益提高。对于发展中国家来说，发展中国家面临的经济安全问题日益严峻，外贸安全是发展中国家经济安全的核心，外贸安全主要是由于国际贸易中固有的利益冲突、发展中国家处于外围地带、贸易保护不断以新的面貌出现等原因导致的。

　　如何在全球经济的浪潮中趋利避害、防范经济和外贸风险就是一个严峻的挑战。不管是从理论上来看，还是从英国和日本的历史变迁来看，一个国家的出口结构与外贸安全、国内经济发展有着内在的关联，出口结构影响一个国家的外贸安全和国内经济发展。因此，实施对外开放战略、参与全球化的国家特别是发展中国家要高度重视出口结构问题，加强对出口商品结构和出口地区结构问题的研究，防范出口结构导致的外贸风险问题。对于中国来说，更是如此。

119

第三章 中国出口商品结构分析

本章主要对我国出口商品结构进行了分析。本章分为四个部分：（1）按照联合国的"标准国际贸易产品分类"方法，把我国对外贸易商品分为十大类并进行宏观结构分析；按照联合国的"标准国际贸易产品分类"方法，把我国对外贸易商品分为 22 小类并进行微观结构分析；对中国出口在美国进口中的地位，以及中国对美国出口商品的微观结构进行了分析。（2）对我国不同技术含量的制成品出口结构进行了分析，主要包括我国对世界的制成品出口结构、我国对美国的制成品出口结构、我国不同类别制成品在美国进口中所占市场份额、我国与东亚其他地区的出口商品占美国市场份额的对比。（3）利用贸易结构变动指数和贸易结构优化指数对我国出口商品结构的变化进行了指数测度。（4）对我国出口商品结构与经济增长的相关性进行了计量分析。

第一节 中国出口商品
结构的历史演变

一、中国出口商品宏观结构分析

按照联合国的"标准国际贸易产品分类"方法，我国对外贸易商品可以分为十大类，我们称之为商品的宏观结构。分别用数字 1—10 来代表商品类别，1—5 为初级产品：1. 食品及主要供食用的活动物；2. 饮料及烟类；3. 非食用原料；4. 矿物燃料、润滑油及有关原料；5. 动、植物油脂及蜡；6—10 为工业制成品：6. 化学品及有关产品；7. 轻纺产品、橡胶制品矿冶产品及其制品；8. 机械及运输设备；9. 杂项制品；10. 未分类的其他商品。

表 3 - 1　1980—2007 年中国出口商品宏观结构　　（单位：%）

年份	初级产品	1	2	3	4	5	工业制成品	6	7	8	9	10
1980	50.30	16.47	0.43	9.44	23.62	0.33	49.70	6.18	22.07	4.65	15.65	1.14
1981	46.57	13.29	0.27	8.85	23.76	0.40	53.43	6.10	21.38	4.94	16.93	4.09
1982	45.02	13.03	0.43	7.41	23.81	0.35	54.98	5.36	19.27	5.66	16.60	8.09
1983	43.28	12.84	0.47	8.51	20.99	0.47	56.72	5.63	19.64	5.49	17.12	8.84
1984	45.66	12.36	0.42	9.26	23.06	0.55	54.34	5.22	19.34	5.71	17.97	6.11
1985	50.56	13.90	0.38	9.70	26.08	0.49	49.44	4.97	16.43	2.82	12.75	12.48
1986	36.43	14.38	0.38	9.40	11.90	0.37	63.57	5.60	19.02	3.54	15.99	19.42
1987	33.54	12.12	0.44	9.26	11.52	0.21	66.61	5.67	21.73	4.41	15.91	18.73
1988	30.32	12.40	0.49	8.96	8.31	0.16	69.68	6.10	22.07	5.83	17.40	18.28
1989	28.70	11.70	0.60	8.02	8.22	0.16	71.30	6.09	20.74	7.37	20.47	16.62
1990	25.59	10.64	0.55	5.70	8.43	0.26	74.41	6.01	20.25	9.00	20.43	18.72
1991	22.47	10.06	0.74	4.85	6.62	0.21	77.53	5.31	20.12	9.95	23.13	19.01
1992	20.02	9.78	0.85	3.70	5.53	0.16	79.98	5.12	19.00	15.56	40.30	0.00
1993	18.17	9.16	0.98	3.33	4.48	0.22	81.83	5.04	17.87	16.66	42.27	0.00
1994	16.29	8.28	0.83	3.41	3.36	0.41	83.71	5.15	19.19	18.09	41.27	0.01
1995	14.44	6.69	0.92	2.94	3.58	0.31	85.56	6.11	21.67	21.11	36.66	0.00
1996	14.52	6.77	0.89	2.68	3.93	0.25	85.48	5.88	18.87	23.38	37.35	0.00
1997	13.10	6.06	0.57	2.30	3.82	0.35	86.90	5.60	18.84	23.91	38.55	0.00
1998	11.15	5.72	0.53	1.92	2.82	0.17	88.85	5.62	17.68	27.33	38.21	0.00

年份	初级产品	1	2	3	4	5	工业制成品	6	7	8	9	10
1999	10.23	5.37	0.40	2.01	2.39	0.07	89.77	5.32	17.06	30.18	37.20	0.01
2000	10.22	4.93	0.30	1.79	3.15	0.05	89.78	4.86	17.07	33.15	34.62	0.09
2001	9.90	4.80	0.33	1.57	3.16	0.04	90.10	5.02	16.46	35.66	32.73	0.22
2002	8.77	4.49	0.30	1.35	2.59	0.03	91.23	4.71	16.26	39.00	31.07	0.20
2003	7.94	4.00	0.23	1.15	2.54	0.03	92.06	4.47	15.75	42.85	28.77	0.22
2004	6.83	3.18	0.20	0.98	2.44	0.02	93.17	4.44	16.96	45.21	26.36	0.19
2005	6.44	2.95	0.16	0.98	2.31	0.04	93.56	4.69	16.95	46.23	25.48	0.21
2006	5.46	2.65	0.12	0.81	1.83	0.04	94.54	4.60	18.04	47.10	24.56	0.24
2007	5.05	2.52	0.11	0.75	1.64	0.02	94.95	4.95	18.06	47.39	24.38	0.18

资料来源：根据历年《中国统计年鉴》的数据整理计算。

122

表 3-1 是 1980—2007 年间我国出口商品的宏观结构，具体分析如下：

1. 初级产品的出口商品结构分析

从整体来看，在 1980—2007 年间，在我国的出口商品中，除了 1984、1985 和 1996 年之外，初级产品所占比重明显呈现出逐年下降的趋势。由 1980 年的 50% 左右下降到 1990 年的 25% 左右，进而下降到 2000 年的 10% 左右，并于 2007 年下降到历史最小值 5.05%。可见，初级产品在我国出口中的地位逐渐下降。

从具体产品来看，在 1980—2007 年间，初级产品的出口，主要是由第 1 类、第 3 类、第 4 类产品构成，其他商品所占比重都很小。但是，不同类型的商品在不同时期占据的地位不同，在 1986 年之前，在初级产品的出口中，占据主导地位的是第 4 类商品，几乎占初级商品出口的 50% 左右；在 1986 年之后，在初级产品的出口中，占据主导地位的一直是第 1 类商品，所占份额基本保持在 50% 左右；2007 年第 1 类商品在初级产品出口中所占比例为 49.9%。

2. 工业制成品的出口商品结构分析

从整体来看，在 1980—2007 年间，在我国工业制成品的出口中，除了 1984、1985 和 1996 年之外，工业制成品所占比重很明显地呈现出逐年上升的趋势。由 1980 年的 50% 左右上升到 1990 年的 75% 左右，进而上升到 2000 年的 90% 左右，并于 2007 年上升到历史最大值 94.95%。可见，工业制成品在我国出口的地位逐渐上升，并日趋占主导地位，特别是自 1992 年之后，其主导地位日益明显。

从具体产品来看①，在 1980—2007 年间，虽然我国工业制成品的出口一直主要是由第 7 类、第 8 类、第 9 类产品构成，但是，不同类型产品在出口中所占的比例变化和地位却各不相同。

针对第 6 类商品来看，其在所有出口中所占比重可以说一直比较稳定，历年都在 5%—6% 之间和左右徘徊，直到最近几年才出现了轻微的下降趋势，并于 2004 年出现历史最低值，所占比重降为 4.44%，其后又呈现回升趋势。但是，从整体来看，第 6 类商品在我国出口中的地位是比较低的。

针对第 7 类商品来看，其在所有出口中所占比重变化趋势和第 6 类商品的变化趋势基本相同。历年都在 15%—20% 之间和左右徘徊，直到最近几年才出现了轻微的下降趋势，并于 2003 年出现历史最低值，所占比重降为 15.75%，其后呈现回升趋势，在 2007 年达到 18.06%。但是，与第 6 类商品相比，此类

---

① 第 10 类商品由于是未分类的商品，所以，我们对此不做进一步的分析。

商品在我国出口中的地位比较高，约占整个出口的1/5。

针对第8类商品来看，其在所有出口中所占比重变化趋势具有明显的特征：（1）所占比重逐渐增加。由1980年的5%左右上升到1990年的9%左右，进而上升到2000年的30%左右，并于2007年上升到历史最大值47.39%。可见，自1992年之后，此类商品在我国出口中的地位逐渐上升，其主导地位日趋明显，1996年首次超过第7类商品，自2001年起超过第9类商品，成为我国最主要的出口商品，并于2003年成为我国绝对的出口主导商品。（2）增幅越来越大且日益呈现出规律性。一方面，其年增幅从1988年之前小于1%，到1994年之前在1%—2%之间，进而到1994年之后的大于2%。另一方面，在1987年之前，历年的增幅差异很大，不稳定，有正值，有负值；而1987年之后，历年的增幅日趋稳定，且具有规律性，均是正值。

针对第9类商品来看，其所占比重变化的趋势和其他几种工业制成品的变化都不相同。其整体变化趋势是先增加后减少。从数值变化来看，1992年是一个特殊点。结合我国的实际情况，可以知道，这种变化趋势的原因主要是由于统计口径的变化导致统计数据的不同导致的①。另外，这类商品由于是杂项制品，商品之间没有紧密相关的联系，因此，不对此类商品进行详细分析。

3. 出口商品结构的阶段性分析

根据我国出口商品结构的构成不同，从前文对初级产品和工业制成品的出口结构分析来看，我国出口商品结构可以分为四个阶段：

（1）第一阶段：1980—1985年。初级产品和工业制成品在

---

① 1992年我国统计数据采用了新的统计标准。

出口中的比重相当，一般都在 50% 左右。第 4 类商品在初级产品中占据主导地位。第 7 类商品在工业制成品中占据主导地位。

（2）第二阶段：1986—1992 年。初级产品所占比重迅速下降，由 1985 年的 50.56% 降到 1992 年的 20.02%，降幅达到 30%。工业制成品所占比重迅速增加，由 1985 年的 49.44% 增加到 1992 年的 79.98%，增幅达到 30%。第 4 类商品的出口急剧下降是导致初级产品所占比重下降的主要原因。在工业制成品中，除了第 6 类商品的增幅不明显外，其他各类商品明显都有不同程度的增幅，尤其是第 9 类商品的增幅最为明显。

（3）第三阶段：1993—2000 年。初级产品所占比重继续保持下降，由 1992 年的 20.02% 降到 2000 年的 10.22%，降幅只有 10%，与第二阶段相比，下降的速度大大减缓了。工业制成品所占比重继续保持增加，由 1992 年的 79.98% 增加到 1992 年的 89.78%，增幅也只有 10%，大大小于第二阶段 30% 的增幅。第 1 类商品的出口急剧下降是导致初级产品所占比重下降的主要原因。在工业制成品中，第 8 类商品出口的急剧增加是导致工业制成品所占比重增加的主要原因。第 8 类商品所占比重增加了约 18%，大于工业制成品 10% 的整体增幅，主要是由于第 9 类商品所占比重减少约 6% 所导致的。

（4）第四阶段：2001—2007 年。初级产品所占比重继续保持下降，由 2000 年的 10.22% 降到 2007 年的 5.05%。工业制成品所占比重继续保持增加，由 2000 年的 89.78% 增加到 2007 年的 94.95%。这里值得注意的是：在工业制成品中，第 8 类商品所占比重急剧增加，第 7 类商品所占比重小幅度增加，第 6、9 类都有不同程度的下降。这与第三阶段的变化情况不同。

从上面的分析来看，可以知道：在我国改革开放的过程中，不同时期，我国的出口商品结构不同，工业制成品在我国出口中日益占据主导地位；不同时期，不同工业制成品在我国出口中的地位不同，出口主导产品逐渐地由第7类转变为第8类，第8类商品逐渐成为我国出口的支柱产品。

4. 出口商品结构的集中度分析

由表3－2和图3－1可以看到，在1980—2007年的28年里，出口商品结构整体表现为日益集中的态势。根据中国出口商品结构HH指数①（赫芬因德指数）的变化，可以分为三个阶段：

表3－2　按10类产品划分标准计算的HH指数

年份	HH 指数	年份	HH 指数
1980	0.171	1994	0.252
1981	0.164	1995	0.236
1982	0.157	1996	0.240
1983	0.150	1997	0.250
1984	0.156	1998	0.260
1985	0.159	1999	0.265
1986	0.148	2000	0.265
1987	0.149	2001	0.267
1988	0.150	2002	0.280
1989	0.149	2003	0.296
1990	0.151	2004	0.306
1991	0.160	2005	0.311
1992	0.239	2006	0.318
1993	0.253	2007	0.320

（1）第一阶段：1980—1991年间。HH指数一般都保持在

———————————

① 具体方法参见第五章第二节。

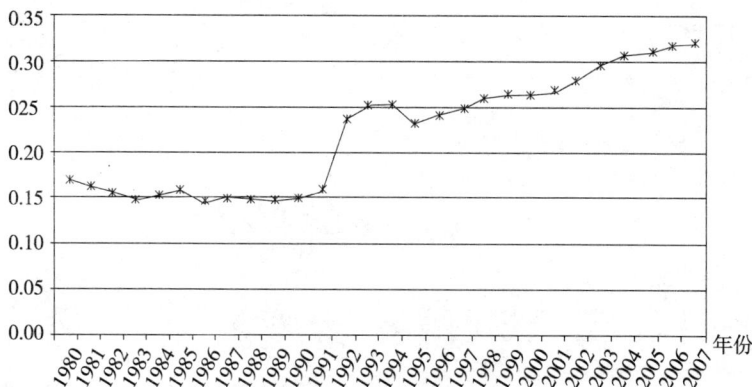

图 3-1 中国出口商品 HH 指数变化情况

0.15 左右，变化幅度较小。特别是在 1986—1990 年间，HH 指数几乎没有变化。

（2）第二阶段：1992—1995 年间。1992 年 HH 指数迅速变大，直接由 1991 年的 0.160 上升到 1992 年的 0.239。1993 年和 1994 年一直保持在 0.250 左右的水平，1995 年又急剧下降。总的来说，在这一期间表现为先升后降的趋势。

（3）第三阶段：1996—2007 年间。HH 指数一直表现为逐渐上升的趋势。1996 年为 0.240，2000 年为 0.265，2004 年首次突破 0.3，达到 0.306，2007 年上升到 0.320。这里的分析结果和前文有关的分析结果是一致的，即我国出口商品结构日益集中。

二、中国出口商品微观结构分析

按照联合国的"标准国际贸易产品分类"方法，可以把我国对外贸易商品分为 22 小类，我们称之为商品的微观结构。数字 0 代表出口总额，数字 1—22 的具体含义如表 3-3 所示。

127

表 3-3　序号代表的商品类别

序号	代表商品名称
0	出口总额
1	活动物；动物产品
2	植物产品
3	动植物油脂及分解产品；精制食用油脂；动植物蜡
4	食品、饮料、酒及醋；烟草及代用品的制品
5	矿产品
6	化学工业及其相关工业的产品
7	塑料及其制品；橡胶及其制品
8	生皮、皮革、毛皮及制品；鞍具挽具；旅行用品、手提包及类似物品；动物肠线（蚕胶丝除外）制品
9	木及木制品；木炭；软木及软木制品；稻草、秸秆、针茅或其他编结材料制品；篮筐及柳条编织品
10	木浆及其他纤维状纤维素浆；纸及纸板的废碎品；纸、纸板及其制品
11	纺织原料及纺织制品
12	鞋、帽、伞、杖、鞭及其零件；已加工的羽毛及其制品；人造花；人发制品
13	石料、石膏、水泥、石棉、云母及类似材料的制品；陶瓷产品；玻璃及其制品
14	天然或养殖珍珠、宝石或半宝石、贵金属、宝贵金属及其制品；仿首饰；硬币
15	贱金属及其制品
16	机器、机械器具、电气设备及零件；录音机及放声机、电视图像、声音的录制和重放设备及零件、附件
17	车辆、航空器、船舶及有关运输设备
18	光学、照相、电影、计量、检验、医疗或外科用仪器设备、精密仪器及设备，钟表，乐器，及其零附件
19	武器、弹药与其零件、附件

序号	代表商品名称
20	杂项制品。主要包括两大类，第一大类是：家具；寝具；褥垫、弹簧床垫、软坐垫及类似的填充制品；灯具及照明装置；发光标志及类似品；活动房屋。第二大类：玩具、游戏品运动品及其零件、附件
21	艺术品、收藏品及古物
22	特殊交易品及未分类商品

资料来源：2008 年《中国对外经济统计年鉴》。

表 3－4 1992—2007 年中国出口商品微观结构　　　（单位：%）

年份 序号	1992	1993	1994	1995	1996	1997	1998	1999	2000	2001	2002	2003	2004	2005	2006	2007
0	100	100	100	100	100	100	100	100	100	100	100	100	100	100	100	100
1	3.28	2.79	2.99	3.01	2.77	2.30	2.09	1.96	1.75	1.74	1.45	1.20	1.06	0.88	0.74	0.61
2	5.04	4.76	4.51	2.78	2.71	2.68	2.68	2.34	2.09	1.85	1.80	1.73	1.11	1.09	0.92	0.93
3	0.16	0.23	0.41	0.31	0.25	0.37	0.18	0.06	0.05	0.04	0.03	0.03	0.03	0.04	0.04	0.03
4	3.88	3.94	3.17	3.11	3.36	2.55	2.33	2.22	2.07	2.18	1.75	1.59	1.47	1.42	1.35	
5	6.61	5.31	4.14	4.52	4.88	4.70	3.54	3.00	3.69	3.70	3.21	2.91	2.79	2.75	2.21	1.94
6	4.85	4.79	4.77	5.66	5.58	5.14	5.25	5.13	4.67	4.81	4.49	4.23	4.14	4.18	3.90	4.19
7	2.15	2.40	2.58	2.88	2.93	3.17		3.23	3.19	3.13	3.08	2.86	2.85	3.06	3.06	3.00
8	3.43	3.75	3.98	3.79	3.57	3.43	3.22	3.02	3.01	3.1	2.87	2.64	2.30	2.05	1.59	1.34
9	1.38	1.37	1.36	1.44	1.36	1.21	1.00	1.12	1.09	1.10	0.99	0.99	0.99	1.02	0.94	
10	0.62	0.69	0.62	0.74	0.68	0.72	0.73	0.66	0.74	0.74	0.72	0.69	0.64	0.67	0.71	0.75
11	28.98	28.41	28.27	24.12	23.15	23.65	22.02	21.17	19.81	18.72	17.77	16.74	14.96	14.13	14.25	13.84
12	6.06	6.86	6.10	5.48	5.66	5.57	5.59	5.42	4.80	4.61	4.12	3.57	3.10	2.99	2.71	2.51
13	1.53	1.45	1.65	1.79	1.75	1.77	1.73	1.75	1.62	1.58	1.68	1.58	1.57	1.61	1.60	1.50
14	1.18	0.96	1.24	1.18		0.98	1.14	1.30	0.90	0.87	0.75	0.75	0.73	0.71	0.67	
15	5.36	5.09	5.65	8.12	6.88	7.32	6.87	6.45	6.66	6.05	5.81	5.73	7.37	7.49	8.80	9.49
16	13.59	15.16	16.32	18.60	20.57	20.94	23.73	26.72	29.25	31.90	35.60	39.33	41.76	42.26	42.73	43.42
17	2.59	2.10	2.33	2.76	2.77	2.88	3.48	3.38	3.75	3.53	3.24	3.56	3.54	3.73	3.97	4.51
18	2.74	2.93	2.95	3.16	3.43	3.46	3.57	3.53	3.43	3.18	2.92	2.99	3.47	3.68	3.34	
19	6.67	7.02	6.98	6.54	6.87	7.15	7.50	7.52	7.32	7.11	7.38	6.72	6.18	6.17	6.18	5.86

资料来源：根据历年《中国统计年鉴》的数据整理计算。1—18 商品代序的具体含义请参见表 3－3，19 代表其他。

表3-4是我国出口商品的微观结构，具体分析如下：

1. 出口商品结构的商品构成变化分析

在1992—2007年间，仔细分析各类产品所占出口比重的数据，出口商品所占出口比重的变化情况大致可以分为三种类型：（1）所占比重呈上升趋势。这样的商品有：第15、16类。（2）所占比重呈下降趋势。这样的商品有：第1、2、4、5、8、11、12、14类。（3）所占比重基本保持不变。这样的商品有：第3、6、7、9、10、13、17、18、19类。

进一步分析，从2007年与1992年的对比来看，如图3-2

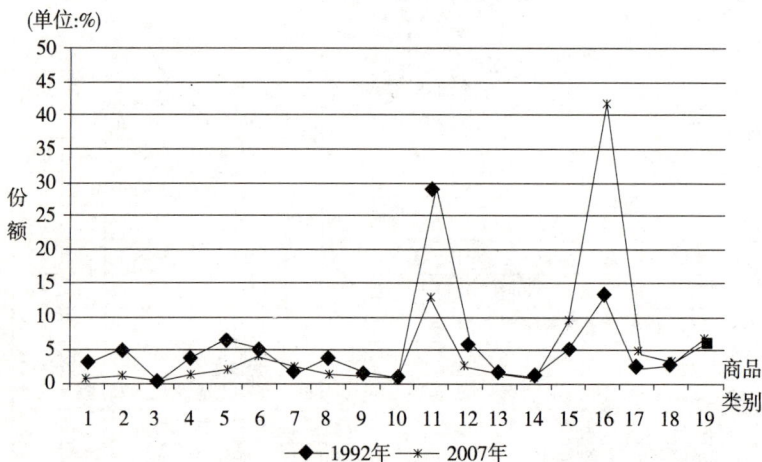

图3-2 1992年和2007年中国出口商品微观结构

所示，我国出口商品结构的商品构成发生了较大变化，变化主要有三个特点：

（1）我国出口商品结构的商品构成更加集中于少数几种商品。

首先，从最大的两种出口商品来看。第11类（纺织原料及纺织制品）和第 16 类（机械设备）一直是我国出口前两位商品。1998 年以前，第 11 类商品一直是我国第一大出口商品；自 1998 年开始，第 16 类商品一直是我国第一大出口商品且所占比重日益增加。1992 年第一大出口商品是第 11 类，其所占比重为 29.98%，第二大出口商品是第 16 类，其所占比重为 13.59%，二者之和为 43.57%；2007 年第一大出口商品是第 16 类，其所占比重为 43.42%，第二大出口商品是第 11 类，其所占比重为 13.84%，二者之和为 57.26%。虽然主要的出口商品没有发生变化，但是，二者出口比重却大大地增加，由 1992 年占全部出口 2/5 的份额增加到 2007 年占全部出口 3/5 的份额。

其次，从所有的出口商品来看。这里我们用赫芬因德指数（HH 指数）来进行说明。从表 3－5 中 HH 指数的数值来看，在 1992—2007 年间，我国出口商品的 HH 指数整体表现为不断上升的态势。1992 年全部商品的 HH 指数为 0.129；2001 年突破 0.14，达到 0.157；2004 年首次突破 0.2，达到 0.214；2007 年进一步增加到历史最大值 0.228。

表 3－5　1992—2007 年我国出口商品微观结构的 HH 指数

指数＼年份	1992	1993	1994	1995	1996	1997	1998	1999
HH 指数	0.129	0.129	0.131	0.119	0.121	0.125	0.129	0.139
HH 指数变化	/	0.001	0.001	-0.011	0.002	0.004	0.004	0.01

指数＼年份	2000	2001	2002	2003	2004	2005	2006	2007
HH 指数	0.147	0.157	0.177	0.199	0.214	0.216	0.222	0.228
HH 指数变化	0.008	0.011	0.02	0.022	0.015	0.002	0.006	0.006

说明：按 19 类产品计算。

（2）出口商品微观结构的变化主要是由第 11 类和第 16 类两种商品的变化导致的。

从图 3-3 可以看出，第 11 类商品所占比重大幅度下降，从 1992 年的 29.98% 下降到 2007 年的 13.84%，下降了大约 15%；第 16 类商品所占比重急剧上升，从 1992 年的 13.59% 上升到 2007 年的 43.42%，上升了近 30%。

（单位：%）

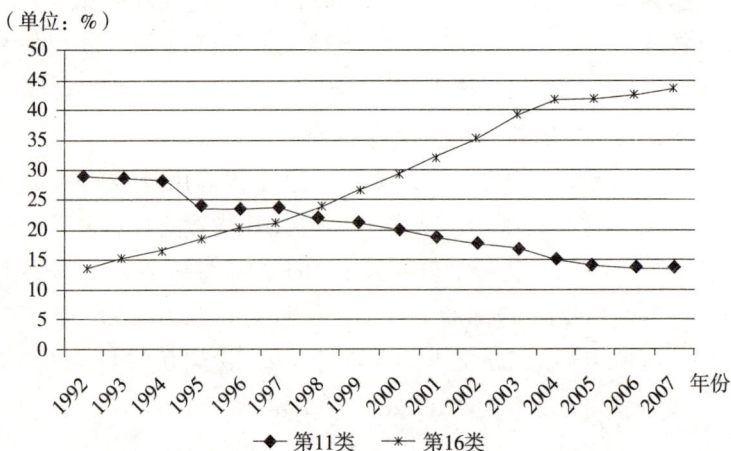

图 3-3　1992—2007 年间第 11 类和第 16 类商品出口所占比重变化情况

（3）排除第 11、16 类两种商品之外，我国出口商品结构的变化在上升和下降方面涉及的产品数量不同。

在比重下降方面，主要是由第 1、2、4、5、8、12 类等 6 种商品的变化导致的，第 1 类商品所占比重下降了 2.67%，第 2 类商品所占比重下降了 4.11%，第 4 类商品所占比重下降了 2.53%，第 5 类商品所占比重下降了 4.67%，第 8 类商品所占比重下降了 2.09%，第 12 类商品所占比重下降了 3.55%。在比重上升方面，主要是由第 15、17 类商品的变化导致的，其他商品出口比重的上升几乎都可以忽略不计，变化没有超过1%的。第15类商品所占比重增加了4.13%，第17类商品所占比重增加了1.92%。可见，出口比重下降涉及的产品相对较多，出口比重上升涉及的产品较少。

2. 出口商品结构的商品地位分析

按照出口产品所占出口比例的大小，出口产品可以分为四类：

（1）超主导产品（所占出口比重超过30%的产品）。这里就是指第16类产品。其所占出口比重自1996年起超过20%，2000年达到29.25%，2001年首次突破30%，并于两年后在2003年达到了39.33%，占据全部出口2/5的份额，2007年所占份额进一步增加到43.42%，成为我国名副其实的出口超主导产品。另外，自1992年至今，此类商品的出口比重还呈现出明显增长的趋势，而且增速越来越快，1997年之后的增长速度明显高于1997年之前的增速，特别是2002、2003年的增幅达到了3.7个百分点，创历史新高，其后出现回落的趋势（详见表3-6）。

表3-6　第16类产品所占比重的增幅　（单位:%）

年份	1992	1993	1994	1995	1996	1997	1998	1999
增幅	/	1.57	1.16	2.28	1.97	0.37	2.79	2.99
年份	2000	2001	2002	2003	2004	2005	2006	2007
增幅	2.53	2.65	3.7	3.73	2.43	0.5	0.47	0.69

（2）主导产品（所占出口比重在20%左右的产品）。这里就是指第11类产品。此类产品所占出口的比重日益下降，从1992年的29.89%下降到1997年的23.65%，又进一步下降到2007年的13.84%。虽然其比重不断下降，在我国出口中的地位也丧失了1992年的超主导地位，但是，目前，此类商品还是我

国出口的主要商品，其地位仅次于第 16 类商品，远远地超过其他各类商品。

（3）次主导产品（所占出口比重在 5% 左右的产品）。这里主要包括 5 种商品，即第 5、6、12、15、19 类商品。

（4）一般产品（所占出口比重一般在 2%—3% 左右的产品）。这里就是指上述三种类型产品之外的所有其他产品。

三、中国对美国出口商品结构分析

（一）中国出口在美国进口中的地位分析

表 3-7 是 1992—2007 年间美国进口贸易的 10 大地区构成情况。具体分析如下：

表 3-7 1992—2007 年美国进口贸易的 10 大地区构成

（单位:%）

序号	地区 \ 年份	1992	1993	1994	1995	1996	1999	2000	2001	2002	2003	2004	2005	2006	2007
1	加拿大	18.3	18.8	19.1	19.1	19.5	19.0	18.2	19.0	18.0	17.6	17.4	17.2	16.4	16.2
2	中国	5.0	5.6	6.0	6.2	6.7	8.2	8.5	9.0	10.8	12.1	13.4	14.6	15.5	16.4
3	墨西哥	6.5	6.8	7.3	8.6	9.1	10.4	10.7	11.5	11.6	11.0	10.6	10.2	10.7	10.8
4	日本	18.0	18.3	17.8	16.4	14.4	9.5	11.9	11.1	10.5	9.4	8.8	8.3	8.0	7.4
5	德国	5.4	4.9	4.7	4.9	4.9	5.3	4.7	5.2	5.4	5.4	5.3	5.1	4.8	4.8
6	英国	3.7	3.7	3.8	3.6	3.6	3.8	3.5	3.6	3.5	3.4	3.2	3.1	2.9	2.9
7	韩国	3.1	2.9	3.0	3.2	2.8	3.0	3.3	3.1	3.1	3.0	3.1	2.6	2.5	2.4
8	中国台湾	4.7	4.4	4.1	3.9	3.8	3.6	3.2	2.9	2.8	2.5	2.4	2.1	2.1	2.0
9	法国	2.8	2.6	2.5	2.3	2.3	2.5	2.4	2.7	2.4	2.3	2.2	2.0	2.0	2.1
10	马来西亚	1.5	1.8	2.1	2.3	2.2	2.1	2.1	2.0	2.0	2.0	1.9	2.0	2.0	1.7

资料来源：根据国际货币基金组织历年《贸易方向年鉴》整理计算。

1. 整体描述

在 1996 年之前，各个地区按照在美国商品进口中所占比例的大小，可以分为三个集团：第一集团是加拿大和日本，所占份额都在18%左右；第二集团主要包括中国、德国和墨西哥，所占份额一般都大于5%，其他地区都是第三集团，所占份额一般都在2%—5%之间。自1999年之后，不同地区的出口在美国进口中所占的比例发生了较大的变化，现在第一集团包括加拿大和中国，2007年所占份额分别为16.2%和16.4%，第二集团则包括墨西哥和日本，2007年所占份额分别是10.8%和7.4%，其他是第三集团，所占份额一般也都在2%—5%之间。可见，第三集团的成员几乎没有发生变化，变化主要发生在第一和第二集团之间。

2. 各个地区所占份额的具体变化与趋势分析

按照所占份额的变化趋势来看，可以分为三种情况：

（1）所占份额基本保持上升趋势。这样的地区主要是中国和墨西哥。具体来看：①中国。中国所占份额明显地表现为逐年增加的趋势，而且在2000年以后增速比以前更大。1992年所占份额只有5%，2000年增加到8.5%，9年间增加了3.5%，年增加幅度约为0.4%；7年之后，2007年所占份额增加到了16.4%，增加了7.9%，年增加幅度大约是1.1%，增加幅度大约是前面9年的两倍多。②墨西哥。墨西哥的变化趋势和中国的变化趋势差不多，所占份额明显地表现为逐年增加的趋势，但是，与中国不同的是，在2002年达到历史最大值11.6%，其后表现出下降的趋势，现在基本维持在10.5%左右。

（2）所占份额基本保持下降趋势。这样的地区主要是日本和中国台湾。具体来看：①日本。日本所占份额急剧下降，从1992年的18%下降到2007年的7.4%，其在美国进口中的地位也相应地从第二大进口地区变为第四大进口地区。②中国台湾。台湾所占份额从1992年的4.7%下降到2007年的2.0%，下降了一半多。

（3）所占份额基本保持不变趋势。其他六个地区所占份额

135

基本都保持不变。这里不再做详细的分析。

3. 中国出口在美国进口中的地位

从表 3-7 和图 3-4 可以看出，在 1993—2001 年间，我国一直是美国第四大进口国，2002 年超过日本成为美国的第三大进口国，2003 年超过墨西哥成为美国的第二大进口国，2007 年超过加拿大，成为美国的第一大进口国。根据历史经验，如果不发生重大的战争和其他意外情况，我国出口在美国进口中所占比例还会不断地上升，上升速度的快慢取决于美国政府的贸易政策、美国国内的经济发展状况和世界经济整体情况。

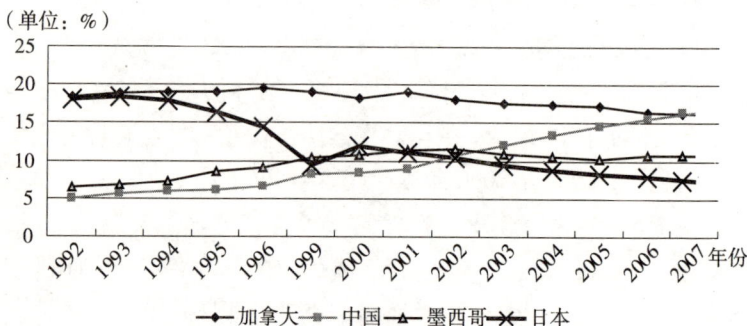

图 3-4　四国出口在美国进口中所占比重

（二）中国对美国出口商品的微观结构分析

表 3-8 是中国对美国出口商品的微观结构，下面将对此问题进行详细的分析，具体分析如下：

1. 中国对美国出口商品的商品地位分析

根据各类商品在出口中所占比重的大小，可以把出口商品分为四类：

（1）超主导商品。所占比重超过 30% 以上的商品，这里是指第 16 类商品。自 1992 年以来，其所占比重迅速增加的现象特

表 3 - 8　1992—2007 年中国对美国出口商品的微观结构

（单位:%）

商品类型＼年份	1992	1993	1994	1995	1996	1997	1998	1999
第 1 类	4.25	1.66	1.54	1.36	1.26	1.02	0.97	1.00
第 2 类	0.99	0.75	0.66	0.53	0.55	0.51	0.51	0.42
第 3 类	0.01	0.01	0.01	0.01	0.01	0.02	0.02	0.01
第 4 类	1.23	0.77	0.61	0.76	0.91	0.94	0.76	0.70
第 5 类	7.07	2.63	2.18	2.44	2.33	2.09	1.75	1.09
第 6 类	5.02	3.32	2.94	3.54	3.56	3.55	3.52	3.45
第 7 类	2.19	3.55	4.24	4.51	4.48	4.30	4.47	4.92
第 8 类	3.78	5.36	6.05	5.31	4.94	4.33	3.44	3.30
第 9 类	1.04	1.04	1.30	1.09	0.85	0.82	0.80	0.97
第 10 类	0.15	0.43	0.41	0.51	0.55	0.55	0.57	0.56
第 11 类	24.32	19.47	14.73	12.84	12.11	10.95	10.01	9.48
第 12 类	18.34	18.42	16.52	15.17	14.51	14.76	12.98	11.92
第 13 类	1.68	1.39	1.96	2.07	1.94	1.95	1.86	1.78
第 14 类	0.22	0.51	0.78	0.76	0.67	0.86	0.80	0.87
第 15 类	5.39	4.01	4.08	5.09	5.28	5.31	6.37	6.21
第 16 类	9.22	17.25	21.42	22.38	24.44	25.47	27.52	29.61
第 17 类	4.65	2.52	2.79	3.47	2.59	2.31	3.22	3.20
第 18 类	1.62	3.51	3.37	3.73	3.98	4.33	4.08	4.28
第 19 类	0.52	0.58	0.21	0.04	0.01	0.01	0.01	0.01
第 20 类	8.09	12.71	14.14	14.18	14.96	15.83	16.28	16.18
第 21 类	0.23	0.10	0.07	0.06	0.06	0.09	0.06	0.03
第 22 类	0.00	0.00	0.00	0.00	0.00	0.00	0.00	0.00

商品类型＼年份	2000	2001	2002	2003	2004	2005	2006	2007
第1类	1.06	0.93	0.95	0.92	0.76	0.70	0.57	0.49
第2类	0.30	0.34	0.32	0.33	0.31	0.38	0.31	0.29
第3类	0.01	0.01	0.01	0.01	0.01	0.01	0.01	0.01
第4类	0.83	0.93	1.02	0.94	0.74	0.73	0.94	1.06
第5类	1.85	1.17	0.87	0.82	0.98	0.98	1.06	0.75
第6类	3.22	3.34	3.22	3.10	2.89	2.74	2.49	2.59
第7类	4.79	4.79	4.55	4.07	3.86	4.00	3.94	3.87
第8类	3.67	3.75	3.52	3.21	2.63	2.14	1.83	1.76
第9类	0.99	1.15	1.25	1.20	1.39	1.33	1.40	1.25
第10类	0.52	0.65	0.69	0.72	0.72	0.71	0.75	0.83
第11类	8.75	8.41	7.76	7.78	7.25	10.23	9.77	9.83
第12类	10.80	10.74	8.44	6.83	5.66	4.93	4.47	4.27
第13类	1.60	1.67	1.63	1.45	1.37	1.31	1.33	1.22
第14类	0.78	0.80	0.78	0.74	0.63	0.59	0.53	0.56
第15类	6.41	6.32	6.30	5.87	6.99	6.92	8.00	7.66
第16类	31.47	33.12	37.51	42.57	45.36	44.66	45.47	46.35
第17类	3.40	3.37	3.23	3.92	4.29	4.07	3.82	3.83
第18类	4.11	3.83	2.98	2.51	2.35	2.62	2.83	2.29
第19类	0.01	0.01	0.00	0.01	0.01	0.01	0.01	0.02
第20类	15.42	14.65	14.96	12.99	11.76	10.98	10.43	11.00
第21类	0.01	0.01	0.01	0.01	0.01	0.01	0.01	0.01
第22类	0.03	0.01	0.01	0.01	0.03	0.05	0.05	0.06

说明：计算公式＝每一类商品对美国出口额÷中国对美国出口总额。商品代号的具体含义请参见表3－3。

资料来源：根据历年《中国对外经济统计年鉴》的数据整理计算。

别明显。1992 年所占份额只有 9.22%，不仅远远地小于第 11 类商品所占比重 24.32%，还小于第 12 类商品所占比重 18.34%，但是，1994 年其所占的份额就达到了 21.42%，不仅大于第 11 类商品所占比重 14.73%，还大于第 12 类商品所占比重 16.52%，成为我国对美国最大的出口商品。在此后的数年里，第 16 类商品所占份额日益增加，到 2002 年时，其所占份额已经达到 37.51%，几乎占据整个出口的 2/5，其后 5 年继续保持增长趋势，并于 2007 年达到 46.35%，接近了 1/2。

（2）主导商品。所占比重超过 5% 以上，小于 20% 的商品。这里是指第 11、12、15、20 类商品。由于第 20 类商品其实主要包括两大类商品，所以如果对其进一步细分的话，一般来说，2001 年和 2002 年第一大类所占份额一般是第 20 类的 1/3，第二大类所占份额一般是第 20 类的 2/3；也就是说，第 20 类里的第一大类所占份额一般是 5% 左右，第二大类所占份额一般是 10% 左右。因此，可以说主导商品所占份额一般都在 5%—10% 之间。

（3）次主导商品。所占比重超过 3%—5% 之间的商品。这里是指第 6、7、8、17、18 类商品。

（4）一般商品。所占比重在 1% 左右或者小于 1% 的商品。这里就是指上述三种类型产品之外的所有其他的产品。

2. 中国对美国出口商品的构成变化分析

由于上述第四类一般商品所占份额比较小，所以，这里主要对前三类商品进行分析。根据表 3-8 和图 3-5，在 1992—2007 年间，出口商品所占出口比重的变化情况大致可以分为四种趋势：

（1）所占比重呈上升趋势。这样的商品有：第 16 类。

第 16 类商品所占份额从 1992 年的 9.22% 上升到 2007 年的

（单位：%）

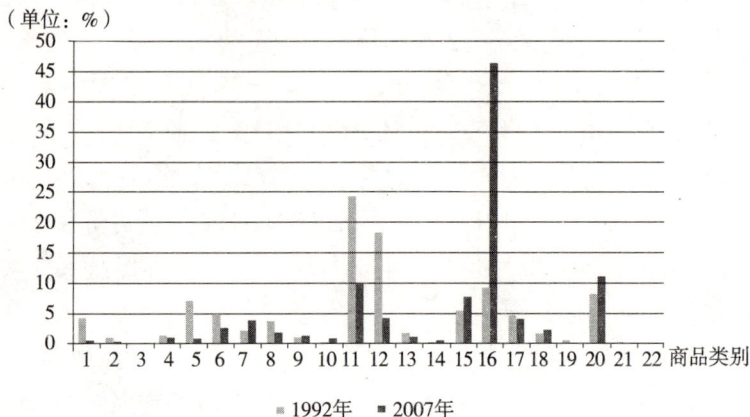

■ 1992年　■ 2007年

图3－5　1992年和2007年中国对美国出口商品微观结构变化情况

46.35%，所占份额上升了37.13%。

（2）所占比重呈下降趋势。这样的商品有：第11、12类。

第11类商品所占份额从1992年的24.32%下降到2007年的9.83%，所占份额下降了14.49%。第12类商品所占份额从1992年的18.34%下降到2007年的4.27%，所占份额下降了14.07%。

（3）所占比重先升后降。这样的商品有：第6、7、8、15、18、20类。这类商品的变化幅度一般都比较小。

（4）所占比重变化没有规律。这样的商品有：第17类。

从表3－8和图3－5可以看出，我国对美国出口商品的结构发生了变化。这种变化有两个特点：（1）我国对美国出口商品结构的构成变化主要集中于少数几种商品。主要集中于4种商品，即第11、12、16、20类。（2）我国对美国出口商品结构的集中度加强。这一特点可以从我国对美国出口商品的HH指数的变化得出验证。从阶段性来看（见表3－9和图3－6），HH指数的变化明显地分为三个阶段：1995 年以前基本保持稳定；1996—2001 年稳定增长阶段，2002 年表现为加速增长的态势，并在其后 5 年保持良好的增长势头。从总体上来看，HH 指数已经从 1992 年的 0.125 逐渐上升到 2007 年的 0.250。

表 3 - 9　1992—2007 年中国对美国出口商品结构的 HH 指数

年份	1992	1993	1994	1995	1996	1997	1998	1999
HH 指数	0.125	0.128	0.126	0.122	0.130	0.135	0.141	0.149
年份	2000	2001	2002	2003	2004	2005	2006	2007
HH 指数	0.155	0.162	0.187	0.218	0.239	0.235	0.241	0.250

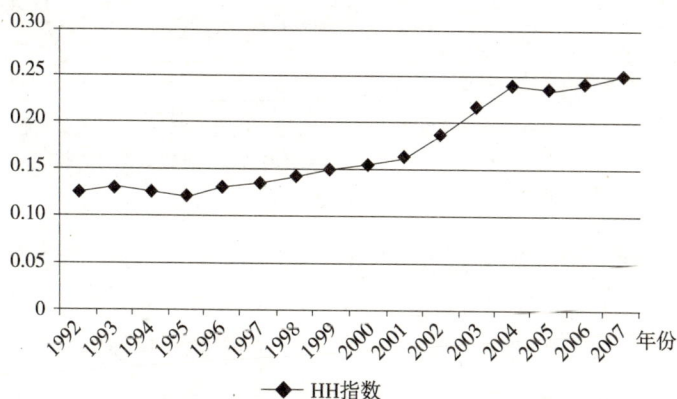

图 3 - 6　1992—2007 年中国对美国出口商品结构的 HH 指数

3. 中国对美国十大出口商品的构成分析

从表 3 - 10 中的数据来看，2007 年我国对美国的十大出口商品中，出口量最大的第 1 大类商品占我国 2007 年对美国出口总额的 46.35%，遥遥领先于其他各类商品，大约是第 2 大类和第 3 大类商品所占份额的 3—4 倍，更是远远领先于其他 7 类商品。可见，第 1 大类在我国对美国出口中具有极其重要的地位。

表 3 - 10　2007 年美国从中国进口十大商品类别所占比例情况

（单位:%）

序　号	HS 编号	商品类别	A	B
第 1 大类	HS84—85	机电产品	43.8	28.2
第 2 大类	HS94—96	家具、玩具、杂项制品	15.0	63.8
第 3 大类	HS50—63	纺织品及原料	9.7	31.4
第 4 大类	HS72—83	贱金属及制品	6.5	17.9
第 5 大类	HS64—67	鞋靴、伞等制品	5.2	73.4
第 6 大类	HS39—40	塑料、橡胶	3.5	21.3
第 7 大类	HS41—43	皮革制品、箱包	2.3	65.8
第 8 大类	HS90—92	光学、医疗设备	2.1	11.4
第 9 大类	HS86—89	运输设备	2.1	<2.9
第 10 大类	HS28—38	化工产品	2.0	<5.8

资料来源：根据中国商务部网站有关数据资料整理。说明：A = 中国对美国某商品的出口额 ÷ 中国对美国出口总额。B = 美国从中国进口的某商品额 ÷ 美国进口这类商品总额。

仅从中国对美国某商品的出口额占中国对美国总出口额的比例（A）来看，我国对美国十大出口商品所占份额并没有很大的差异，也看不出我国对美国出口中存在的问题。这就需要我们从另外一个角度去进一步地分析：美国从中国进口的某类商品占美国进口这类商品总额的比例（B）。从这个角度来看，我们就可以发现一些新的问题。从表 3 - 10 和图 3 - 7 可以看出，美国从我国进口的十大类商品，部分商品在美国各类商品进口总额中占据较大的份额，其中，第 5 大类商品所占份额最大，达到了73.4%，其次是第 7 大类商品，所占份额为65.8%，第 2 大类所占份额也达到了 63.8%。总的来看，除第 1、9、10 大类商品外，其他 7 类商品在美国各类商品的进口中所占份额的数值远远地大于各类商品在中国对美国出口总额中的比例（B 大于 A）。

（单位：%）

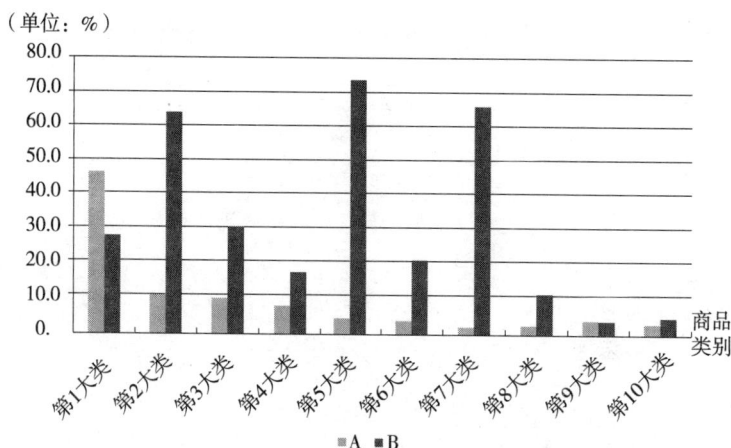

图 3－7 **2007 年美国从中国进口十大商品类别所占比例示意图**

据美国商务部统计，2007 年中美双边贸易额为 3866.8 亿美元，增长 12.8%，高出美国货物贸易平均增幅 4.9 个百分点。其中，美国对中国出口 652.4 亿美元，增长 18.2%；自中国进口 3214.4 亿美元，增长 11.7%；逆差 2562.1 亿美元，增长 10.2%，中国仍为美国第二大贸易伙伴、第三大出口目的地和最大的进口来源地。美国自中国进口的主要商品为机电产品、家具、玩具和纺织品及原料，2007 年合计进口 2202.3 亿美元，占美国自中国进口总额的 69.4%。中国在劳动密集型产品的出口上继续保持优势，家具、玩具、鞋靴、伞等轻工产品以及皮革制品和箱包分别列美国自中国进口大类商品（HS 类）的第二位、第五位和第七位，分别占美国进口市场的 63.8%、73.4% 和 65.8%。在这些产品上，墨西哥、意大利、加拿大和印度等国是中国的主要竞争对手，具体情况如表 3－11 所示。

表3－11　2007年美国自中国进口的十大类商品及其地区构成

（单位:%）

第1大类		第2大类		第3大类		第4大类		第5大类	
地区	占比	地区	占比	地区	占比	地区	占比	地区	占比
中国	28.2	中国	63.8	中国	31.4	加拿大	24.7	中国	73.4
墨西哥	16.0	墨西哥	8.8	墨西哥	6.4	中国	17.9	意大利	5.4
日本	10.4	加拿大	7.7	印度	5.5	墨西哥	8.1	越南	4.9
加拿大	6.5	日本	2.2	越南	4.4	德国	4.7	巴西	3.4
德国	5.5	中国台湾省	2.1	印度尼西亚	4.3	日本	4.2	印度尼西亚	2.2
马来西亚	5.1	意大利	1.7	巴基斯坦	3.2	中国台湾省	3.9	墨西哥	1.3

第6大类		第7大类		第8大类		第9大类		第10大类	
地区	占比	地区	占比	地区	占比	地区	占比	地区	占比
加拿大	25.7	中国	65.8	墨西哥	13.0	加拿大	28.2	爱尔兰	15.9
中国	21.3	意大利	9.8	德国	12.9	日本	24.5	加拿大	12.5
日本	7.4	法国	3.4	日本	12.5	墨西哥	14.3	德国	10.1
墨西哥	7.3	印度	2.2	中国	11.4	德国	9.8	英国	9.6
德国	5.2	加拿大	1.9	瑞士	6.9	韩国	4.5	法国	5.9
韩国	3.6	越南	1.5	爱尔兰	6.6	法国	2.9	日本	5.8

资料来源：根据中国商务部网站有关数据资料整理。

第二节　中国制成品出口结构分析

前文已经按照不同的分类方法对我国出口商品结构进行了分析，本节将按照技术含量的不同对我国出口制成品进行分类，在此基础上，进一步对我国制成品出口结构进行分析。具体的分类方法详见第四章的第二节"制成品的范围和分类方法"。

一、中国对世界的制成品出口结构

表 3-12 给出了中国在 1997—2002 年间不同技术含量制成品出口所占的百分比。具体分析如下：

表 3-12 中国对世界制成品出口结构 （单位:%）

年份 产品类别	1997	1998	1999	2000	2001	2002
PM	1.44	1.4	1.38	1.35	1.23	1.19
RB	6.23	5.91	5.8	5.65	5.82	5.62
RB1	1.44	1.39	1.55	1.69	1.68	1.68
RB2	4.79	4.52	4.24	3.96	4.14	3.94
LT	56.03	53.55	51.36	48.15	46.07	43.72
LT1	36.53	33.7	31.9	29.77	28.62	26.41
LT2	19.5	19.84	19.46	18.37	17.45	17.31
MT	17.66	17.93	17.71	18.9	19.13	18.78
MT1	1.13	1.19	1.37	1.77	1.80	1.76
MT2	4.92	4.65	4.05	4.65	4.02	3.48
MT3	11.62	12.09	12.29	12.48	13.31	13.54
HT	18.64	21.21	23.76	25.95	27.74	30.7
HT1	16.03	18.33	20.82	23.25	25.39	28.52
HT2	2.61	2.87	2.94	2.70	2.35	2.18

数据来源：根据联合国世界贸易统计数据 2003 年整理计算。

1. 初级制成品

初级制成品（PM）所占的份额保持逐渐下降的趋势，从 1997 年的 1.44% 下降到 2002 年的 1.19%。基于资源型的制成品（RB）总体上占出口的百分比同样保持了持续下降的趋势，从 1997 年 6.23% 下降到 2002 年的 5.62%。基于农业型的制成品（RB1）所占出口份额则保持了微弱的上升趋势，从 1997 年的 1.44% 上升为 2002 年的 1.68%，而其他产品（RB2）所占份额出现下降的趋势，从 1997 年的 4.79% 下降为 2002 年的 3.94%。

2. 低科技含量制成品

低科技含量制成品（LT）在中国的出口中占据绝对优势，1997 年占制成品出口额的 56.03%，远远高于其他类别的制成品；1998 和 1999 年占中国制成品的出口额都高于 50%，尽管如此，这类产品总体上在世界市场的所占份额也出现下降的趋势，2002 年占制成品出口份额下降到 43.72%，下降的幅度较为明显，其中，纺织、服装、鞋类制成品（LT1）所占份额从 1997 年的 36.53% 下降到 2001 年的 26.41%，其他低科技制成品（LT2）出口所占份额变化并不明显，从 1997 年的 19.50% 下降到 2002 年的 17.31%。

3. 中等科技含量的制成品

中等科技含量的制成品（MT）在出口中所占份额变化幅度很小，总体上表现为上升的趋势：由 1997 年的 17.66% 上升到 2002 年的 18.78%，其中自动化类制成品（MT1）从 1.13% 上升到 1.76%；加工类制成品（MT2）从 4.92% 下降到 3.48%；工程类制成品（MT3）从 11.62% 上升到 13.54%。

4. 高科技制成品

高科技制成品（HT）在出口中所占份额上升幅度最为明显，从 1997 年的 18.64% 上升到 2002 年的 30.7%，其中，电子及电力类高科技制成品（HT1）所占份额保持了逐年快速上升的趋势，从 1997 年的 16.03% 上升到 2002 年的 28.52%，而其他高科技产品在出口中所占份额基本没有发生变化。

二、中国对美国的制成品出口结构

表 3-13 给出了中国不同技术含量制成品对美国的出口结构，由于数据难以获取，我们只分析从 1999 年到 2003 年市场份额的变动状况。具体分析如下：

表 3 – 13 中国对美国制成品出口结构 （单位:%）

产品类别 / 年份	1999	2001	2002	2003
PM	0.37	0.21	0.16	0.16
RB	3.50	3.54	3.45	3.64
RB1	1.35	1.38	1.51	1.64
RB2	2.14	2.17	1.94	2.00
LT	55.98	56.28	54.12	52.58
LT1	20.83	23.59	21.45	21.74
LT2	35.14	32.7	32.68	30.84
MT	16.39	16.77	17.06	16.22
MT1	1.20	1.36	1.44	1.60
MT2	0.99	1.15	1.04	1.27
MT3	14.20	14.26	14.58	13.36
HT	23.77	23.19	25.20	27.39
HT1	21.47	21.13	23.48	25.71
HT2	2.30	2.05	1.72	1.68

147

资料来源：根据美国联邦贸易统计 2004 相关数据计算。

1. 初级制成品

中国的初级制成品和基于资源型制成品向美国的出口结构和中国向世界出口制成品的结构基本呈现出相同的变化趋势，中国的初级制成品在中国对美国的制成品出口中所占比重很低并且还在不断地下降，2003 年占制成品出口份额仅为 0.16%；基于资源型制成品从 1999 到 2003 年间所占的份额基本没有发生变化，在 3.5% 左右波动；基于农业型制成品（RB1）和其他产品（RB2）所占的份额也相当稳定，没有发生大的变动。

2. 低科技含量的制成品

低科技含量的制成品是中国对美国制成品出口所占份额

最大的产品，这类产品占制成品出口份额呈现下降的趋势，但变化幅度很小，从 1999 年的 55.98% 下降到 2003 年的 52.58%。其中，纺织、服装、鞋类（LT1）所占份额基本没有发生变化；其他低科技制成品（LT2）的份额出现了小幅度的下降趋势，由 1999 年的 35.14% 下降为 2003 年的 30.84%。

3. 中等科技含量的制成品

中等科技含量的制成品（MT）所占的出口份额仍然基本没有变化，在 1999—2003 年间所占的份额都在 16.5% 左右波动，其中，自动化类制成品（MT1）和加工类制成品（MT2）所占的出口份额都非常低，并且这两类制成品的出口份额都呈现微弱上升的趋势；工程类制成品（MT3）所占的出口份额最大且比较稳定，所占份额基本都保持在 14% 左右。

4. 中国的高科技含量制成品

中国的高科技含量制成品在对美国出口中所占的份额总体呈现上升的趋势，由 1999 年的 23.77% 上升到 2003 年的 27.39%，其中电子和电力类高科技制成品（HT1）所占份额由 21.47% 上升到 25.71%，其他高科技制成品所占份额由 2.3% 下降到 1.68%。

三、中国不同技术含量的制成品在美国进口市场中所占份额

表 3 - 14 给出了中国不同技术含量的制成品占美国进口市场的份额。具体分析如下：

1. 初级制成品

初级制成品（PM）出口在美国进口市场中所占份额出现了小幅的下降趋势，市场份额从 1999 年的 1.69% 下降到 2003 年的 1.35%。在基于资源型的制成品中，农业型制成品（RB1）和其他产品（RB2）所占的市场份额都出现上升的趋势，前者上升

表 3 - 14　中国不同技术含量的制成品占美国进口市场的份额

（单位:%）

产品类别＼年份	1999	2001	2002	2003
PM	1. 69	1. 13	1. 23	1. 35
RB	7. 58	9. 3	10. 94	11. 81
RB1	3. 96	5. 23	6. 65	7. 4
RB2	3. 62	4. 07	4. 29	4. 41
LT	44. 55	53. 85	59. 58	62. 34
LT1	17. 41	23. 31	25. 39	26. 96
LT2	27. 14	30. 54	34. 19	35. 38
MT	11. 74	15. 11	18. 14	19. 12
MT1	0. 62	0. 87	1. 05	1. 27
MT2	2. 66	3. 67	4. 04	5. 05
MT3	8. 46	10. 57	13. 05	12. 8
HT	13. 31	15. 66	20. 27	24. 12
HT1	8. 61	11. 3	15. 46	19. 01
HT2	4. 7	4. 36	4. 81	5. 11

资料来源：根据联合国世界贸易统计数据 2004 整理计算。

的幅度较为明显，市场份额由 1999 年的 3.96% 上升到 2003 年的 7.40%。

2. 低科技含量的制成品

低科技含量的制成品（LT）出口占美国进口市场份额都出现了上涨的趋势，并且变化幅度都很明显。其中，纺织、服装、鞋类（LT1）低科技含量的制成品从 1999 年的 17.41% 上升到 2003 年的 26.96%；其他低科技含量的制成品（LT2）所占的市场份额从 27.14% 上升到 35.38%。

3. 中等科技含量的制成品

中等科技含量的制成品（MT）出口在美国进口市场中所占

的份额也都出现了上涨的趋势。其中，自动化类的制成品（MT1）所占的市场份额最低，从 1999 年的 0.62% 上升到 2003 年的 1.27%；加工类制成品（MT2）所占的市场份额从 2.66% 上升到 5.05%；工程类制成品在中等科技含量制成品中在美国进口市场上所占的份额最高，市场份额从 1999 年的 8.46% 上升到 2003 年的 12.80%。

4. 高科技含量的制成品

高科技含量的制成品（HT）出口在美国进口市场中所占的份额变化幅度最为明显。尤其是电子和电力类高科技制成品（HT1）的市场份额从 1999 年的 8.61% 上升到 2003 年的 19.01%，上升的幅度高达 10.4%；其他高科技制成品所占的市场份额变动幅度很小，基本都保持在 5% 左右。

150

四、中国与东亚其他地区制成品出口占美国进口市场份额的对比分析

为了对比中国和其他东亚国家及地区在美国进口市场中不同技术含量制成品所占的份额，我们选取了东亚新兴的工业化国家和地区，即亚洲"四小龙"（韩国、新加坡、中国台湾、中国香港）及东亚四国（泰国、马来西亚、印尼、菲律宾）和日本作为参照国家和地区，对比分析这些经济体和中国在美国市场上不同技术含量制成品所占市场份额。根据表 3-15 中的数据，具体分析如下：

1. 初级制成品

从初级制成品（PM）来看，中国和其他经济体在美国进口中所占的份额都很低，其中，中国和亚洲"四小龙"、日本所占的市场份额大致相当，而东亚四国所占的市场份额最低，2003 年只有 0.39%。基于资源型的制成品中，中国和日本在农业型制成品（RB1）和其他资源型制成品（RB2）占美国市场份额都

大致相当，东亚四国这类资源型制成品所占的市场份额在进行比较的经济体中是最低的。

2. 低科技含量的制成品

从低科技含量的制成品（LT）来看，中国与其他经济体相比在纺织、服装、鞋类（LT1）和其他产品（LT2）在美国进口市场中都占据绝对优势的市场份额，远远高于其他经济体，2003年中国这两类制成品在美国市场所占的份额分别高达26.96%和35.38%；日本这两类制成品所占的美国市场份额都处于很低的劣势，特别是纺织、服装、鞋类（LT1）制成品在美国所占市场份额2003年只有0.65%；亚洲"四小龙"这两类制成品在美国所占市场份额都保持在8%左右。

3. 中等科技含量的制成品

从中等科技含量的制成品（MT）来看，日本与其他经济体相比在所有类别的产品中都占据优势，特别是在自动化类制成品（MT1）所占市场份额方面拥有绝对优势，2003年占美国进口的市场份额为25.50%，不仅远高于中国、亚洲"四小龙"、东亚四国，而且也远高于这三个经济体所占市场份额之和；中国MT1制成品在美国所占的市场份额很小，不仅远远低于日本，和亚洲"四小龙"相比也很低；中国加工类制成品（MT2）和工程类制成品（MT3）在美国的市场份额都高于亚洲"四小龙"和东亚四国，其中，加工类制成品是中国在美国占市场份额最高的中等科技含量制成品，2003年市场份额为12.80%，略低于日本的15.89%。

4. 高科技含量的制成品

从高科技含量的制成品（HT）来看，四个经济体的电子和电力类高科技制成品（HT1）在美国进口市场上都占有较高的市场份额，亚洲"四小龙"所占市场份额最高，中国略低于亚洲"四小龙"，2003年市场份额为19.01%，日本所占的市场份额最低；

其他高科技产品（HT2）中，日本在美国市场上具有绝对的优势，2003 年市场份额为 11.22%，中国这类产品所占市场份额高于亚洲"四小龙"和东亚四国，但远低于日本，市场份额为 5.11%。

表3－15　2003 年中国与其他国家和地区制成品出口占美国进口市场份额情况

（单位:%）

产品类别 \ 国家/地区	中国	亚洲"四小龙"	东亚四国	日本
PM	1.35	1.65	0.39	1.73
RB	11.81	11.37	5.13	12.51
RB1	7.40	5.29	3.83	7.88
RB2	4.41	6.08	1.30	4.63
LT	62.34	17.2	13.51	5.85
LT1	26.96	8.34	9.02	0.65
LT2	35.38	8.86	4.49	5.2
MT	19.12	16.9	5.56	53.85
MT1	1.27	5.98	0.15	25.5
MT2	5.05	4.46	1.74	12.46
MT3	12.8	6.46	3.67	15.89
HT	24.12	23.24	16.9	22.72
HT1	19.01	20.57	15.58	11.5
HT2	5.11	2.67	1.32	11.22

数据来源：根据美国联邦贸易统计 2004 相关数据计算。

第三节　中国制成品出口
结构的指数测度

一、测度指数

用来反映贸易结构变化的两个指数分别为劳伦斯指数（Lawrence Index）和结构优化指数（Beneficiary Index）。

1. 劳伦斯指数

劳伦斯指数值的变化范围从 0 到 1，指数越接近 1，说明一国的贸易结构变动幅度越大，越接近于 0，说明一国的贸易结构变化越不明显。劳伦斯指数（Bender，2001）的具体公式如下：

$$L = (1/2) \sum_{i=1}^{n} \left| s_{i,t} - s_{i,t-1} \right|,$$

其中 $s_{i,t} = x_{i,t} / \sum_{i} x_{i,t}$，即 $s_{i,t}$ 为 i 产品在 t 年在一国总出口中所占的份额。

2. 结构优化指数

结构优化指数（Bender，2001）也被称为收益型结构指数，用来反映一国的出口结构是否向世界的动态需求方向变化，即说明一国贸易结构的优化幅度，该指数为正，说明该国的出口结构出现优化的趋势，指数的值越大表明贸易结构优化越明显。收益型结构变动指数（Bender，2001）的具体公式如下：

$$BSCI = \sum_{i=1}^{n} \left\{ \left[\frac{x_{i,t} / \sum_{i} x_{i,t}}{x_{i,t-1} / \sum_{i} x_{i,t-1}} - 1 \right] \times \left[\frac{(m_{i,t} / m_{i,t-1})^{"world"}}{Average(m_{i,t} / m_{i,t-1})} - 1 \right] \times \left(\frac{x_{i,t}}{\sum_{i} x_{i,t}} \right) \right\}$$

其中，$x_{i,t}$ 为一国在 t 年出口 i 商品额，$m_{i,t}$ 为世界在 t 年进口 i 商品额。

二、数据来源

考虑到 1997 年以来，是中国吸引外资增长最快的时期，外资的大量进入极大地促进了中国加工贸易的发展，对中国工业制成品的贸易结构、产品技术含量和国际分工产生了较大的影响；同时，国内外学者对中国制成品贸易从 1980—1997 年间的比较优势和贸易结构等已做了较多的研究。因此，我们分析的重点集中在 1997—2003 年外商直接投资大量进入中国的背景下，中国

153

制成品出口结构等方面的变化状况。计算所需数据主要来自于联合国世界贸易统计数据库（1997—2003 年）、美国联邦贸易统计局（1999—2004 年）。

三、测度结果

计算结果如表 3 - 16 所示：1998—2002 年各大类制成品出口结构变化指数和结构优化指数。计算结果表明，所有类别的制成品出口结构优化指数都大于零，也就是说，中国各类制成品出口结构都呈现出结构优化的趋势。从各类制成品结构变动指数来看，变化最为明显的是初级制成品；其次分别为中等科技含量制成品和基于资源型的制成品；结构指数变化最小的为低科技含量制成品（LT），只有 0.116。从各类制成品结构优化指数来看，结构优化指数与结构变动指数基本呈现正相关，初级制成品仍然变动最为明显；低科技含量制成品结构优化指数变化最小，基本为零；基于资源型的制成品和高科技含量制成品结构保持了大致相同的优化幅度，但优化幅度也比较小。

表 3 - 16　1998—2002 年各类制成品出口结构变化状况

产品类别	PB	RB	LT	MT	HT
出口结构变动指数	0.485	0.190	0.116	0.289	0.195
出口结构优化指数	0.036	0.012	0.008	0.024	0.011

目前，我国已经成为世界第三大贸易国，针对我国提出的转变外贸增长方式、从贸易大国向贸易强国转变的目标，这就要求我国应该重视优化出口商品结构。而我们的测度结果显示：结构优化和结构变动最明显的都是初级制成品，结构优化和结构变动最小的都是低科技含量制成品，中等和高技术含量的制成品的结构优化和变动的幅度也比较小。因此，在今后的工作中，一方

面，我国应该特别重视中等和高技术含量制成品产业的培育和发展，以求得在未来国际市场上占据一席之地；另一方面，利用新的技术对传统产业进行改造，提高传统产业的技术含量，走高端和品牌路线，真正做到转变生产方式、转变外贸增长方式，在逐步优化我国出口结构的过程中，使我国从贸易大国向贸易强国转变。

第四节　中国出口商品结构与经济增长相关性的计量分析

从前文的分析可以知道，我国对外贸易出口商品结构发生了很大的转变，随着对外贸易规模的扩大和出口商品结构的不断优化，我国对外贸易出口商品结构究竟对经济增长起到了一种什么样的作用？具体作用有多大？为了回答这些问题，本节通过建立计量模型对我国出口商品结构与经济增长的相关性进行了实证分析。另外，为了进行比较分析，本节同时对我国进口商品结构与经济增长的相关性也进行了分析。

一、数据来源与变量的选择

我们利用 1980—2006 年间的数据，对我国进口商品结构、出口商品结构与经济增长之间的关系进行了实证研究。根据国际标准，可以将进出口商品分为初级产品（EXP/IMP）和工业制成品（EXM/IMM）两大类。考虑到数据的可得性和完整性，本部分分析使用的样本区间选为 1980—2006 年，数据主要来源于 1981—2007 年的《中国统计年鉴》。

我们用国内生产总值（GDP）表示我国经济的增长水平，用工业制成品占进口商品的比重（IMStr）表示进口商品结构，用工业制成品占出口商品的比重（EXStr）表示出口商品结构。为了消除时间序列中存在的异方差现象，在实证分析之前，我们对数据进行了处理，用自然对数对其进行了转换（lnGDP、lnIMStr、lnEXStr），以反映它们之间关系的弹性值，变换后的序列不改变原序列之间的协整关系。我们将采用 Engler & Granger 的协整理论、因果检验和 VAR 模型来分析我国进出口商品结构与经济增长之间的关系。

二、变量之间的相关性与平稳性检验

1. 变量之间的相关性

从表 3 – 17 可以看出变量 lnGDP 和 lnEXStr 之间的相关系数比较高（87%），但是变量 lnGDP 和 lnIMStr 之间相关程度很低，只有24%，可以初步得出结论：出口商品结构与经济增长之间有较强的关系，而进口商品结构与经济增长之间的关系却不是很明显。为了进一步研究它们之间的关系，我们将采取一般的做法，根据现有的样本资料建立比较合适的回归方程。在进行传统的回归分析时，要求所用的时间序列通常是平稳的，否则会产生伪回归问题。然而，现实中的经济时间序列通常都是非平稳的（带有明显的变化趋势），破坏了平稳性的假定，为了使回归有意义，可以对其实行平稳化。

表 3 – 17　各变量相关系数

变量	lnGDP	lnEXStr	lnIMStr
lnGDP	1.00	0.87	0.24
lnEXStr	0.87	1.00	0.47
lnIMStr	0.24	0.47	1.00

2. 平稳性检验

运用 ADF 检验法对变量 lnGDP、lnIMStr、lnEXStr 以及它们

的差分序列进行平稳性检验，模型表达式为：

$$\Delta X_t = \alpha + \beta_t + \gamma X_{t-1} + \sum k\, (\theta_i \Delta X_{t-1}) + \mu_t$$

设定原假设 H_0：$\gamma = 0$，备择假设 H_1：$\gamma < 0$，接受 H_0，意味着序列 $\{X_t\}$ 有单位根，非平稳；否则，拒绝 H_0，序列 $\{X_t\}$ 无单位根，平稳。利用 Eeiews 5.0 软件分别对时间序列进行单位根检验，以判断变量单整的阶数，检验结果见表 3-18。

表 3-18　各变量的平稳性检验

变量	ADF 检验值	检验形式 (c, t, k)	临界值			结论
			1%	5%	10%	
lnGDP	-3.3235***	(c, t, 0)	-4.3561	-3.595	-3.2335	平稳
lnEXStr	-1.6994	(c, 0, 0)	-3.7115	-2.981	-2.6299	不平稳
ΔlnEXStr	-5.6608*	(c, 0, 0)	-3.7241	-2.9862	-2.6326	平稳
lnIMStr	-8.7809*	(c, 0, 2)	-3.7379	-2.9919	-2.6355	平稳

注：（1）检验形式中，c 为常数项，t 为趋势项，k 为滞后阶数；（2）Δ 表示变量的一阶差分；（3）***表示 10% 显著水平下的临界值，**表示 5% 显著水平下的临界值，*表示 1% 显著水平下的临界值，下文均以此表示。

表 3-18 中的数据表明，经济增长时间序列（lnGDP）的 ADF 统计量在 10% 的显著水平下拒绝原假设，进口商品结构时间序列（lnIMStr）的 ADF 统计量在 1%—10% 的显著水平下均拒绝原假设，即 lnGDP 和 lnIMStr 是平稳序列，可记为 lnGDP-I（0）、lnIMStr-I（0）。出口商品结构时间序列（lnEXStr）的 ADF 统计量在 1%—10% 的显著水平下均不能拒绝原假设，取一阶差分后，ΔlnEXStr 的 ADF 统计量在 1%—10% 的显著水平下均拒绝原假设，所以该变量是一阶单整：lnEXStr-I（1）。

平稳性检验结果显示，进口商品结构时间序列是平稳序列，正符合我国进口商品结构随着时间的演进而稳步升级的过程。出口商品结构的不平稳性，恰好印证了自改革开放近 30 年来，我国出口增长经历了"主要出口资源能源类产品→主要出口纺织品→主要出口机电产品"高速增长的"三个台阶"。

由于经济增长时间序列和进口商品结构时间序列均为平稳序列，所以，可以直接进行回归来分析它们之间的关系，而出口商品结构时间序列和经济增长时间序列单整阶数不同，两变量之间不是协整关系，故不能简单地对它们进行回归，而要使用向量自回归（VAR）模型进行分析。因此，我们首先根据 AIC 和 SC 信息量取值最小的准则确定模型的阶数，然后利用 Granger 检验对变量之间的因果关系进行检验，分析二者之间的互动结构。

三、进口商品结构与经济增长的相关性分析

1. 因果检验

表 3 - 19 是我国进口商品结构变化与经济增长之间因果检验的结果，可以看出进口商品结构与经济增长之间不存在因果关系，也就是说工业制成品进口的增加并没有带动我国 GDP 的增长，同时 GDP 的增长也没有促进进口结构的优化，因果检验结果进一步支持前面进口结构与经济增长之间相关关系不明显的结论。

表 3 - 19　Granger 因果关系检验

原假设	Obs	F 统计量	P 值	结论
lnIMStr does not Granger Cause LNGDP	25	1. 29439	0. 29606	接受
lnGDP does not Granger Cause LNIMStr	25	0. 62762	0. 54405	接受

2. 回归分析

建立简单的回归方程：$lnGDP = \alpha + \beta lnIMStr + \mu$。利用 Eeiews 5. 0 软件运用 OLS 对该模型进行回归，得到如下结果：

$$lnGDP = 0. 7222 + 1. 8422 lnIMStr$$

t：（0.1097）（1.5048）

$R^2 = 0.0566$，$Adj - R^2 = 0.0188$，$DW = 0.0563$，$F = 1.4987$

从回归结果来看，该回归方程拟合度非常低，DW 远离理想值 2，F 值也偏低，并且所有系数都没有通过 t 检验，所以回归后的方程是没有意义的，也就是说进口商品结构与经济增长之间没有明显的线性关系，这一实证结果与实际经济现象还是比较相符的。一直以来我国出口商品结构随着时间的演进呈现出稳步升级的过程，但是，进口商品中占主导地位的工业制成品的比重却基本维持在80%左右，并不随着经济的增长而呈现上升或下降的趋势。

四、出口商品结构与经济增长的相关性分析

1. 变量滞后结构分析

向量自回归模型实际上是向量自回归移动平均（VARMA）模型的简化，后者因参数过多带来很多问题而少有应用。最一般的 VAR 模型数学表达式为：

$$y_t = A_1 y_{t-1} + \cdots + A_p y_{t-p} + B_1 x_t + \cdots + B_r x_{t-r} + \varepsilon_t \quad (3-1)$$

其中，y_t 是 m 维内生变量向量，x_t 是 d 维外生变量向量，$A_1 \cdots A_p$ 和 $B_1 \cdots B_r$ 是带估计的参数矩阵，内生变量和外生变量分别有 p 和 r 阶滞后期。ε_t 是随机扰动项，其同时刻的元素可以彼此相关，但不能与自身滞后值和模型右边的变量相关。

模型（3-1）中内生变量有 p 阶滞后，所以可称其为一个 VAR（p）模型。在实际应用中，一方面，通常希望滞后期 p 和 r 足够大，从而完整地反映所构造模型的动态特征。但另一方面，滞后期越长，模型中待估参数就越多，自由度就越少。因此，应在滞后期与自由度之间寻求一种均衡状态，一般根据 Akaike 信息标准（AIC）和贝叶斯标准（SC）信息量取值最小的准则确定模型的阶数。

采用 AIC 和 SC 确定出口商品结构时间序列及经济增长时间序列之间的滞后结构。在最优滞后期的选择中，采取比较小的 AIC 值和 SC 值（见表 3－20），得出滞后期为 1 期是该 VAR 模型最优的滞后期选择，这也可大体判断出我国出口商品结构与经济增长之间的滞后效应在滞后 1 期范围内。

表3－20　滞后期检验

滞后期	0	1	2
AIC 检验值	－ 0. 181489	－ 2. 871207	－ 2. 709199
SC 检验值	－ 0. 133595	－ 2. 725042	－ 2. 465424

2. 因果检验

在确定的滞后期内，还需要借助 Granger 因果检验来判断变量间的真实关系，以帮助判断出口商品结构与经济增长之间的因果关系及其方向。Granger 因果检验在考察序列 x 是否是序列 y 产生的原因时采用这样的方法：先估计当前的 y 值被其自身滞后期取值所能解释的程度，然后验证通过引入序列 x 的滞后值是否可以提高 y 的被解释程度。如果是，则称序列 x 是 y 的格兰杰成因（Granger Cause），此时 x 的滞后期系数具有统计显著性。一般地，还应该考虑问题的另一方面，即序列 y 是否是 x 的格兰杰成因。EViews 计算如下的双变量回归：

$$y_t = \alpha_0 + \alpha_1 y_{t-1} + \cdots + \alpha_k y_{t-k} + \beta_1 x_{t-1} + \cdots + \beta_k x_{t-k}$$

$$(3-2)$$

$$x_t = \alpha_0 + \alpha_1 x_{t-1} + \cdots + \alpha_k x_{t-k} + \beta_1 y_{t-1} + \cdots + \beta_k y_{t-k}$$

$$(3-3)$$

其中，k 是最大滞后阶数，通常可以取稍大一些。检验的原假设是序列 x（y）不是序列 y（x）的格兰杰成因，即

$\beta_1 = \beta_2 = \cdots = \beta_k = 0$。EViews 可以直接得到检验 F 统计量的相伴概率。对相关数据进行检验得到的结果如表 3 - 21 所示。

表 3 - 21　Granger 因果关系检验

滞后期	原假设	Obs	F 统计量	P 值	结论
0	lnEXStr 不是 lnGDP 的 Granger 原因	25	1. 88217	0. 17826	接受
	lnGDP 不是 lnEXStr 的 Granger 原因		0. 17688	0. 83918	接受
1	lnEXStr 不是 lnGDP 的 Granger 原因	26	5. 22337	0. 03183	拒绝
	lnGDP 不是 lnEXStr 的 Granger 原因		0. 16034	0. 69254	接受

表 3 - 21 显示，滞后阶数为 0 的时候 lnEXStr 和 lnGDP 之间不存在因果关系，这与滞后检验结果有一致性；滞后阶数为 1 的时候，在 5% 的显著性水平上，lnEXStr 是 lnGDP 的格兰杰原因，而 LNGDP 在 1%—10% 水平内不是 lnEXStr 的格兰杰原因，即使是在滞后 1 期的时间范围内，出口商品结构与经济增长之间存在单向的因果关系，出口商品结构的变化是 GDP 增长的原因，但是 GDP 的增长不是出口商品结构变化的原因。这一结论意味着我国出口商品结构的提升有利于经济增长，但是 GDP 的增长并不能改善出口商品结构。

3. 回归分析

从前面的平稳性检验知道出口商品结构时间序列是一阶单整的，结合变量滞后结构和格兰杰因果关系检验结果，建立一个 VAR 模型，并在该计量模型中引入一个时间维，出口商品结构和经济增长这两个变量应该作为滞后经济变量引入模型中，并由此构造出经济增长与出口商品结构之间的回归方程式：

$$\ln GDP_t = \alpha + \beta \ln GDP_{t-1} + \gamma \ln EXStr_{t-1} + \mu_i \ (t = 1, 2, \cdots, 27)$$

利用 Eeiews 5.0 软件，使用 1980—2006 年间的数据得到估

161

计方程如下：

$$\ln GDP_t = -1.08341 + 0.94506\ln GDP_{t-1} + 0.38211\ln EXStr_{t-1}$$

$$R^2 = 0.986, \quad Adj - R^2 = 0.985, \quad DW = 2.17$$

根据回归结果可以知道，回归系数 R^2 和修正的 R^2 超过 98%，说明回归效果显著，模型的拟合优度很高，DW 值接近理想值 2。也就是说，一方面出口商品结构与经济增长之间有很强的相关关系，出口商品结构的提升会对我国经济增长产生积极的影响，这一实证结果正好验证了出口商品结构反映了一个经济体对外贸易竞争力的说法和高技能密集型产业的产品出口对一国经济增长有着正向作用的研究结论（Peneder，2003）[①]。另一方面，从定量的角度来看，根据回归方程出口商品结构系数为 0.38，表明出口商品结构平均每提升一个百分点，经济增长将上升 0.38%，促进作用较大，这也从侧面反映了出口商品结构优化和升级对我国经济增长所起的积极作用。

五、结论

本节的实证研究结果表明：出口商品结构与经济增长之间有较强的关系，进口商品结构与经济增长之间的关系不是很明显。进一步研究发现，进口商品结构与经济增长之间不存在因果关系，工业制成品进口的增加并没有带动我国 GDP 的增长，同时 GDP 的增长也没有促进进口商品结构的优化；出口商品结构与经济增长之间存在单向的因果关系，出口商品结构的变化是 GDP 增长的原因，但是 GDP 的增长不是出口商品结构变化的原因，出口商品结构每提升一个百分点，经济增长将上升 0.38%。因此，为了更好地促进我国经济的增长，我国应该进一步优化进

162

---

① Peneder M. : "Industry Structure and Aggregate Growth", *Structure Change & Economic Dynamics*, Vol. 14 (12) , 2003, pp. 427 – 449.

出口商品结构，提高进出口特别是出口对经济增长的带动作用。

第五节 基本结论

结论1：在我国改革开放的过程中，不同时期，我国出口商品结构不同，工业制成品在我国出口中日益占据主导地位；不同时期，不同工业制成品在我国出口中的地位不同。

从宏观结构来看，在1980—2007年间，初级产品所占比重逐年下降，工业制成品所占比重逐年上升并日趋主导地位。工业制成品出口主导产品逐渐由第7类（轻纺产品、橡胶制品矿冶产品及其制品）转变为第8类（机械及运输设备），第8类商品所占比例1996年超过第7类商品、2001年超过第9类（杂项制品）商品，逐渐成为我国出口支柱产品。2007年工业制成品所占比例为94.95%，第8类商品所占比例为47.39%。自从1995年以来，出口商品宏观结构的集中度越来越大。

从微观结构来看，出口商品微观结构的变化主要是由第11类和第16类两种商品的变化导致的。在1992—2007年间，第11类（纺织原料及纺织制品）和第16类（机械设备）一直是我国出口最多的两类商品，1998年以前，第11类商品一直是我国第一大类出口商品，1998年第16类商品首次超过第11类商品并一直成为我国第一大类出口商品。2007年第16类商品所占比重为43.42%，第11类商品所占比重为13.84%，二者之和为57.26%。总的来看，我国出口商品结构的商品构成更加集中于少数几种商品。

结论2：在1992—2007年间，加拿大、日本、中国、德国和墨西哥是美国主要的进口来源地。在1993—2001年间，我国一直是美国第四大进口国，2002 年超过日本成为美国第三大进口国，2003 年超过墨西哥成为美国第二大进口国，2007 年超过加拿大成为美国第一大进口国。1992 年我国所占份额为 5%，2007 年所占份额为 16.4%。

从微观结构来看，我国对美国出口商品结构的构成变化主要集中于第 11 类、第 12 类和第 16 类等三种商品。第 11 类商品所占份额从 1992 年的 24.32% 下降到 2007 年的 9.83%，第 12 类商品所占份额从 1992 年的 18.34% 下降到 2007 年的 4.27%，第 16 类商品所占份额从 1992 年的 9.22% 上升到 2007 年的 46.35%。自 1994 年以来，第 16 类商品一直是我国对美国出口的第一大类商品。我国对美国出口商品结构日益集中。

从中国出口美国十大商品类别的地区构成来看，我国部分出口商品在美国各类商品进口总额中占据较大的份额，第 5 大类（鞋靴、伞等制品）商品所占份额最大，达到了 73.4%，其次是第 7 大类（皮革制品、箱包）商品所占份额为 65.8%，第 2 大类（家具、玩具、杂项制品）商品所占份额也达到了 63.8%。墨西哥、意大利、加拿大和印度等国是中国的主要竞争对手。

结论 3：从我国制成品的出口结构来看，低技术含量的制成品在中国制成品的出口中占绝对优势的地位，在向世界市场的出口中，在 1997—2002 年间，所占份额都在 40% 以上，其中，中国出口纺织、服装和鞋类等低技术含量的制成品较多。在向美国的出口中，在 1999—2003 年间，所占份额都在 50% 以上，其中，其他类型的低技术含量的制成品较多；高科技含量的制成品占中国全部制成品出口份额超过 20%，其中，电子和电力类高科技制成品占据了绝大部分；中等科技含量的制成品占中国全部制成品出口的 15% 左右，其中，工程类中等科技含量的制成品占绝大部分，自动化类制成品所占份额最小。还要特别注意的是：不管是在世界市场上还是在美国市场上，高科技含量的制成品所占份额都表现为增加的态势，低技术含量的制成品都表现为下降的态势，中等科技含量的制成品基本表现为不变的态势。

结论4：中国不同技术含量的制成品占美国的市场份额都出现了上涨的趋势。低科技含量的制成品所占市场份额最高，所占市场份额从1999年的44.55%上升到2003年的62.34%；高科技含量的制成品次之，所占市场份额从1999年的13.31%上升到2003年的24.12%；中等科技含量的制成品最低，所占市场份额从1999年的11.74%上升到2003年的19.12%；另外，电子和电力类高科技制成品在美国所占市场份额上升的速度最快，所占市场份额从1999年的8.61%上升到2003年的19.01%。

结论5：从中国与其他国家和地区占美国市场份额的对比来看，2003年，在低科技含量的制成品中，中国占据绝对的主导地位，所占份额为62.34%，亚洲"四小龙"为17.2%，东亚四国为13.51%，日本只有5.85%；在中等科技含量的制成品中，日本占据绝对的主导地位，所占份额为53.85%，亚洲"四小龙"为16.9%，东亚四国为5.56%，中国只有19.12%；在高科技含量的制成品中，中国、亚洲"四小龙"、日本所占份额都在23%左右，东亚四国为16.9%，各地区相差不是很大。

结论6：从各类制成品结构变动指数来看，变化最为明显的是初级制成品，其次分别为中等科技含量制成品和基于资源型的制成品，结构指数变化最小的为低科技含量制成品。从各类制成品结构优化指数来看，结构优化指数与结构变动指数基本呈现正相关，初级制成品仍然变动最为明显，低科技含量制成品结构优化指数变化最小，基本为零，基于资源型的制成品和高科技含量制成品结构保持了大致相同的优化幅度，但优化幅度也比较小。

结论7：从出口商品结构与经济增长的关系来看，出口商品结构与经济增长之间有较强的关系，二者之间存在单向的因果关系，出口商品结构的变化是 GDP 增长的原因，但是 GDP 的增长不是出口商品结构变化的原因，出口商品结构每提升一个百分点，经济增长将上升 0.38% 。进口商品结构与经济增长之间的关系不是很明显，二者之间不存在因果关系，工业制成品进口的增加并没有带动我国 GDP 的增长，同时 GDP 的增长也没有促进进口商品结构的优化。

第四章　中国制成品出口比较优势分析

本章在对制成品按技术含量和要素密集度进行详细分类的基础上，利用贸易统计数据对 1997 年以来中国制成品的出口比较优势做了全面细致的实证分析。分别利用显示比较优势指数和区域显示比较优势指数对中国不同技术含量的制成品在世界市场和美国市场的比较优势进行了全面的对比分析，并对中国制成品比较优势的稳定性做了检验。此外，本章还对我国第一大类出口产品机电产品的出口结构及其竞争力进行了分析。

第一节　评价指标与数据来源

一、评价指标

对一国对外贸易出口比较优势的测度，最普遍使用的方法是显示比较优势指数（RCA），这一指数的最初是由巴拉萨（Balassa，Bela）在 1965 年和 1977 年提出来的，后来被广泛应用于各种比较优势的计算，并且在原有的 RCA 指数基础上出现了各种各样的扩展。这一指数计算比较优势的基本思想是：一国某种商品出口额在本国出口总额中所占的比重与世界此类产品出口额占世界出口总额的比重的比值。

从目前的研究文献中来看，显示比较优势指数的计算大致分为三种类型：（1）一国某种产品在世界市场上的比较优势，比如，中国的纺织类产品在世界市场上的比较优势；（2）一国某种产品在某一个区域市场的比较优势，比如，中国的家用电器在欧盟或东盟市场上的比较优势；（3）一国某种产品在另一个国家市场上的比较优势，比如中国的纺织类产品在美国市场上的比较优势。一般将第一种类型称之为显示比较优势指数（RCA），将第二种和第三种类型称之为区域显示比较优势指数（RRCA）。

1. 显示比较优势指数（RCA 指数）

以中国作为参照国家，我们将 RCA 指数的一般表达式界定为：

中国 i 产品在世界市场上的 RCA

$$= \frac{\text{中国 i 产品的出口额 / 中国所有产品的出口额}}{\text{世界 i 产品的出口额 / 世界所有产品的出口额}}$$

我们在计算我国制成品在世界市场上的比较优势时，就采用这种 RCA 指数。比较优势的确定取决于 RCA 的大小，大于 1 说明我国某类产品在世界市场上具有比较优势，小于 1 说明具有比较劣势。

2. 区域显示比较优势指数（RRCA 指数）

以中国产品在美国市场上的比较优势为例，我们将 RRCA 指数的公式界定为：

中国 i 产品在美国市场上的 $RRCA$

$$= \frac{\text{中国对美国 i 产品的出口额 / 中国对美国所有产品的出口额}}{\text{美国 i 产品的进口额 / 美国所有产品的进口额}}$$

在利用 RCA 指数计算一国某种产品在某一个区域市场或另外一个国家市场上的比较优势时，一般称之为"区域显示比较优势指数"（Regional Revealed Comparative Advantage，简称 RRCA 指数）。我们在计算中国制成品在其他国家市场上的比较优势时，就采用区域显示比较优势指数。该指数可以更有针对性地考察某一商品在主要贸易伙伴国市场上的比较优势。优劣的判别和 RCA 指数一样。

　　在利用这种指数测算制成品的比较优势时存在的问题是：某类制成品可能受到进口限制、出口补贴及其他贸易保护性政策而表现出具有比较优势，即没有考虑一国的对外贸易政策及干预措施造成的贸易扭曲效应。尽管如此，我们还是可以通过对指数计算结果进行分析对比，从总体上看出一国具有比较优势的产业及产品。我们主要计算中国制成品在世界市场和美国市场上的出口比较优势。

169

二、数据来源

　　我们分析的重点集中在 1997—2003 年外商直接投资大量进入中国的背景下，中国制成品出口比较优势的变化状况。数据主要来自于联合国世界贸易统计数据库（1997—2003 年）和美国联邦贸易统计局（1999—2004 年）。

第二节　制成品的范围和分类方法

　　为了对制成品的比较优势进行全面细致的分析，需要对全部制成品进行较为详细和合理的分类。对制成品的详细分类可以有许多不同的方法，一种最常用的方法就是通过区分资源密集型、劳动密集型、规模密集型、技术密集型产品的差异程度来进行分类。但是，很难通过这种方法进行具体的分析，原因在于这种区别的方法不是很明确，而且许多类别的产品会出现重复的现象，比如有些产品既属于规模密集型又同时是技术密集型。另一种是对制造业按技术密集度划分的标准将制成品划分为高技术含量制成品、中高级技术含量制成品、中低技术含量制成品、低技术含量制成品。这样分类虽然较为细致，但没有考虑发展中国家的具体情况，因此，利用这种分类方法对中国制成品贸易状况分析就不够合理。

我们对制成品的分类方法主要是借鉴沙加亚·劳尔（Sanjaya Lall）在分析发展中国家制成品竞争力时使用的分类方法，把144种制成品（按 SITC 3 位数分类）按技术含量分为5大类，细化为9个小类，这些制成品占中国制成品贸易的绝大多数。这种方法，把制成品分成不同的组别并且考虑了发展中国家的具体情况。这样分类存在的问题是：没有区分同一类别产品之间的质量差别，例如，电信器械，既包括生产高技术的移动电话，也包括生产简单的塑料电话机；同时也没有考虑不同产品在不同地点生产所需要的科技水平，比如，半导体的生产可能既包括在美国高科技的生产过程，也包括在中国简单的加工组装过程，在利用这些数据进行分析的时候却把这两种生产环节所生产的产品都作为高科技制成品的生产。要克服这些问题只能通过对制成品进行更为细致的分类或者采用小国样本，但由于数据难以获取，这种方法不可行。尽管如此，我们仍然可以通过对数据的细致分析深刻认识制成品贸易状况，这样的分析明确了制成品之间存在的巨大技术差异，分析结果具有很强的实用性和借鉴意义，同时还可以结合本国的具体实际情况对制成品之间存在的质量差别进行分析。

表 4－1 给出了沙加亚·劳尔（Sanjaya Lall）对制成品具体分类的方法。具体分析如下：

表4-1　制成品的分类

制成品分类	代表性产品
初级制成品（PM）	铜、铁、锌
资源型制成品（RB）	
基于农业型制成品（RB1）	饮料、木制品、食用油
其他产品（RB2）	石油/橡胶类制品、水泥、宝石、玻璃
低科技含量制成品（LT）	
纺织、服装、鞋类（LT1）	纺织品、衣服、帽子、皮革、旅行用品
其他产品（LT2）	瓷器、简单金属零件、玩具、塑料用品
中等技术含量制成品（MT）	
自动化设备（MT1）	商业及客用车辆、摩托车及零件
加工类制成品（MT2）	合成纤维、化学品及染料、化肥、钢/铁管
工程类制成品（MT3）	发动机、工业机械、船只、抽水机、钟表
高科技制成品（HT）	
电子和电力制成品（HT1）	办公/数据处理/电信设备、晶体管、发电设备
其他产品（HT2）	医药产品、航空类产品、光学/测量设备

资料来源：根据沙加亚·劳尔（Sanjaya Lall）提出的相关分类标准整理。

171

一、基于资源型的制成品（RB）

这类产品的生产技术比较简单且劳动密集度较高，但仍有些产品的生产属于资本、规模、技术密集型（如石油提炼和现代食品加工）；这类产品的比较优势主要来自于本地自然资源的可获得性。这类产品又分为两种类别：基于农业型制成品（RB1）和其他产品（RB2）。我们分析的 RB1 产品共有 7 种，RB2 产品共有 16 种。

二、低科技含量制成品（LT）

这类产品生产使用较为稳定和容易扩散的技术，这种技术通常体现在资本设备中，生产只需要简单的技能；多数这类产品不存在差异化并且以价格作为竞争手段、需求弹性较低；规模经济和市场进入的障碍较低。然而部分低科技的产品由于存在品牌、专业技能、设计、技术成熟度等因素影响而属于高质量的产品。我们需要关注的是发展中国家生产这些产品主要集中在属于低质量的生产环节，其竞争力主要依赖产品的价格而不是质量。这类产品又划分为两类：纺织、服装、鞋类产品（LT1）共 20 种；其他产品（LT2）共 24 种；前一类产品的生产经历了从发达国家向发展中国家大量转移的过程，即生产的加工操作阶段转移到了工资低廉的国家，而产品的复杂的设计和生产仍保留在发达国家，正是这种转移推动了这类产品的出口增长。

三、中等科技含量制成品（MT）

这类产品包括需要大量技能和规模密集型技术的资本品和中间产品，这类产品是成熟经济工业活动的核心内容；产品的生产需要使用复杂的技术、较高的研发投入、高级技能和较长的学习时间；这类产品中的自动化设备和工程类设备等各类产品之间存在很强的关联效应，需要企业之间进行很好的相互沟通才能够达到良好的技术效应。这类产品主要分为三类：自动化设备（MT1）共 5 种，这类产品在新兴工业化国家的出口有特别的利益，特别是在亚洲和拉丁美洲国家及地区；加工类制成品（MT2）共 17 种；工程类制成品（MT3）共 30 种。加工类制成品比较稳定且无差异，但是，生产通常需要大规模的设施并且在改进设备和优化复杂生产过程需要付出巨大的努力。工程类制成品强调的是产品的设计和研发，需要大量安装和生产车间，还需要有广泛的供应商网络。这些产品的生产进入障碍较高，劳动密集型生产过程转移到低工资的国家虽然存在但并不广泛，因为这类产品本身巨大且需要较高的能力才能达到世界标准。

172

四、高科技含量制成品（HT）

这类产品生产需要高度先进和快速变化的科技、需要投入大量的研发经费并且主要强调产品的设计。最先进的科技来自于成熟的科技基础设施、高水平的专业化技能、企业之间及企业和大学、研究机构的紧密沟通配合。然而，一些高科技产品，如电子类产品，存在劳动密集型的组装阶段，所以能够把组装环节转移到工资较低的国家进行生产，因而这类产品的生产导致了新的国际生产体系，跨国公司根据生产成本把不同的生产过程放在不同的地点以获取利润的最大化。这类产品分为两大类：电子和电力制成品（HT1）共 11 种；其他产品（HT2）共 7 种。

第三节　中国制成品出口比较优势及其稳定性检验

173

一、世界市场上中国制成品的比较优势（RCA）

表 4－2 给出了 2002 年中国在世界市场上制成品出口显示比较优势分布状况。中国在 2002 年出口的 144 种制成品中，具有比较优势的产品共 62 种，占全部产品的 43.06%，具有较强比较优势的产品（2＜RCA≤3）有 13 种，具有显著比较优势的产品（RCA＞3）有 18 种。具体分布状况如下：

7 种初级制成品中具有比较优势的产品有 3 种，分别为铅（685）、锌（686）、锡（687）。其中，铅、锌具有较强的比较优势，显示比较优势最大值为 2.777。7 种初级制成品的平均显示比较优势指数为 1.172，具有比较优势的 3 种产品占全部初级制成品出口的 24.08%。

表 4 - 2　2002 年中国在世界市场上制成品出口显示比较优势的分布状况

产品分类	1 < RCA ≤ 2（共计 31 种）	2 < RCA ≤ 3（共计 13 种）	RCA > 3（共计 18 种）	最大值	平均值	比例（%）
PM	686	685 687		2.777	1.172	24.08
RB						
RB1	635			1.958	0.600	37.37
RB2	522 531 661	523 689		2.458	0.908	45.68
LT						
LT1	611 651 656 659	612 613 654 655 846	652 658 831 841 842 843 844 845 848 851	5.948	2.939	98.65
LT2	665 691 693 694 695 699 821 893 895 897	899	666 696 697 894	5.475	1.496	92.52
MT						
MT1		785		2.393	0.444	57.90
MT2	671		786	3.567	0.624	34.64
MT3	873 884 885	775	762 763	3.542	0.780	47.93
HT						
HT1	716 752 759 761 764 778	771	751	3.54	1.501	90.60
HT2	871 881			1.943	0.743	36.21

数据来源：根据联合国世界贸易统计数据 2003 年计算。

　　23 种资源型制成品（RB）包括 7 种基于农业型的制成品（RB1）和 16 种其他资源型制成品（RB2），其中 RB1 中只有未分类的木制品（635）具有比较优势，显示比较优势指数为 1.958，该种产品占 RB1 类产品出口额的 37.37%，RB1 产品的显示比较优势指数平均值为 0.6；RB2 出口产品中具有比较优势的有 5 种，包括化学元素/氧化物/半盐（522）、无机金属盐（523）、合成有机色素（531）、石灰/水泥/建筑材料（661）、其他非铁矿类基础金属（689），其中无机金属盐（523）、其他非铁矿类基础金属盐（689）具有较强的比较优势。该类产品的显

示比较优势指数最大值为 2.458，全部产品 RCA 指数平均值为
0.908，具有比较优势的 5 种产品占该类产品出口额的 45.68%。

44 种低科技含量制成品（LT）包括纺织、服装、鞋类
（LT1）产品 20 种和其他低科技含量制成品（LT2）24 种，其中
20 种 LT1 产品中具有比较优势的产品共有 19 种，具有较强比较
优势的产品有 5 种，包括皮革制品（612）、晾晒加工的皮毛/皮
毛衣物（613）、未分类的机制纤维品（654）、手工/钩针纤维品
（655）、服装饰品（846）；具有显著比较优势的产品有 10 种，
分别为机制纤维制品（652）、装饰纺织品（658）、箱包（831）、
男用纺织外衣（841）、女用纺织服装（842）、男用手工/钩针编
织外衣（843）、女用手工编织服装（844）、其他未分类的服装
产品（845）、帽子/非纺织类服装（848）、鞋类（851）。该类产
品显示比较优势指数最大值为 5.948，全部产品 RCA 指数均值
为 2.939，19 种具有比较优势的产品占该类产品出口额的
98.65%；24 种 LT2 产品中，具有比较优势的产品共有 15 种，
具有较强比较优势的产品为其他未分类的制成品（899），具有
显著比较优势的产品有 4 种，包括瓷器（666）、厨具（696）、
手持基础金属设备（697）、婴儿车/玩具/游戏/运动类产品
（894）。该类产品显示比较优势指数最大值为 5.475，全部产品
的 RCA 指数均值为 1.496，15 种具有比较优势的产品占该类产
品的出口额为 92.52%。

52 种中等科技含量制成品（MT）包括 5 种自动化类制成品
（MT1）、17 种加工类制成品（MT2）、30 种工程类制成品
（MT3），其中，5 种 MT1 产品只有摩托车/自行车（785）一种
产品具有比较优势，且具有较强比较优势，显示比较优势指数为
2.393，并且占全部 MT1 产品的出口额高达 57.90%；17 种 MT2
制成品只有两种产品具有比较优势，分别为轧钢等/铁合金

175

（671）、拖车/帆篷车等（786），后者呈现显著的比较优势，RCA 指数高达 3.567，这两种产品出口额占全部加工类制成品出口额的 34.64%，17 种 MT2 制成品的显示比较优势指数均值只有 0.624；30 种工程类制成品共有 6 种产品具有比较优势，包括无线电接收机（762）、声音/视频录制器（763）、家用电器设备（775）、仪表/未分类的计数器（873）、光纤（884）、钟表（885），其中家用电器设备具有较强的比较优势，无线电接收机、声音/视频录制器具有显著的比较优势，RCA 指数最高值为 3.542，呈现比较优势的 6 种制成品出口额占全部 MT3 产品出口额的 47.93%。

18 种高科技含量制成品（HT）包括 11 种电子、电力类制成品（HT1）和 7 种其他高科技产品（HT2）。11 种电子和电力类高科技制成品（HT1）中有 8 种产品具有比较优势，包括旋转电子设备（716）、办公设备（751）、计算机设备（752）、办公设备零件及附件（759）、电视（761）、未分类的电信设备（764）、电力转换设备（771）、未分类的电子设备（778），其中电力转换设备具有较强的比较优势，办公设备具有显著的比较优势，RCA 指数为 3.54。HT1 全部产品的 RCA 指数均值为 1.501，8 种具有比较优势的产品出口额占 HT1 全部产品出口额的 90.60%；7 种其他高科技制成品（HT2）中有两种产品具有比较优势，分别为未分类的光学仪器（871）、影像设备（881），HT2 制成品显示比较优势指数最大值为 1.943，全部产品的 RCA 指数均值为 0.743，具有比较优势的两种产品出口额占全部 HT2 制成品出口额的 36.21%。

二、美国市场上中国制成品的比较优势（RRCA）

区域比较优势用来反映一国在某一区域市场或某一国家市场的比较优势。我们计算中国在美国市场上的区域比较优势。由于美国是最大的发达国家，中国是最大的发展中国家，同时美国是中国制成品出口的最大市场，分析中国不同技术含量的制成品在美国市场上的比较优势更具针对性和代表性。

表 4－3　2003 年中国制成品在美国市场上的比较优势分布状况

产品分类	1＜RCA≤2（共计 23 种）	2＜RCA≤3（共计 9 种）	RCA＞3（共计 8 种）	最大值	平均值	比例（%）
PM				0.824	0.182	0.00
RB						
RB1	635			1.515	0.503	46.17
RB2	663			1.697	0.467	26.47
LT						
LT1	656 659 842 846	612 658	831 848 851	4.339	1.4	80.55
LT2	642 665 695 699 897	821 893 895 899	666 696 697 894	4.913	1.491	96.07
MT						
MT1	785			1.493	0.341	50.44
MT2	786			1.865	0.368	17.91
MT3	741 884 885	762 763 775		2.883	0.663	68.14
HT						
HT1	752 759 764 771 778		751	3.026	1.161	87.53
HT2	871 881			1.419	0.546	38.91

数据来源：根据美国联邦贸易统计 2004 年相关数据计算。

　　表 4－3 给出了 2003 年中国 144 种不同技术含量的制成品在美国市场上比较优势的分布状况。中国制成品在美国市场上的比较优势分布与在世界市场上的比较优势分布状况显然具有较大的区别。2003 年中国向美国出口的 144 种制成品中，具有比较优势的产品共 40 种，占全部制成品的 27.8%，具有较强比较优势的产品（2＜RRCA≤3）有 9 种，具有显著比较优势的产品

（RRCA > 3）有 8 种。具体分布状况如下：

7 种初级制成品在美国市场上没有一种产品具有比较优势，该类产品的 RRCA 指数最大值为 0.824，均值仅为 0.182，与世界市场比较优势分布状况存在显著区别。

23 种资源型制成品在美国市场上只有两种产品具有比较优势，其中 RB1 中只有未分类的木制品（635）具有比较优势，显示比较优势指数为 1.515，该种产品占 RB1 类产品出口额的 46.17%，RB1 产品的显示比较优势指数平均值为 0.503，与世界市场比较优势分布状况基本一致；RB2 制成品中也只有未分类的矿物制成品（663）具有比较优势，但是这种产品在世界市场不具有比较优势，该种产品的 RRCA 指数为 1.697，占全部 RB2 产品对美国出口额的 26.47%，全部 RB2 产品的 RRCA 指数为 0.467。

44 种低科技含量制成品（LT）在美国市场上共有 22 种产品具有比较优势，其中 20 种 LT1 产品中具有比较优势的产品共有 9 种，具有较强比较优势的产品有 2 种，包括皮革制品（612）、装饰纺织品（658）；具有显著比较优势的产品有 3 种，包括箱包（831）、男用纺织外衣（841）帽子/非纺织类服装（848）。这 5 种产品同时也在世界市场具有较强或显著的比较优势。该类产品显示比较优势指数最大值为 4.339，全部产品的 RCA 指数均值为 1.4，19 种具有比较优势的产品占该类产品出口额的 80.55%；24 种 LT2 产品中，具有比较优势的产品共有 13 种，具有较强比较优势的产品有 4 种，包括家具及木制品（821）、未分类的塑料制品（893）、办公文具用品（895）、其他未分类的制成品（899）。具有显著比较优势的产品有 4 种，与世界市场上具有显著比较优势产品种类完全一致，包括瓷器（666）、厨具（696）、手持基础金属设备（697）、婴儿车/玩具/游戏/运动类产品（894）。LT2 产品的 RRCA 指数最大值为 4.913，全部产品的 RRCA 指数均值为 1.491，13 种具有比较优势的产品占该类产品的出口额为 96.07%。显然，中国低科技含量制成品在美国市场上具有比较优势的产品明显少于世界市场，并且 LT2 产品相对于 LT1 产品具有更为明显的比较优势，与世界市场的状况恰好相反。

52 种中等科技含量制成品（MT）中具有比较优势的产品共8 种，MT1 产品只有摩托车/自行车（785）一种产品具有比较优势，显示比较优势指数为 1.493，占全部 MT1 产品出口额高达50.44%，全部 MT1 产品的 RRCA 均值仅为 0.341；MT2 制成品只有拖车/帆篷车等（786）具有一定的比较优势，RCA 指数为1.865，这种产品对美国出口额占全部 MT2 制成品出口额的17.91%，MT2 制成品的 RRCA 指数均值只有 0.368；MT3 制成品共有 6 种产品具有比较优势，包括无线电接收机（762）、声音/视频录制器（763）、家用电器设备（775）、工业加热/冷却设备（741）、光纤（884）、钟表（885），其中前三种产品具有较强的比较优势，RRCA 指数最高值为 2.883，呈现比较优势的6 种制成品出口额占全部 MT3 产品出口额的 68.14%。相对于在世界市场上的比较优势，MT 制成品在美国市场上的比较优势在产品的数量、比较优势指数的大小、占出口市场的份额都明显下降，没有一种产品在美国市场上具有显著的比较优势。

18 种高科技含量制成品（HT）具有比较优势的产品共有 8种。HT1 中有 6 种产品具有比较优势，包括办公设备（751）、计算机设备（752）、办公设备零件及附件（759）、未分类的电信设备（764）、电力转换设备（771）、未分类的电子设备（778），其中办公设备（751）具有显著的比较优势，RRCA 指数为 3.026。HT1 全部产品的 RRCA 指数均值为 1.161，6 种具有比较优势的产品出口额占 HT1 全部产品出口额的 87.53%；其他高科技制成品（HT2）中有两种产品具有比较优势，分别为未分类的光学仪器（871）、影像设备（881），HT2 制成品显示比较优势指数最大值为 1.419，全部产品的 RRCA 指数均值为 0.546，具有比较优势的两种产品出口额占全部 HT2 制成品出口额的 38.91%。中国高科技制成品在美国市场上的区域比较优势与在世界市场的比较优势分布状况基本一致。

三、中国制成品比较优势的稳定性检验

前面的分析，我们分别利用 2002—2003 年的截面数据计算了中国制成品在世界市场和美国市场的现实分布状况，为了反映 1997 年以来制成品比较优势总体的变动幅度，需要对制成品比较优势的稳定性进行检验。

我们通过两种方法对制成品比较优势的稳定性进行检验：

（1）方法 1：计算 1997—2002 年间各年 144 种制成品显示比较优势指数的相关系数。计算结果表明：在 1997—2002 年间，中国对世界出口的 144 种制成品的显示比较优势指数在 5% 的显著性水平上 15 个相关系数全部大于 0.9；在 1999—2003 年间，中国对美国出口的 144 种制成品显示比较优势指数在 5% 的显著性水平上 10 个相关系数有 9 个大于 0.9。可见，无论是在世界市场还是在美国市场，中国制成品的比较优势都较稳定，没有发生大的波动。

（2）方法 2：比较 RCA 指数在各年的数学分布状况。表 4-4 给出中国在 1997—2002 年间对世界出口的 144 种制成品 RCA 指数的分布状况，从显示比较优势指数的分布状况来看，在 1997—2002 年间，以三位数分类的 144 种制成品 RCA 指数的平均值基本没有变化，最大值则显示了逐年下降的趋势，从 1997 年的 8.04 下降到 2002 年的 5.95，下降较为明显，制成品

RCA 指数小于 1 所占的百分比在 1997—2002 年间都基本保持在 61％左右，RCA 指数小于 2 的制成品所占百分比基本都保持在 77％左右，小于 4 的制成品所占百分比也没有发生较大的变化，2002 年最高达到 97％，1997 年所占百分比为 92％。这进一步验证了中国制成品出口比较优势具有很强的稳定性。

表 4-4　中国制成品在世界市场上 RCA 指数的分布状况

指数状况 ＼ 年份	1997	1998	1999	2000	2001	2002
平均值	1.28	1.3	1.3	1.29	1.24	1.18
最大值	8.04	8.09	7.69	6.92	6.28	5.95
RCA <1 所占百分比（％）	0.63	0.61	0.61	0.62	0.61	0.60
RCA <2 所占百分比（％）	0.79	0.77	0.75	0.77	0.77	0.79
RCA <4 所占百分比（％）	0.92	0.92	0.92	0.93	0.95	0.97

数据来源：根据联合国世界贸易统计数据 2003 年计算。

一个国家的工业化程度与制成品中具有显示比较优势产品的比重密切相关。当一个国家处于工业化初期时，制成品出口的能力较小，通常只有几种产品具有显示比较优势，大多数产品的显示比较优势指数小于或等于 1。但是，随着工业化程度的不断加深，制成品出口总量日益增长，出口集中度日益降低时，原来 RCA 指数较低产品的指数也逐渐上升，使该国家的 RCA 曲线变得平滑。因此，比较 RCA 曲线的变化可以分析一个国家显示比较优势的成熟性。图 4-1 给出了中国 1997 年和 2002 年 RCA 指数最大的 20 种制成品的 RCA 变动曲线。上面一条曲线是 1997 年中国前 20 位 RCA 指数的曲线，纵坐标是 RCA 指数值。下面一条曲线表示 2002 年的情况。2002 年的 RCA 曲线较 1997 年 RCA 曲线低且更为平滑，这说明中国制成品的显示比较优势变得更加稳定成熟，出口结构的集中程度降低。

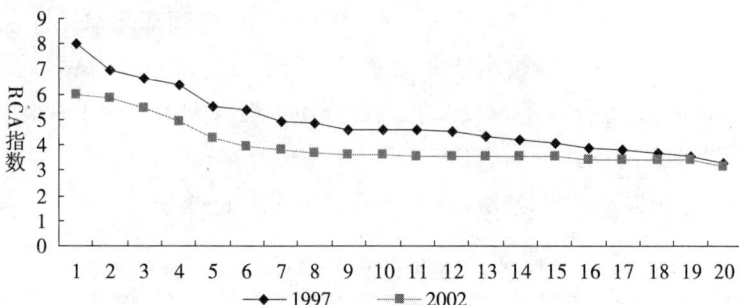

图 4-1 1997 年和 2002 年制成品 RCA 指数最大的 20 类制成品曲线对比

数据来源：根据联合国世界贸易统计数据 2003 年计算。

182

第四节 中国机电产品出口
结构及其竞争力分析

自从改革开放以来，特别是 20 世纪 90 年代中期以来，随着我国工业化进程的不断加快和对外开放程度的进一步提高，我国机电产品的生产和贸易额突飞猛进，在我国外贸出口中稳稳地占据了"半壁江山"，已经成为我国外贸出口的支柱产业。自从1995 年超过纺织品成为第一大类出口商品以来，我国机电产品已连续 14 年位居对外贸易出口榜首。本节深入研究了我国机电产品的出口结构、比较优势及其国际竞争力。

一、我国机电产品出口结构分析

1. 1985 年以来我国机电产品的出口情况

我国机电产品的对外贸易发展非常迅速。具体情况如图 4-2 所示：1985—2008 年的 24 年间，大部分年份我国机电产品的出口增长率都保持在 20% 以上，出口额从 1985 年的 16.8

亿美元增加到 2008 年的 8299.3 亿美元，增加了近 494 倍，出口额在全国总出口额中的比例也由最初的 6.1% 增加到 2008 年的 58.1%。自 2007 年，我国机电产品出口总量超过美国、日本，仅次于德国，位居全球第二位。

（单位：亿美元）　　　　　　　　　　　　　　　　　　（单位：%）

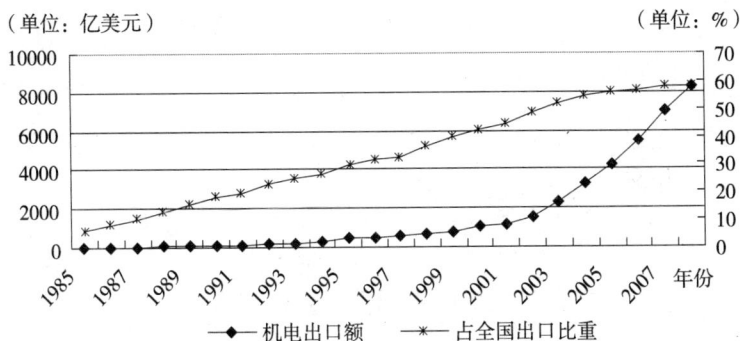

图 4-2　我国机电产品历年出口额及其占全国外贸出口总额的比例

数据来源：各年统计年鉴、国家统计局和海关总署网站。

2. 我国机电产品的出口市场结构

从对外贸易整体上来看，欧盟、美国、日本、东盟、韩国、中国香港等一直都是我国主要的贸易伙伴，这六个国家和地区的进出口总额占我国机电产品进出口总额的 60% 左右。仅从出口来看，这六个地区占据了我国机电产品总出口 70% 以上的份额，是我国机电产品出口的前六大贸易地区。

虽然在近十多年时间里，美国、欧盟、日本、中国香港和东盟一直是我国机电产品的主要出口市场，但其在我国出口结构的地位则是不断变化的。1995 年以前我国机电产品主要的出口市场是香港地区。而 1995 年以后，对美国、欧盟的机电产品出口迅速增加，并分别从 1995 年、1999 年起超过中国香港，跃居第一、二位。2007 年我国对欧盟的机电产品出口额更是达到了 1545 亿美元，增长了35.2%，这使得欧盟超越了美国成为我国机电产品的最大出口市场。但是，与20世纪90年代所不同的是，对这五个市场的出口份额越来越趋于均衡，对香港市场的依赖性大为减弱，改变了我国机电产品单一的出口市场结构（见表4-5）。

表4-5　我国机电产品出口的市场结构　　（单位:%）

国家和地区 年份	美国	欧盟	中国香港	日本	东盟	其他国家
1985	5.02	3.00	22.97	0.67	4.56	63.79
1990	4.59	3.28	69.62	3.15	5.36	14.01
1995	20.17	13.46	27.14	12.11	10.04	17.08
2000	21.78	18.38	19.73	11.15	9.47	19.48
2001	20.42	17.91	20.38	11.93	9.50	19.87
2002	22.10	15.95	21.12	11.70	9.22	19.91
2003	22.65	18.56	20.02	10.73	8.23	19.82
2004	22.59	21.60	19.17	9.85	8.23	18.57
2005	22.22	21.48	19.63	8.78	7.92	19.97
2006	21.93	20.61	19.80	7.62	8.06	21.99
2007	19.94	22.04	19.82	6.92	7.81	23.47

数据来源：联合国数据库。

此外，在巩固和加强这五大主要出口市场的同时，我国机电产品向世界其他国家或地区的出口也在快速增长。据海关统计显示：2007年，我国对印度和俄罗斯等新兴市场的机电产品出口额均首次突破百亿美元，分别为131亿美元和103.7亿美元，增长率各达77.9%和85.9%。我国对非洲、南美洲等地方的机电产品的出口也在增长之中。总的来看，我国机电产品出口市场结构多元化的特点越来越明显。

3. 我国机电产品的出口商品结构

（1）三大类机电产品出口情况。

我国机电产品出口的商品结构在开始时以劳动密集型产品为主，资本、技术要求较高的机电产品出口较少。随着我国经济的发展和对外开放的进一步扩大，这一出口结构也得到了迅速的发展和改善。按照我国统计年鉴上的统计，机电产品主要为其货物分类中的第16类到第18类。这三大类机电产品近十多年的出口情况如表4-6所示：机械及电气设备长期以来一直是我国机电

表4-6　我国三大类机电产品出口情况

（单位：亿美元，%）

产品 / 指标 年份	机器、机械器具、电气设备及其零件；录音机及放声机、电视图像		车辆、航空器、船舶及有关运输设备		光学、照相、电影、计量、检验、医疗或外科用仪器及设备、精密仪器及设备；钟表；乐器；上述物品的零件、附件	
	金额	比重	金额	比重	金额	比重
1994	197.15	61.61	28.23	8.82	35.69	11.15
1995	276.67	63.08	41	9.35	47.03	10.72
1996	310.65	64.44	41.79	8.67	51.88	10.76
1997	382.67	64.51	52.69	8.88	63.21	10.66
1998	436.15	65.55	63.92	9.61	65.62	9.86
1999	520.85	67.67	65.82	8.55	68.84	8.94
2000	728.85	69.21	93.37	8.87	85.36	8.11
2001	848.91	71.46	93.83	7.90	84.67	7.13
2002	1159.21	73.80	105.48	6.72	95.23	6.06
2003	1723.34	75.76	155.92	6.85	131.05	5.76
2004	2477.84	76.62	209.99	6.49	190.87	5.90
2005	3220.08	75.46	284.1	6.66	283.98	6.65
2006	4140.46	75.36	384.28	6.99	356.21	6.48
2007	5288.15	75.42	549.77	7.84	407.29	5.81

数据来源：历年《中国统计年鉴》。

产品出口的主要部分，其在整个机电产品出口中的份额在 1994 年就达到了 61.61%，并且以后每年都保持着增长态势，其份额也都一直保持在 60% 以上，到 2007 年，这一份额更是上升到了 75.42%。车辆、航空器、船舶及有关运输设备类机电产品出口所占份额从 1994 年的 8.82% 下降到 7.84%，但在整个过程中，其比重较为平稳。第三类机电产品出口份额则从 1994 年的 11.15% 下降到 2007 年的 5.81%，降幅较大，除 2006 年其份额有所上升以外，其余各年该比重均在下降。

此外，综合这三类机电产品 1994—2007 年的进口情况，我们还可以看出：机械及电气设备虽然一直以来都是机电产品中的主要出口类别，但是，其在 2004 年以前的进出口中一直表现为贸易逆差，1994 年时进出口逆差甚至达到了 219.37 亿美元。直到 2004 年才实现了 138.70 亿美元的贸易顺差，以后顺差额逐年增加，到 2007 年则上升到了 1478.12 亿美元。在这 13 年间，机械及电气设备出口的平均年增长率约为 29.30%，发展尤为迅速。车辆、航空器、船舶及有关运输设备类机电产品的情况与其类似，也是由开始的贸易逆差发展为顺差：从 1994 年 68.80 亿美元的逆差转为 2007 年的 199.62 亿美元的顺差，虽然在 2001—2003 年间出现了 3 年的逆差反弹，但这 13 年间其平均年增长率维持在 26.80% 左右，增长较快。相对而言，第 3 类产品出口增长较为缓慢，其年均增长率为 21.55%，而且其进口增长速度快于出口增长速度，达到年均 27%，这也使得该类机电产品自 2001 年开始出现贸易逆差，2007 年逆差达到了 304.11 亿美元。

（2）按技术密集度划分的机电产品的出口结构。

按照机电行业的技术密集度对其进行划分，可以说明我国不同技术水平的机电产品的出口和竞争力情况。根据 OECD 的分类标准，可以将我国机电行业划分为低等、中等、高等三个技术水平，具体情况如表4-7所示。

表4-7　我国机电行业按技术密集度分类标准

技术水平	具体行业
低技术机电行业	金属制品业
中等技术机电行业	通用设备制造业
	专用设备制造业
	交通运输设备制造业
	电气机械及器材制造业
高技术机电行业	电子及通信设备制造业
	电子计算机及办公用设备制造业
	仪器仪表制造业

分类标准来源：郭克莎：《我国技术密集型产业发展的趋势、作用和战略》，《产业经济研究》2005年第5期。

　　根据分类标准，对数据进行处理，可以得到我国不同技术密集度机电产品的出口结构情况，具体结果如表4-8所示。从表4-8中可以看出，在20世纪80年代，我国主要出口中等技术密集型机电产品，其后所占比例呈下降的趋势，所占比例从1985年的72%左右下降到2007年的45%左右。高技术密集型机电产品所占比例表现为增加的态势，所占比例从1985年的19%左右上升到2007年的53%左右。低技术密集型机电产品所占比例一直比较小，近年来一直低于3%。2002年高技术密集型产品出口首次超过中等技术型产品，成为机电产品出口最多的产品。2007年高技术密集度类机电产品所占比重为52.55%，中等技术密集度机电产品所占比重为44.71%，低技术密集度机电产品出口份额仅占2.74%。

表4-8 我国不同技术密集度机电行业出口占全国机电出口比重

(单位:%)

产品类别 年份	低技术机电产品	中技术机电产品	高技术机电产品
1985	9.20	71.89	18.91
1990	4.15	69.32	26.53
1995	4.45	55.31	40.24
2000	3.03	52.19	44.78
2001	2.95	48.65	48.40
2002	2.80	44.96	52.24
2003	2.42	41.69	55.88
2004	2.43	40.98	56.60
2005	2.48	40.61	56.91
2006	2.53	42.34	55.13
2007	2.74	44.71	52.55

数据来源：根据我国工业统计年鉴和联合国数据库计算得出。

　　按照技术密集度分类标准，还可以计算出我国不同技术水平机电产品出口占该类机电产品世界总出口的比重。结果如表4-9所示。从表4-9中可以看出，在20世纪80年代，我国各类技术水平机电产品占世界同类产品的比重都很低，这表明当时我国机电产品是缺乏国际竞争力的。其后，我国机电行业得到了迅速发展，低、中、高技术密集度产品所占世界比例都得到了显著提高。具体来看，我国高技术类机电产品出口占世界高技术类机电产品总出口的比例从1985年的0.1%上升到2007年的27.14%，增速最快；低技术类机电产品所占比例也从1985年的0.46%上升到2007年的14.53%；我国中等技术机电产品的出口发展速度较慢，占世界中等技术类机电产品出口的比例从1985年的0.08%上升到2007年的6.88%。可见，我国机电行业得到了较快的发展，高技术密集度机电产品所占世界比重提高最快。

表4－9　我国各类机电产品出口占该类机电产品世界出口的比重

（单位：%）

技术水平 年份	低技术	中技术	高技术
1985	0.46	0.08	0.10
1990	1.93	0.81	1.26
1995	3.70	1.22	3.03
2000	5.08	2.29	5.61
2001	5.82	2.58	7.55
2002	6.94	3.02	10.80
2003	7.67	3.59	15.13
2004	9.04	4.21	18.02
2005	10.60	5.03	20.96
2006	11.89	5.93	23.03
2007	14.53	6.88	27.14

数据来源：根据我国工业统计年鉴和联合国数据库计算得出。

（3）按资本密集度划分的机电产品的出口结构。

在分析时，我们采用的是国内学者比较通用的划分工业产业的方法来划分不同机电产品类型，首先根据传统的分类方法将石油和天然气开采业、煤炭采选业、金属矿采选业、非金属矿采选业四个行业划分为资源密集型部门。在对投入产出表中其他工业行业进行劳动密集型部门和资本密集型部门的划分过程中，利用各部门在2006年的总资产和行业职工数据，计算各个工业部门的人均资本量，然后与全国工业的平均资本量相比，若大于全国平均水平，则为资本密集型产业；反之，则为劳动密集型产业[1]。最后结果见表4－10（表中仅列出了与机电产品相关的行

---

[1]　周申、李春梅：《工业贸易结构变化对我国就业的影响》，《数量经济技术经济研究》2006年第7期。

189

业），其中全国工业的平均资本量为 39.58 万元。

表4－10　按要素密集度进行的行业分类

（单位：万元/人）

劳动密集型产业		资本密集型产业	
行业	人均资本量	行业	人均资本量
金属制品业	23.76	交通运输设备制造业	52.34
通用设备制造业	30.89	通信设备计算机及其他电子设备制造业	40.59
专用设备制造业	32.69	有色金属冶炼及压延加工业	62.58
电气机械及器材制造业	32.73	黑色金属冶炼及压延加工业	78.07
仪器仪表及文化办公机械制造业	27.14	化学纤维制造业	63.05
非金属矿物制品业	28.00	医药制造业工业	47.10
		化学原料及化学制品制造业	51.67
		石油及炼焦加工业	98.77

数据来源：根据 2007 年中国统计年鉴计算得出。

在确定机电产品不同要素密集度的分类标准之后，利用历年出口数据，就能计算出我国机电产品出口中究竟有多少是资本密集型产品，多少是劳动密集型产品。具体计算结果见表4－11。从表4－11中可以看出，我国机电产品的绝大部分出口都是劳动密集型产品，从发展初期就占据了一半以上的出口份额，2007年这一比例是 63% 左右；而资本密集型机电产品的出口比重相对较小，2007年是 37% 左右。从 20 世纪 80 年代我国机电行业对外贸易开始发展之初，我国出口的机电产品一半以上是劳动密集型产品，这符合我国劳动力资源廉价丰富的比较优势现实。但是，经过二十多年的发展，我国一直提倡优化出口商品结构，这也说明我国机电产品在出口商品结构上仍然存在问题，应努力提高资本密集型机电产品的出口比重。

表4－11 我国劳动密集型、资本密集型机电产品占机电总出口的比重

（单位:%）

年份	劳动密集型机电产品	资本密集型机电产品
1985	54.62	45.38
1990	60.70	39.30
1995	73.84	26.16
2000	67.65	32.35
2001	66.66	33.34
2002	64.51	35.49
2003	59.70	40.30
2004	60.90	39.10
2005	61.69	38.31
2006	63.26	36.74
2007	63.01	36.99

数据来源：根据各年中国统计年鉴和联合国数据库计算得出。

二、我国机电产品出口国际竞争力分析

1. 我国机电产品出口的整体国际竞争力

（1）国际市场占有率。

国际市场占有率是从出口贸易角度衡量产业、产品国际竞争力的一个综合性经济指标。一国机电产品的国际市场占有率＝该国机电产品的出口额/世界机电产品的出口额。据此得出我国机电产品的国际市场占有率发展状况，其结果如表4－12所示。根据海关统计数据，1985年我国机电产品出口额为16.8亿美元，排在世界第28位，其出口额仅占世界机电产品出口额的0.08%

左右,到 1990 年时也还不到 1%,而到 2007 年,仅 18 年的时间,其比重就增长到了 12% 左右。这些都表明近年来我国机电产品对外贸易出口获得了迅猛发展,我国机电产品整体上的出口国际竞争力得到了提高。

表 4-12　我国机电产品出口占世界机电产品出口总额的比重情况

(单位:%)

年份	国际市场份额	年份	国际市场份额
1985	0.08	1997	2.02
1986	0.11	1998	2.25
1987	0.46	1999	2.50
1988	0.63	2000	3.13
1989	0.77	2001	3.82
1990	0.89	2002	4.94
1991	1.10	2003	6.38
1992	0.97	2004	7.60
1993	1.11	2005	9.15
1994	1.36	2006	10.43
1995	1.62	2007	11.64
1996	1.73	—	—

数据来源:世界贸易组织和联合国网站。

(2) 显示比较优势(RCA 指数)。

我国和其他一些主要国家机电产品的 RCA 指数变化情况如表 4-13 所示。从表 4-13 中我们可以看出,我国机电产品对外贸易的起点很低。20 世纪 80 年代我国机电产品刚进入世界市场时,几乎没有什么竞争力可言,而当时日本、德国、美国、韩国等国家机电产品的竞争力远远超过我国。1985 年我国机电产品的 RCA 指数只有 0.05,远远小于 1,日本、德国、美国、韩国等国家机电产品的 RCA 指数都大于 1，其中日本最具有竞争力，RCA 指数为 2。20 世纪 80 年代到 90 年代初，我国的机电产品都是缺乏国际竞争力的。20 世纪 90 年代，我国机电产品的 RCA 指数虽然都在增长，但数值都在 1 以下，直到 2002 年，该数值才超过 1，也就是说，我国机电产品 2002 年在国际市场上才开始显现出它的比较优势，才具有较强的国际竞争力。其后，我国机电产品竞争力迅猛提升。2002 年超过意大利，2003 年超过英国、法国，2004 年超过德国，到 2007 年，我国机电产品的国际竞争力超过美国，仅次于日本和韩国。

表 4-13　我国和一些发达国家机电产品出口的 RCA 指数

国家 年份	中国	美国	英国	法国	韩国	意大利	德国	日本
1985	0.05	1.35	0.93	0.97	1.11	0.93	1.51	2.00
1990	0.51	1.36	1.18	1.06	1.15	1.09	1.45	2.06
1995	0.57	1.31	0.92	0.95	1.02	0.79	1.00	1.75
2000	0.85	1.35	1.16	1.20	1.15	0.97	1.31	1.53
2001	0.93	1.34	1.29	1.29	1.74	0.99	1.33	2.13
2002	1.02	1.32	1.18	1.26	1.40	0.95	1.30	1.71
2003	1.14	1.30	1.12	1.05	1.37	0.85	1.17	1.59
2004	1.23	1.30	1.01	1.08	1.29	0.85	1.18	1.51
2005	1.30	1.35	1.05	1.24	1.59	1.02	1.38	1.76
2006	1.34	1.36	0.97	1.15	1.51	0.95	1.28	1.68
2007	1.36	1.33	1.25	1.07	1.49	0.91	1.21	1.66

数据来源：根据世界贸易组织和联合国数据库资料整理计算得出。

（3）区域性显示比较优势（RRCA 指数）。

我国机电产品相对于一些主要国家的 RRCA 指数如表 4-14 所示。从表 4-14 中可以看出，20 世纪 80 年代中期，我国机电产品在主要贸易伙伴的市场上都没有竞争力。在整个 20 世纪 90 年代，我国机电产品在主要贸易伙伴国市场上的竞争力仍然不强，一直处于徘徊不前的状况，RRCA 指数一直保持在 0.4—0.5 左右。到了 20 世纪末 21 世纪初，我国机电产品的区域比较优势才开始凸显。总的来看，自从 2002 年以来，我国机电产品的区域比较优势逐渐的凸显。2002 年我国机电产品在意大利市场上的竞争力显现，2003 年在英国、2004 年在法国、2007 年在美国市场上的竞争力开始显现。2007 年中美之间的 RRCA 指数为 1.03、中法为 1.19、中英为 1.38、中意为 1.24。在日本、韩国等市场上的竞争力指数还不到 1。

表 4 - 14 我国机电产品的区域性显性比较优势指数情况

194

年份	中美	中日	中德	中韩	中英	中法	中意
1985	0.04	0.03	0.04	0.05	0.06	0.06	0.06
1990	0.38	0.25	0.35	0.44	0.43	0.48	0.47
1995	0.44	0.30	0.43	0.40	0.49	0.49	0.56
2000	0.63	0.48	0.63	0.57	0.70	0.68	0.86
2001	0.69	0.53	0.67	0.62	0.77	0.73	0.95
2002	0.77	0.58	0.73	0.64	0.86	0.84	1.04
2003	0.88	0.64	0.81	0.69	1.01	0.94	1.16
2004	0.94	0.69	0.87	0.72	1.10	1.00	1.19
2005	0.96	0.72	0.90	0.76	1.17	1.07	1.24
2006	0.99	0.74	0.94	0.80	1.10	1.14	1.26
2007	1.03	0.75	0.94	0.81	1.38	1.19	1.24

数据来源：根据世界贸易组织和联合国数据库数据资料计算得出。

2. 我国各类机电产品出口的国际竞争力

（1）我国各类机电产品的国际市场占有率。

从表 4 - 15 中可以看出，从整体来看，在 2002 年以前，我国各类机电产品占世界同类产品的比例都很小，都在 10% 以下，自从 2002 年开始，各类机电产品，特别是办公用机械及自动数据处理设备和电信及声音的录制及重放装置设备这两类机电产品出口占世界同类机电产品出口的比重迅速增加，2007 年办公用机械类产品所占份额为 29.75%，电信及声音的录制类产品所占份额为 24.93%，其次是电力机械类产品所占份额为 11.91% 左右。通用工业机械设备类产品所占份额为 8.98%。

表 4-15　中国各类机电产品出口占世界同类产品出口总额的比例

（单位:%）

年份	动力机械及设备	特种工业专用机械	金工机械	通用工业机械设备及零件	办公用机械及自动数据处理设备	电信及声音的录制及重放装置设备	电力机械、器具及电气零件	陆路车辆（包括气垫式）	其他运输车辆
1995	1.23	0.71	1.08	0.89	1.95	4.45	2.21	0.62	0.98
2000	1.9	1.15	1.65	2.32	4.92	6.52	3.85	1.2	1.5
2001	1.85	1.52	1.63	2.88	6.8	8.47	4.55	1.21	1.42
2002	2.23	1.8	1.85	3.66	10.88	11.28	5.67	1.28	1.42
2003	2.33	2.16	2.11	4.49	16.39	13.95	6.38	1.63	2.01
2004	2.71	2.45	2.33	5.45	20.13	16.76	7.48	1.99	2.14
2005	3.11	3.00	3.09	6.87	22.68	19.25	8.86	2.42	2.79
2006	3.76	3.89	3.76	7.79	24.98	21.23	10.30	2.77	3.78
2007	4.61	4.55	4.90	8.98	29.75	24.93	11.91	3.42	4.69

数据来源：根据联合国统计数据计算得出。

（2）各类机电产品显性比较优势（RCA 指数）。

如表 4-16 所示，在各类机电产品中，显性比较优势较为明显的是办公用机械及自动数据处理设备、电信及声音的录制及重放装置设备类产品。2007 年前者 RCA 指数的数值是 2.12，后者是 1.77，都具有较强的竞争力。其他各类产品的 RCA 指数都小于 1，也就是说均不具有比较优势。总的来看，我国各类机电产品比较优势的差异比较大。

表4-16 我国各类机电产品的显性比较优势指数 （单位:%）

年份	动力机械及设备	特种工业专用机械	金工机械	通用工业机械设备及零件	办公用机械及自动数据处理设备	电信及声音的录制及重放装置设备	电力机械、器具及电气零件	陆路车辆（包括气垫辆式）	其他运输车辆
1985	0.26	0.59	0.70	0.23	0.22	2.18	0.79	0.21	0.24
1990	0.38	0.47	0.91	0.45	0.32	2.75	0.71	0.23	0.30
1995	0.54	0.32	0.47	0.56	0.86	1.96	0.90	0.27	0.43
2000	0.47	0.28	0.41	0.66	1.22	1.61	0.93	0.30	0.39
2001	0.38	0.31	0.34	0.67	1.41	1.76	0.96	0.25	0.31
2002	0.36	0.28	0.31	0.65	1.74	1.81	0.92	0.21	0.25
2003	0.30	0.27	0.27	0.65	2.11	1.78	0.84	0.21	0.27
2004	0.29	0.26	0.26	0.64	2.14	1.79	0.83	0.22	0.22
2005	0.28	0.27	0.26	0.63	2.07	1.76	0.81	0.22	0.25
2006	0.31	0.32	0.31	0.63	2.03	1.72	0.84	0.24	0.31
2007	0.33	0.32	0.35	0.64	2.12	1.77	0.85	0.24	0.33

数据来源：根据联合国统计数据计算得出。

（3）我国各类机电产品的区域显性比较优势指数。

通过有关统计数据可以计算出我国各类机电产品在一些主要贸易伙伴中的区域显性比较优势指数。计算结果表明：在美、日、德、英、法、意等国市场上，我国办公用机械及自动数据处理设备、电讯器材、收音、波音仪器及设备类机电产品的区域显性比较优势指数（RRCA）基本都超过了3，这表明该类产品在国际市场上具有非常显著的比较优势。电力机械、器具及电气零件类机电产品虽然在各主要贸易伙伴市场上具有大于1的显性优势，但数值都不是很大，竞争力属于中等。运输设备类产品在英国市场上竞争力较为明显，但在其他市场上竞争力较弱。其他类机电产品在各主要市场上的比较优势都不是很明显。

第五节　基本结论

本章在对制成品按技术含量进行详细分类的基础上，利用贸易统计数据对中国工业制成品的出口比较优势进行了细致的实证分析，主要得到以下结论：

结论1：中国在2002年向世界出口的144种制成品中，具有比较优势的产品（RCA > 1）共62种，占全部产品的43.06%，具有较强比较优势的产品（2 < RCA ≤ 3）有13种，具有显著比较优势的产品（RCA > 3）有18种。总的来说，在世界市场上，中国最具竞争力的商品是低技术含量的制成品。在44种低技术含量制成品中，有34种具有比较优势，6种具有较强的比较优势，14种具有显著的比较优势（见表4－17）。

结论2：2003年在中国向美国出口的144种制成品中，具有比较优势的产品（RCA > 1）共40种，占全部制成品的27.8%，具有较强比较优势的产品（2 < RRCA ≤ 3）有9种，具有显著比较优势的产品（RRCA > 3）有8种。总的来说，和在世界市场上的情况一样，中国最具竞争力的商品也是低技术含量的制成品。在44种低技术含量制成品中，有22种具有比较优势，6种具有较强的比较优势，7种具有显著的比较优势（见表4－17）。

197

表4-17　中国在世界市场、美国市场上制成品显示比较优势分布状况

	制成品类型	RCA>1	1<RCA≤2	2<RCA≤3	RCA>3
2002年世界市场	7种初级制成品	3	1	2	0
	23种资源型制成品	6	4	2	0
	44种低技术含量制成品	34	14	6	14
	52种中等技术含量制成品	9	4	2	3
	18种高技术含量制成品	10	8	1	1
	合计	62	31	13	18
2003年美国市场	7种初级制成品	0	0	0	0
	23种资源型制成品	2	2	0	0
	44种低技术含量制成品	22	9	6	7
	52种中等技术含量制成品	8	5	3	0
	18种高技术含量制成品	8	7	0	1
	合计	40	23	9	8

　　结论3：我国低技术含量制成品最具有比较优势，相当数量的中等科技含量和高科技含量制成品已经在世界市场和美国市场上具有比较优势，部分产品还呈现出较强或显著的比较优势，但是，这3类产品在世界市场和美国市场上的比较优势分布状况存在较大区别，具体来看：（1）中国低技术含量制成品在美国市场的竞争力不如在世界市场的竞争力，在美国不仅具有比较优势产品的种类比较少（22＜34），而且RCA指数也比较低。（2）中等技术含量的制成品和高技术含量制成品在美国市场的竞争力不如在世界市场的竞争力。从具体产品来看，特别是在对发展中国家具有特殊意义的自动化类、加工类、工程类制成品方面，即多数属于装备制造业的制成品，不仅具有比较优势的产品非常有限，而且多数具有比较优势产品的RCA和RRCA指数也较低。（3）高科技含量的制成品具有比较优势的产品主要集中在加工贸易特征明显的电子类高科技产品，大部分其他高科技制

成品仍然不具有比较优势。中国高科技制成品在美国市场上的区域比较优势与在世界市场的比较优势分布状况基本一致。

结论4：在1997—2002年间，中国最具有比较优势的工业制成品主要集中在技术含量很低的产品中，这类产品无论是在世界市场还是在美国市场，显示比较优势指数都保持在很高的水平，比较优势十分明显。无论是在世界市场还是在美国市场，中国制成品的比较优势都比较稳定，没有发生较大的波动。

结论5：在1985—2008年间，我国机电产品出口额在全国总出口额中的比例从6.1%增加到2008年的58.1%，在世界机电产品出口总额的比重从1985年的0.08%增加到2007年的12%左右。自从1995年以来，机电产品已连续14年保持我国第一大出口产品地位。欧盟、美国、日本、东盟、韩国、中国香港等一直都是我国机电产品的主要贸易伙伴，这六个地区占据了我国机电产品总出口额70%以上的份额。从出口产品的类型来看，中等技术密集型机电产品所占比例从1985年的72%下降到2007年的45%左右，高技术密集型机电产品所占比例从1985年的19%左右上升到2007年的53%左右，低技术密集型机电产品所占比例一直低于3%。但是，按照劳动、资本密集型划分标准来看，我国出口的绝大部分产品都属于劳动密集型产品。2007年63.01%的出口是劳动密集型，36.99%的出口是资本密集型。

结论6：我国机电产品的出口竞争力：（1）从整体竞争力来看，自从2002年以来，我国机电产品出口竞争力迅猛提升。2002年超过意大利，2003年超过英国、法国，2004年超过德国，2007年我国机电产品的国际竞争力超过美国，仅次于日本和韩国。（2）从区域竞争力来看，自从2002年以来，我国机电产品的区域比较优势才开始凸显。2002年我国机电产品在意大利市场上的竞争力显现，2003年在英国、2004年在法国、2007

年在美国市场上的竞争力开始显现。在日本、韩国等市场上的比较优势不明显。（3）从产品竞争力来看，在各类机电产品中，办公用机械及自动数据处理设备、电信及声音的录制及重放装置设备类产品，具有较强的竞争力，其他各类产品均不具有比较优势。

第五章　中国出口国际地区结构分析

本章利用统计数据对我国出口商品的国际地区结构进行了全面的分析，主要包括洲际地区结构、洲内地区结构、主要贸易集团及其内部地区的地区结构分析，并借鉴产业经济学上的集中度指数（HH 指数）、景观生态学上的多样性指数（H 指数）和均匀度指数（E 指数）等三种指数，对各地区内部的和外部的地区结构的变化情况进行了分析与比较。

第一节　中国出口国际地区结构的一般分析

一、洲际地区结构分析

根据表 5-1，从整体上看，我国出口商品的洲际分布主要在亚洲、欧洲和北美洲。历年来，我国最大的出口地区是亚洲，所占份额一般都在 50% 左右，其次是北美洲和欧洲，所占份额一般都在 20% 左右。其他洲所占份额都比较小，一般都小于 3%。从变化趋势来看，在 1993—2004 年间，亚洲地区所占份额先升后降，其他地区所占份额基本都表现为不断上升的趋势。

表5-1　洲际地区中国出口商品的地区结构　　　（单位:%）

年份	1993	1994	1995	1996	1997	1998	1999	2000	2001	2002	2003	2004
亚洲	57.61	60.68	61.84	60.40	59.62	53.43	52.62	53.09	52.96	52.31	50.78	49.80
欧洲	17.98	15.54	15.45	15.80	15.85	18.19	18.20	18.25	18.50	18.19	20.14	20.63
北美洲	19.88	18.89	17.64	18.73	18.94	21.82	22.77	22.18	21.66	22.81	22.39	22.45
拉丁美洲	1.94	2.03	2.12	2.07	2.52	2.90	2.70	2.88	3.09	2.91	2.71	3.07
大洋洲	1.35	1.42	1.28	1.30	1.12	1.45	1.60	1.57	1.53	1.62	1.66	1.71
非洲	1.67	1.45	1.68	1.70	1.76	2.21	2.11	2.02	2.26	2.14	2.32	2.33

数据来源：历年（1994—2005年）中国海关统计。本章数据均同。

从增长速度来看，根据表5-2，在1995—2000年间，由于东亚金融危机、出口退税率调整等因素，我国外贸增长不是很平稳。但是，2001—2004年期间，增长速度却呈现出明显的规律性：（1）一般来说，我国对各洲的出口增长速度每年都大幅度上升。2002年对各洲的增长速度都保持在20%左右，2003年在30%左右，2004年在35%以上。（2）2001—2004年，我国对亚洲地区出口的增长速度小于我国出口的平均增长速度，出口增长对欧洲、北美洲，特别是欧洲的依赖性增加。

表5-2　各洲际地区所占份额的年增长率　　　（单位:%）

年份	1995	1996	1997	1998	1999	2000	2001	2002	2003	2004
中国出口总额	22.9	1.5	20.9	0.5	6.1	27.8	6.8	22.3	34.6	35.4
亚洲	25.2	-0.8	19.3	-9.9	4.5	29.0	6.5	20.9	29.9	32.8
欧洲	22.4	3.8	21.3	15.3	6.1	28.2	8.3	20.3	51.5	38.8
北美洲	14.8	7.8	22.2	15.8	10.8	24.5	4.3	28.9	32.1	35.8
拉丁美洲	28.2	-0.8	47.7	15.5	-1.0	36.4	14.6	15.2	25.2	53.6
大洋洲	10.3	3.1	22.1	11.0	16.0	25.6	4.2	29.9	37.8	39.5
非洲	42.6	2.9	24.9	26.5	1.3	22.5	19.1	15.9	46.3	35.7

亚洲、欧洲、北美洲地区占我国出口份额变化的主要原因是：以前，在中国的外资企业主要是亚洲地区其他国家在中国的投资，由于我国对外政策的限制和其他方面的原因，这些外资企业把生产的产品先出口到其母国，然后再出口到欧、美等发达国家，所以导致我国当时对亚洲地区的出口比较多。但是，随着欧、美企业直接到中国的投资日益增加，我国世界加工厂基地的形成以及我国对外政策的调整，在我国的外资企业直接将产品出口到美、欧等发达国家，进而导致我国对欧洲、北美洲出口的增加。

特别值得注意的是，近年来，在亚洲占我国出口份额不断下降、北美洲占我国出口份额持续不前的情况下，欧洲占我国出口份额则不断上升，我国对欧洲的出口增长率大于对北美洲和亚洲的增长率，中欧贸易的重要性日益增加。随着欧盟东扩，其内部市场不断扩大，投资与贸易机会不断增加，加强与欧盟的贸易关系协调、保持对欧盟贸易的稳定有序发展，对我国外贸出口的可持续发展非常重要。

另外，非洲地区、大洋洲地区、拉丁美洲地区占我国出口份额变化的原因，一方面是我国长期实施市场多元化的结果，另一方面是，近期我国与传统出口地区的贸易摩擦急剧增加，我国出口转移市场的结果。

二、亚洲地区结构分析

在亚洲地区，我国的商品出口主要集中在 5 个地区：中国香港、日本、中国台湾省、韩国和东盟。根据表 5－3，从整体来看，我国对这 5 个地区的出口额占我国对亚洲地区出口总额的比例，历年都在 85% 以上。依据比例变化趋势，可以分为两个阶段：（1）1994—1997 年稳定阶段。这 5 个地区的总比例一般都保持在 91%—92%。（2）1998—2004 年下降阶段。这 5 个地区

表 5-3　亚洲地区中国出口商品的地区结构　　（单位:%）

年份	1993	1994	1995	1996	1997	1998	1999	2000	2001	2002	2003	2004
中国香港	41.92	44.07	39.11	36.06	40.20	39.47	35.96	33.65	33.02	34.33	34.27	34.14
中国台湾省	2.78	3.05	3.37	3.07	3.12	3.94	3.85	3.81	3.55	3.87	4.05	4.58
日本	29.98	29.37	30.94	33.84	29.21	30.24	31.58	31.48	31.89	28.44	26.69	24.88
韩国	5.43	5.99	7.27	8.23	8.37	6.39	7.61	8.53	8.88	9.10	9.03	9.41
东盟	8.90	8.69	9.82	10.63	11.05	11.12	11.86	13.11	13.04	13.84	13.89	14.52
合计	89.01	91.17	90.51	91.83	91.94	91.16	90.87	90.58	90.39	89.57	87.93	87.53

的总比例呈现出下降的趋势，由 1998 年的 91.16% 下降到 2001 年的 90.39%，在 2004 年又下降到 87.53%。特别是中国加入 WTO 后的 2002—2004 年期间下降速度比较大。

从各个地区和国家来看：

（1）中国香港。在我国对亚洲地区的出口中，香港地区 1994 年所占份额为 44.07%，2004 年所占份额为 34.14%，虽然香港地区所占份额总体上呈下降趋势，但在我国对亚洲地区出口中依然居于主导地位。究其原因，一方面是由于历史原因导致我国内地与香港形成特殊的经济关系，即所谓的"前店后厂"——中国内地是产品的生产基地，香港是产品的销售基地（转口贸易基地），即使是现在，这种特殊关系也一直存在，再加上《内地与香港关于建立更紧密经贸关系的安排》的实施，进一步提高了两地经贸合作交流水平，所以，香港在我国出口中仍然占据主导地位；另一方面，随着我国内资企业对外经营能力的提升、大量外资的直接进入等都导致香港所占份额呈下降趋势。

（2）日本。在我国对亚洲地区的出口中，日本所占份额一直居于第二位，仅次于中国香港。但是，在2001—2004年期间所占份额迅速下降，2004年所占份额为24.88%。除了日本国内经济持续不景气这个因素之外，日本所占份额的变化主要是由于日本在中国投资战略变化导致的。在中国加入WTO之前，日本在中国的投资比较少，一般都是利用中国的劳动力优势生产零部件，然后再出口到日本，在日本进行组装之后再出口。在中国加入WTO之后，日本调整了在中国的投资战略，一方面加强在中国的直接投资，努力将中国建立为其全球的生产基地和出口基地，从中国直接出口到出口国，不需要再经过日本了；另一方面，日本企业开始高度重视中国的国内市场，加大了市场开发的力度，导致出口比例有所下降。另外，日本海外投资的最新动态表明：日本企业为了实行全球战略调整，重组企业经营资源，防止高新技术外流，日本制造业投资重心开始出现向日本国内转移的趋势。这在某种程度上也导致了日本所占出口份额的下降。

（3）中国台湾和韩国。这两个地区具有共同的特点：一是这两个地区所占份额都呈缓慢增长态势；二是这两个地区所占份额都比较小，韩国所占份额小于10%，中国台湾所占份额小于5%。其主要原因是：一方面是由于这两个地区的经济规模较小导致的进口需求较小，另一方面是由于我国出口产品结构与这两个地区的进口产品结构错位导致的，我国出口主要是劳动密集型产品或者是低技术密集型产品，而这两个地区的进口需求一般都是技术密集型产品。另外，由于特殊的历史原因，长期以来台湾当局对大陆货品的进口有严格限制，2001年仍有46%的大陆产品不能出口到台湾。在1990年以前，我国与韩国之间基本没有经贸往来，但是，随着韩国对外开放政策的实施，为了满足国内经济发展需要和消费需求，从我国进口了大量产品，导致中韩经贸往来日益增加。

（4）东盟。在我国对亚洲地区的出口中，虽然东盟所占份额一直位居第三，但所占份额不断上升，2004年所占份额达到14.52%。东盟所占份额不断上升，主要是由于中国与东盟之间的经济相互依赖程度不断地加深。经济相互依赖主要来源于两个方面：一方面，中国与东盟各国之间在资源禀赋上存在很大的差异；另一方面，中国与东盟各国在生产力发展水平和产业结构上的差别也促使双方经济互补性不断增强（曹云华，2005）[①]。可见，随着东盟内部贸易自由化进程的深化和地区经济发展水平的提高，我国与东盟的贸易机会将不断增加，东盟是我国出口地区结构多元化的重要出口对象。

三、北美洲地区结构分析

表5-4　北美洲地区中国出口商品的地区结构　（单位:%）

年份	1993	1994	1995	1996	1997	1998	1999	2000	2001	2002	2003	2004
美国	93.40	93.88	94.16	94.29	94.49	94.69	94.50	94.26	94.17	94.18	94.23	93.78
加拿大	6.59	6.11	5.84	5.71	5.51	5.31	5.48	5.71	5.81	5.80	5.74	6.13
合计	99.99	99.99	100	100	100	100	99.98	99.97	99.98	99.98	99.97	99.91

表5-4显示，在我国对北美洲地区的出口中，美国所占的份额一直保持在93%—95%之间，加拿大所占份额则稳定地保持在5.5%左右。可见，我国对北美洲的出口，在一定程度上就是对美国的出口。这主要与美国的经济状况、跨国公司的全球生产方式、中美两国的要素禀赋互补有关系。美国是世界上唯一一个超级经济大国，世界第一消费大国，世界各国都为美国的国内需求服务，在我国的外资企业和内资企业也不例外，一般都把产

①　曹云华：《论中国与东盟的相互依赖》，《世界经济与政治论坛》2005年第1期。

品出口到美国。

　　加拿大在2003年前后分别是世界第四、第五贸易大国，加拿大在中国出口中所占份额与其贸易大国地位是不相称的，主要原因是：加拿大对美国经济过于依赖，市场缺乏多元化；中国出口商品质量档次不高，缺乏名牌产品，在与其他国家同类商品竞争时缺乏竞争力；双方的相互投资处于较低水平；技术交流与合作力度不大；加拿大对我国的反倾销调查也在一定程度上影响和制约了双边的贸易关系（左连村，2005）①。因此，我国要改变对北美洲出口过于依赖美国的状况，必须大力发展与加拿大的经济贸易关系。根据我国经济发展的需要从加拿大增加进口，增加在加拿大的投资，充分利用加拿大"太平洋门户"的有利地位、丰富的资源和先进的技术力量，在更广阔的领域开展长期合作，建立更牢固的友好互利合作关系。

207

四、欧洲地区结构分析

　　根据表5-5，从整体来看，我国对欧洲的商品出口主要集中于欧盟和俄罗斯联邦，其中，欧盟所占份额自1995年以来一

表5-5　欧洲地区中国出口商品的地区结构　（单位:%）

年份	1993	1994	1995	1996	1997	1998	1999	2000	2001	2002	2003	2004
欧盟	71.18	77.54	83.07	83.09	82.21	84.20	85.16	83.97	83.07	81.40	81.74	82.77
俄罗斯联邦	1.59	8.41	7.24	7.09	7.02	5.51	4.22	4.91	5.51	5.94	6.84	7.44
合计	72.77	85.95	90.31	90.18	89.23	89.71	89.38	88.88	88.58	87.34	88.58	90.21

说明：1995年以前欧盟有12个成员国，1995年增至15个，2004年增至25个。

---

　　①　左连村：《珠江三角洲与加拿大经贸合作关系》，《国际经贸探索》2005年第5期。

直保持在80%以上，俄罗斯一直小于10%。可见，我国对欧洲的商品出口在某种意义上就是对欧盟的出口。

从变化趋势来看：

（1）欧盟。欧盟所占份额的变化可以分为三个阶段：1993—1999年间呈逐年上升的趋势；2000—2002年间表现出逐年下降的趋势；值得注意的是，2003—2004年间又呈上升趋势。这种变化主要是由于中欧经贸关系的良好发展导致的。自20世纪90年代以来，中欧政治关系的日益成熟、中欧战略互动关系的良性发展为中欧经贸关系的发展提供了良好的环境保障。投资和技术领域的合作也日渐扮演着更为重要的角色。欧盟一直是中国重要的外资来源地和最大的技术和设备供应方。另外，中欧双方还在科技、培训与发展援助等领域开展了广泛合作，并通过贸易政策、工业政策、竞争政策、知识产权和纺织品贸易等一系列对话机制，加深了双方的了解与合作。这些方面为中欧经贸关系的发展打下了坚实的基础和提供了重要的推动力。在欧盟于2004年5月扩大至25国后，欧盟已超过日本和美国，成为中国最大的贸易伙伴。鉴于欧盟东扩的一体化效应，我国在发展与欧洲的经贸关系时，不仅应该继续保持与欧盟15国的贸易活动，还应该加强发展与欧盟10个新成员的经贸合作，以规避欧盟的对外贸易壁垒，同时利用欧盟东扩带来的市场机会。

（2）俄罗斯联邦。根据俄罗斯联邦所占份额的变化，可以分为两个阶段：1994—1999年期间逐年下降，从1994年的8.41%下降到1999年的4.22%，降幅近一半；2000—2004年期间逐渐上升，2004年达到7.44%。

20世纪90年代中后期，我国对俄出口下降或相对下降的原因，一方面是由于我国出口商品质量低劣而导致原有市场份额被其他国家如韩国、日本等国家取代，另一方面是由于俄罗斯经营投资环境差、配套服务欠缺、法律法规不健全、政策多变、社会治安差等多方面原因导致的。进入 21 世纪以后，随着我国对外贸易的高速发展、中俄战略协作伙伴关系顺利发展和中俄政治互信不断加深，中俄经贸关系取得了新的突破。2004 年中俄双边贸易额为 212 亿美元，2005 年前 7 个月达到 177 亿美元。2004 年两国领导人进一步确定了到 2010 年力争使双边贸易额达到 600 亿—800 亿美元，以及到 2020 年中国对俄直接投资额达到 120 亿美元的目标，仅在 2005 年中国向俄罗斯的 600 个项目投资 7.7 亿美元。可见，未来中俄双边经贸关系的发展将会有新的重大突破。

　　另外，中俄双方在共同创设良好贸易环境的同时，如果双方都把注意力转移到贸易商品的质量提高和结构调整上来，那么中俄贸易结构将由过去的商品互换调整到以后的贸易互补，那些双方具有明显互补性的产业和商品将会给中俄双边经贸合作带来更为巨大的潜力和广阔的发展空间。

五、拉美地区结构分析

　　根据表 5-6，从整体来看，我国对拉美地区的出口主要分布在阿根廷、巴西、智利、墨西哥和巴拿马 5 个国家。20 世纪 90 年代中期以来，上述 5 国所占份额一直都保持在 72% 左右。但与此同时，5 个国家的地位却发生了显著的变化：巴拿马从 90 年代中期以前的第一位下降到 2004 年的第三位，阿根廷也从第二位下降到第五位，墨西哥则从第五位急剧上升为我国在该地区的首要出口国，巴西从第四位上升到第二位，智利虽然所占份额基本保持不变，但其地位则从第三位下降到第四位。

　　墨西哥占我国对拉美地区出口地位的上升，主要缘于北美自由贸易区（NAFTA）建立以后，中国对墨西哥投资和出口增加，以规避 NAFTA 对区外贸易的歧视，而巴拿马的转口地位则因此下降。巴西、墨西哥取代巴拿马、智利成为我国在拉美地区的主要出口国与当代生产要素的国际流动性增强密切相关。

表5-6 拉丁美洲地区中国出口商品的地区结构 （单位:%）

年份	1993	1994	1995	1996	1997	1998	1999	2000	2001	2002	2003	2004
阿根廷	13.94	11.86	8.69	10.79	10.10	10.33	9.41	8.49	6.96	1.95	3.77	4.67
巴西	10.82	14.76	24.12	24.45	22.67	20.39	16.63	17.03	16.40	15.45	18.05	20.14
智利	11.49	11.62	13.04	14.86	12.20	11.65	11.48	10.90	9.89	10.52	10.80	9.26
墨西哥	8.77	8.21	6.20	7.09	8.98	12.95	15.02	18.58	21.74	30.18	27.50	27.26
巴拿马	19.71	23.18	18.90	15.64	21.93	19.68	19.71	17.96	15.05	13.41	12.46	11.99
合计	64.73	69.63	70.96	72.82	75.87	75.00	72.24	72.97	70.05	71.52	72.59	73.32

六、非洲地区结构分析

210

根据表5-7，我国对非洲地区的出口主要分布在埃及、摩洛哥、阿尔及利亚、尼日利亚和南非等5个国家。1995—2004年间，这5个国家所占份额一般都保持在55%以上。但5个国家的相对重要性有所变化:（1）埃及、南非所占份额呈下降趋

表5-7 非洲地区中国出口商品的地区结构 （单位:%）

年份	1993	1994	1995	1996	1997	1998	1999	2000	2001	2002	2003	2004
埃及	13.07	15.99	17.63	15.76	14.48	14.16	17.42	15.97	14.53	12.25	9.20	10.05
摩洛哥	6.18	5.12	4.51	2.91	3.71	4.08	6.18	5.51	4.99	6.48	6.83	6.83
尼日利亚	6.73	5.16	6.12	6.66	9.87	8.80	9.64	10.90	15.27	15.04	17.55	12.45
南非	16.11	20.62	25.40	26.61	24.46	21.36	20.95	20.10	17.47	18.83	19.93	21.37
阿尔及利亚	2.20	3.42	2.31	2.12	3.52	2.88	3.89	3.43	3.70	5.05	6.34	7.10
合计	44.28	50.31	55.97	54.05	56.03	51.28	58.08	55.91	55.96	57.66	59.85	57.80

势。其中，埃及所占份额下降比较快。（2）尼日利亚、摩洛哥和阿尔及利亚所占份额总体上保持增加的态势。

由于历史原因，非洲许多国家的经济结构单一，工业基础极其薄弱，许多产品在国内无法满足供应，出现很大的商品供应缺口，进口需求旺盛。非洲大多数国家的农业和石油工业是其国民经济的主导，制造业发展滞后，由于农业机械化程度低，非洲国家农产品的自给率也较低。这种状况决定了非洲国家多以出口初级农、矿产品和石油、天然气等初级产品为主，进口商品主要是制成品、半成品以及粮食产品等。

近年来，随着经济全球化趋势的愈演愈烈和非洲经济的良好运行态势，非洲广阔的商品市场备受各国投资者的青睐。据世界银行预测：在未来 5 至 10 年，非洲经济年增长率有望保持3.5% 左右的水平，目前一些经济发展较快的非洲国家已经成为重要的新兴市场（朴英姬，2003）[①]。当前，中国经济面临的问题是许多国内成熟的产业出现生产力和产品过剩的严峻形势，迫切需要寻求海外投资市场和商品销售市场。与非洲的外贸进出口结构不同，中国的出口商品结构中，以工业制成品为主，初级产品的比重很低。可见，中国与非洲的进出口商品结构具有较强的互补性，这种长期存在的互补性使得中国产品大力开拓非洲商品市场具有现实的可能性。因此，大力开拓非洲商品市场是中国企业拓展国际市场空间、缓解国内市场压力的现实选择，非洲商品市场将是未来我国实现出口市场多元化的重点地区之一。

我国对非洲的出口主要还是集中在经济政治发展比较稳定、矿产资源比较丰富、经济相对发达的国家。针对当前非洲进口商

211

---

① 朴英姬：《中国对非洲出口产品潜力分析》，《西亚非洲》2003 年第 6期。

品结构的特点，即进口需求集中在工业制成品上，尤其以机电产品、轻纺产品为主，另外，受自然灾害、疾病流行等的不利因素影响，粮食、药品的进口也较多，而中国在这些产品上都具有较强的出口优势，未来几年中国对非洲出口的重点产品应集中在这些产品上。

七、大洋洲地区结构分析

表5－8显示，在我国对大洋洲的出口中，澳大利亚所占份额居于主导地位，历年都保持在85%以上，变化幅度很小，最大值为1998年的87.99%，最小值为1996年的85.29%。既与澳大利亚国内经济增长自1992年以来一直处于上升趋势有关，又与两国贸易商品具有较强的互补性有关。中澳两国之间的部分贸易商品具有较强的互补性，澳大利亚向我国输出原材料产品来换取中国廉价的劳动密集型商品，中国对澳大利亚出口以消费品为主，澳大利亚对我的出口商品则主要用于中国高速发展的工业化。

表5－8　大洋洲地区中国出口商品的地区结构　（单位:%）

年份	1993	1994	1995	1996	1997	1998	1999	2000	2001	2002	2003	2004
澳大利亚	86.14	86.31	85.50	85.29	85.75	87.99	86.87	87.69	87.63	86.68	85.92	86.90
新西兰	10.64	10.91	12.20	11.79	11.78	10.33	11.01	10.64	10.67	11.27	11.01	10.59
合计	96.78	97.22	97.7	97.08	97.53	98.32	97.88	98.33	98.3	97.95	96.93	97.49

新西兰所占份额一直保持在11%左右，最大值为1995年的12.20%，最小值为1998年的10.33%。新西兰是经济发达、资源丰富的国家，与我国经济结构具有很强的互补性，但是，中国目前只是新西兰的第四大贸易伙伴，可见，随着新西兰与中国签署贸易和经济合作框架协议、承认中国市场经济地位、与中国建立自由贸易区，将为两国释放出巨大的贸易机会和投资潜力。

八、经济集团结构分析

表 5－9 显示，从整体来看，在 1994—2004 年期间，3 个经济集团占我国出口总额的比例稳步增加。从单个经济集团的变化趋势来看，3 个集团都表现为日益增加的趋势。具体来看：

①北美自由贸易区。北美自由贸易区占我国出口的比例一直保持在 20% 左右，1998 年以来则一直维持在 22%—23% 左右的水平。与欧盟和东盟相比，我国对北美自由贸易区的出口，不仅具有较强的稳定性，而且，出口量几乎等于二者之和。这说明在我国努力争取出口市场多元化的同时，北美自由贸易区作为我国首要出口市场的地位短期内是无法改变的，维持、改善与北美的贸易关系对我国出口贸易的稳定发展至关重要。

②欧盟。欧盟所占份额基本上稳中有增。如果考虑到 2004 年的欧盟东扩，增幅则小些。这说明在欧盟经济增长乏力、其贸易保护措施又比较严密的情况下，我国对欧盟出口的增加一定要有序、适度，否则将引起贸易摩擦。

③东盟。与欧盟相比，东盟所占份额在总体增加的同时，增速却比欧盟缓慢得多。在区域经济一体化浪潮中，东盟是我国最现实、最可行的贸易一体化合作伙伴，双方也签署了 2010 年

表 5－9　与主要经济集团中国出口商品的地区结构　（单位:%）

年份	1993	1994	1995	1996	1997	1998	1999	2000	2001	2002	2003	2004
北美自由贸易区	20.05	19.05	17.77	18.88	19.16	22.20	23.17	22.71	22.33	23.69	23.13	23.27
欧盟	12.80	12.05	12.83	13.13	13.03	15.32	15.50	15.33	15.37	14.81	16.46	17.07
东盟	5.13	5.27	6.07	6.42	6.59	5.94	6.24	6.96	6.91	7.24	7.05	7.23
合计	37.97	36.37	36.68	38.43	38.78	43.46	44.91	44.99	44.60	45.74	46.64	47.58

组成自由贸易区的协定，因此，我国与东盟的贸易关系有待
加强。

1. 北美自由贸易区中国出口商品的地区分布

从表5-10来看，与前面的分析相一致，在北美自由贸易区
内，美国占据绝对的主导地位，历年所占份额都在90%以上，
其次是加拿大，最后是墨西哥。

表5-10　北美自由贸易区中国出口商品的地区分布 （单位:%）

年份	1993	1994	1995	1996	1997	1998	1999	2000	2001	2002	2003	2004
美国	92.61	93.07	93.47	93.56	93.38	93.09	92.86	92.06	91.36	90.70	91.22	90.49
加拿大	6.54	6.06	5.80	5.67	5.44	5.22	5.39	5.58	5.63	5.58	5.56	5.91
墨西哥	0.85	0.87	0.74	0.78	1.18	1.69	1.75	2.36	3.01	3.71	3.22	3.60

从单个国家的变化趋势来看，对美国和加拿大的情况前面已
做分析，这里主要分析墨西哥。墨西哥占我国对北美自由贸易区
出口份额的变化可分为三个阶段：1993—1996年，保持稳定，
一直在0.8%左右徘徊；1997—2002年，加速上升，2002年所
占份额达到3.71%，比第一阶段上升了大约3%；2003—2004
年，大体稳定，一直保持大于3%的水平。作为发展中大国，墨
西哥与我国生产技术水平相近，适合我国的对外投资，从投资与
贸易的相互促进以及规避北美自由贸易区贸易壁垒的角度来看，
我国对墨西哥的出口还需要大力发展。

2. 欧盟地区主要国家中国出口商品的地区结构

我国对欧盟的出口，从整体看主要集中于比利时、英国、德
国、法国、意大利、荷兰和西班牙等七个国家，但七国所占份额
表现为下降的趋势。1999年之前，七国所占份额都在90%以上，
2000年之后降至90%以下，2004年只有86.59%。在七国中，

德国所占份额最大，荷兰其次，英国再次。

从单个国家的变化趋势来看，荷兰和德国所占份额变化最大（见表5－11）：

表5－11　欧盟地区主要国家中国出口商品的地区结构（单位:%）

年份	1993	1994	1995	1996	1997	1998	1999	2000	2001	2002	2003	2004
比利时	5.18	5.58	5.41	5.26	5.71	5.83	6.03	6.02	6.18	5.97	5.45	5.78
英国	16.49	16.56	14.62	16.14	16.01	16.46	16.15	16.52	16.58	16.72	15.00	14.77
德国	33.94	32.66	29.71	29.47	27.26	26.13	25.75	24.29	23.85	23.59	24.30	23.45
法国	11.04	9.77	9.65	9.62	9.78	10.03	9.67	9.70	9.01	8.45	10.11	9.79
意大利	11.16	10.91	10.83	9.27	9.40	9.16	9.70	9.95	9.76	10.01	9.22	9.11
荷兰	13.76	15.55	16.93	17.84	18.50	18.34	17.91	17.51	17.80	18.89	18.72	18.28
西班牙	4.56	5.14	5.16	4.88	5.23	5.41	5.94	5.56	5.53	5.35	5.39	5.41
合计	96.13	96.16	92.31	92.48	91.88	91.35	91.15	89.57	88.71	88.97	88.19	86.59

215

荷兰所占份额明显上升。荷兰成为我国重要出口地区的原因主要有：首先，荷兰虽然国内市场狭小，但是其借助"欧洲门户"优越的地理位置、便利的交通设施和完善的金融服务体系，使其成为了欧洲最大的贸易转口国，荷兰GDP的一半来自于国际贸易。这就为我国出口到荷兰创造了天然的优势。其次，荷兰的化工业、食品加工业、金属加工业、电子工业非常发达，在环境技术、能源技术、信息技术、生物工艺学和材料技术等方面也都处于国际领先地位。这些领域的很多著名跨国公司都很早就到我国进行了投资并不断加大投资的力度，从而带动了公司内贸易和产业内贸易的发展。

德国所占份额明显下降。原因主要有：（1）近年来，德国国内经济状况一直不景气，经济长期低迷，在2003年甚至出现了负增长；财政赤字和国债十分庞大；德国失业率长期居高不下。德国国内经济不景气在一定程度上导致占我国出口份额的下降。（2）在我国出口中，有近一半的出口是外资企业主导的，来自于发达国家的外资企业一般又都出口到其母国，因此，一个国家在我国的直接投资数量也影响着我国对其的出口量。针对德国来看，尽管德国目前是欧洲对华最大的投资国，但是，德国对中国的直接投资却相对较少。2003 年德国对华投资总额仅占了德国对外投资总额的 1.2%，不到中国吸引外资总额的 4%，仅相当于美国和日本对华投资的 1/5，甚至远远落后于韩国以及中国台湾的对华投资。德国对外投资集中于美国和欧盟地区，两者各占了德国对外投资的 40%。（3）欧洲内部贸易一直是德国对外贸易的主体。2004 年，德国出口额和进口额分别达到 7335 亿欧元和 5774 亿欧元，德国与欧洲其他国家的出口和进口额分别占其贸易总额的 74.4% 和 72%。值得注意的是：目前，德国已成为中国在欧洲的最大贸易伙伴，是对中国转让技术最多的欧洲国家，是对中国提供政府贷款和无偿赠款最多的国家；中国也成为德国在亚洲最大的贸易伙伴。可以预测，中德经贸关系将会进一步发展。

3. 东盟地区中国出口商品的地区结构

从整体来看，我国对东盟的出口主要集中于印度尼西亚、马来西亚、菲律宾、新加坡、泰国和越南等 6 个国家。同时，这 6 个国家所占份额表现为下降的趋势。在六国中，3 个国家所占份额较大，依次为新加坡、马来西亚、印度尼西亚。

根据单个国家的变化趋势，可以把上述六国分为三类（见表 5 -12）：

表5-12　东盟地区中国出口商品的地区结构　（单位:%）

年份	1993	1994	1995	1996	1997	1998	1999	2000	2001	2002	2003	2004
印度尼西亚	14.77	16.49	15.92	14.72	15.30	10.72	14.62	17.66	15.43	14.54	14.49	14.58
马来西亚	15.04	17.52	14.18	14.13	15.96	14.62	13.75	14.79	17.52	21.11	19.86	18.85
菲律宾	6.01	7.46	11.40	10.46	11.13	13.75	11.33	8.44	8.81	8.67	10.00	9.95
新加坡	47.94	40.11	38.74	38.66	35.90	35.99	36.99	33.22	31.50	29.56	28.68	29.57
泰国	16.02	18.17	19.39	12.94	12.47	10.51	11.80	12.94	12.71	12.55	12.38	13.52
越南	—	—	—	8.68	8.96	9.42	7.92	8.86	9.81	9.81	10.28	9.93
合计	99.77	99.75	99.62	99.60	99.72	95.00	96.41	95.92	95.79	95.54	95.68	96.41

（1）所占份额明显上升。主要指马来西亚。在2001年之前，马来西亚所占份额基本保持在约14%的水平，2001年所占份额达到17.52%，2002年达到21.11%。马来西亚成为仅次于新加坡的我国在东盟的第二大出口国。随着我国经济快速发展，日益成为世界制造中心、世界经济的新引擎，马来西亚政府大力发展与我国的经贸合作，积极鼓励国内企业到中国来投资，不但使其所占我国出口份额上升，而且贸易结构也升级了。近几年来，我国对马来西亚出口船舶、钢材、水泥及电子产品零件等所占比重不断增加，特别是机电产品出口比重大幅增加。两国之间以机电产品为主的产业内贸易特征日益加强。2001年我国对马来西亚机电产品出口20.88亿美元，占我国当年对马来西亚出口总额的64.8%。

（2）所占份额明显下降。主要指新加坡。1994年所占份额为40.11%，此后逐渐下降，2003年降至28.68%，下降了约12%，由此导致超主导地位的丧失。但是，新加坡仍是我国最大的出口国。新加坡是个典型的转口贸易国家，随着经济全球化的

217

深入发展，各国贸易政策在不断地调整，贸易越来越自由化、便利化，由此导致新加坡转口贸易下降。我国直接出口日益增加，经过新加坡转口的贸易日益下降。

（3）所占份额基本不变。主要指印度尼西亚、菲律宾、泰国和越南4个国家。近几年，印度尼西亚所占份额基本保持在15%左右、菲律宾和越南10%左右、泰国13%左右。

九、中国与前10大出口地区之间的地区结构

表5-13表明：从整体来看，我国商品出口主要集中在这10个地区，而且这10个地区所占份额之和历年皆超过85%。在1993—2004年间，1996年所占份额位于最大值，达89.56%，此后，所占份额呈逐年下降的趋势，1999年为88.24%，2001年为87.25%，2004年降至86.12%。从1996年到2004年的9年间，下降了3.44%，年下降幅度不到0.4%。

如果再进一步分析，我国商品出口则绝对集中于前5个地区。它们分别是：美国、欧盟、中国香港、日本和东盟。在1993—2004年期间，除2004年外，这5个国家和地区所占份额之和历年皆超过75%。1996年所占份额位于最大值，达到79.43%，此后表现为逐年下降的趋势，1999年为78.81%，2001年为77.05%，2004年下降到74.75%。从1996年到2004年的9年间，下降了4.68%，年下降幅度为0.52%。

从后5个地区来看，受1997年亚洲金融危机的影响，其所占份额自1997年的10.13%急剧下降到1998年的8.95%，此后又逐年上升，1999年为9.44%，2003年为10.73%，2004年上升到11.37%。在1998—2004年的7年间，所占份额上升了2.42%，年上升幅度不到0.35%。

可见，我国与10大出口地区之间地区结构的变化程度小于我国与前5大出口地区之间地区结构的变化程度，但大于我国与后 5 大出口地区之间地区结构的变化程度。总的来看，不管是从最大 5 个地区，还是从最大 10 个地区来看，我国出口商品的地区结构都在不断地优化。

表 5－13　中国与前 10 大出口地区之间的地区结构　（单位:%）

序号	年份地区	1993	1994	1995	1996	1997	1998	1999	2000	2001	2002	2003	2004
1	美国	18.57	17.73	16.61	17.66	17.90	20.67	21.52	20.91	20.40	21.49	21.09	21.06
2	欧盟	12.80	12.05	12.83	13.13	13.03	15.32	15.50	15.33	15.37	14.81	16.46	17.07
3	中国香港	24.15	26.74	24.19	21.78	23.96	21.09	18.92	17.86	17.49	17.96	17.40	17.00
4	日本	17.27	17.82	19.13	20.44	17.42	16.16	16.62	16.71	16.89	14.88	13.56	12.39
5	东盟	5.13	5.27	6.07	6.42	6.59	5.94	6.24	6.96	6.91	7.24	7.05	7.23
6	韩国	3.13	3.64	4.50	4.97	4.99	3.41	4.01	4.53	4.70	4.76	4.58	4.69
7	中国台湾省	1.60	1.85	2.08	1.86	1.86	2.11	2.03	2.02	1.88	2.02	2.05	2.28
8	俄罗斯联邦	0.29	1.31	1.12	1.12	1.11	1.00	0.77	0.90	1.02	1.08	1.38	1.53
9	澳大利亚	1.16	1.23	1.09	1.11	1.12	1.27	1.39	1.38	1.34	1.41	1.43	1.49
10	加拿大	1.31	1.15	1.03	1.07	1.04	1.16	1.25	1.27	1.26	1.32	1.29	1.38
1—5 合计		77.91	79.61	78.84	79.43	78.89	79.18	78.81	77.77	77.05	76.37	75.57	74.75
6—10 合计		7.49	9.18	9.82	10.13	10.13	8.95	9.44	10.09	10.20	10.60	10.73	11.37
1—10 合计		85.40	88.79	88.66	89.56	89.02	88.13	88.24	87.86	87.25	86.96	86.30	86.12

说明：10 大出口地区是以 2004 年为基准的。

　　总之，通过以上的分析，可以知道：在上述的一些地区中，我国出口商品的地区结构具有不同的特点，有的地区表现为明显的不平均性，像北美洲、大洋洲和欧洲等地区；有的地区则相反，表现为比较明显的平均性，像东盟等。

第二节　中国出口国际地区结构的
评价指数与数据来源

前文只是对我国出口国际地区结构进行了一般性分析，没有对各个地区之间以及各个地区内部的地区结构进行分析，故我们借鉴并融合不同学科的经典方法，对我国出口国际地区结构的变化进行测度。

一、评价指数

1. 集中度指数（HH 指数）

出口商品的地区集中度是指一国出口商品集中于某地或者某些地区的程度。这里借用经济学上的市场集中度指标赫芬因德指数（HH 指数）来表示。

HH 指数是在 1975 年提出的，主要用于判断产品的市场集中度和垄断程度，它通过把同一行业中各个企业市场份额的平方相加而得。具体公式是①：

$$HH = s_1^2 + s_2^2 + s_3^2 + \cdots + s_n^2 = \sum_{i=1}^{N} s_i^2$$

S_i 代表企业 i 的市场份额，市场里共有 N 个企业。

一般来说，如果一个产业内存在 N 个规模相同的企业，那么 HH 指数的值就是 $1/N$。HH 指数的取值范围在 0—1 之间：（1）指数越趋于 1，表示集中度越高，或者说，在企业数量一定的条件下，这些企业所占份额不断上升。当 HH 指数等于 1 时，市场结构就是单寡头完全垄断市场。（2）指数越趋于 0，表示集

①　刘志彪：《现代产业经济学》，高等教育出版社 2003 年版，第 89 页。

中度越低，或者说，在企业数量一定的条件下，这些企业所占份额不断下降，市场比较平均。当 HH 指数等于 0 时，市场结构就是无数个企业的完全竞争市场。

我们可以将该指数扩展至出口商品的地区结构分析，称之为出口商品的地区集中度指标。该指数的值代表各个国家和地区在一国出口总额中所占比重的平方和，其涵义和市场集中度的涵义相似。在对一个出口主体对某个地区的整体地区结构进行分析时，假设这个主体的出口中所占份额较大的国家或地区的个数一定，那么，如果这些国家的 HH 指数变小，说明这个出口主体的整体地区结构趋于优化，即这些既定的几个国家占该主体出口到该整个地区的份额不断下降，该地区的其他国家占该主体出口到该整个地区的份额不断上升。相反，HH 指数变大，则说明该地区的整体地区结构更加集中于这些既定的几个国家。

221

我们采用这种指数分析中国出口商品在某个地区的整体地区结构的变化情况。在我们的分析中，S_i 代表某国家或地区 i 所占中国出口的份额，N 代表中国共有 N 个出口伙伴。

2. 多样性指数（H 指数）

多样性指数（H）是基于信息论基础之上，借用信息论中不定性的研究方法，用来度量系统结构组成复杂程度的指数，又叫做 Shannon – weaver 多样性指数（简称 Shannon 多样性指数）。多样性指数 H 和下面要讲的均匀度指数（E）是景观生态学中景观指数的最具代表性的两种指数。景观指数是有关景观结构高度浓缩的景观格局信息，定量地分析景观各组成单元即景观群落的类型、数目及其空间分布与配置（Turner，1989[1]）。

---

[1]　Turner M G: "Landscape Ecology: The Effect of Pattern on Process", *Annual Review of Ecology and Systematics*, Vol. 20, 1989, pp. 171 – 197.

多样性指数的具体公式为（Romme，1982[①]；Li，1989[②]；肖笃宁，1991)[③]：

$$H = -\sum_{i=1}^{n} P_i \log_2 P_i$$

P_i 是指景观单元 i 在景观中出现的概率，通常是用该景观单元在景观中占有的面积比例来表示，n 是组成景观的景观单元的类型个数。

H 的取值范围是 H≥0，没有上限。当景观中只有一种景观单元时，H = 0。当景观单元类型增加或者当各种景观单元所占面积比例趋于相似时，H 的值也相应增加（邬建国，2000[④]）。

我们在研究和比较出口商品地区结构的情况时，也可以借鉴此种指数。在运用这类指数时，我们对原公式中的 P_i 和 n 赋予新的含义。P_i 新的含义是：i 国在中国出口总额中所占的份额。n 新的含义就是：中国商品出口的国家和地区总数。

H 的取值范围同样是 H≥0，没有上限。当中国在某地区的出口国家只有一个时，也就是 P_i = 1，则 H = 0。当中国在某地区的出口国家个数增加或者是指定的几个既定出口国家所占份额趋于相似时，H 的值也相应地增加。

因此，该指数可以精确地分析中国在某地区内部的几个既定出口对象国所占份额的变化情况。如果中国在某地区的出口国家

222

---

① Romme W H.: "Fire and Landscape Diversity in Subalpine of Yellowstone National Park", *Ecological Monographs*, Vol. 52, 1982, pp. 199 – 221.

② Li H.: Spatio – temporal Pattern Analysis of Managed Forest Landscapes: A Simulation Approach. *ph. D Dissertation, The Oregon State university*, Corvallis, Otegou, USA, 1989.

③ 肖笃宁：《景观生态学——理论、方法及应用》，中国林业大学出版社1991 年版，第 189 页。

④ 邬建国：《景观生态学》，高等教育出版社 2000 年版，第 106 页。

个数一定时，H 值变大，说明这些国家占中国出口到这个地区的份额趋于平均、差距缩小，中国出口商品在该地区的内部地区结构趋于优化；H 值变小，说明中国出口商品在这几个既定的国家里向更少的几个国家集中，他们占中国出口份额的差距扩大，中国出口商品在该地区的内部地区结构趋于恶化。

3. 均匀度指数（E 指数）

均匀度指数（E）用来描述景观中不同景观单元分布的均匀程度。通常用多样性指数和其最大值的比值来表示。具体公式为：

$$E = \frac{H}{H_{\max}}$$

式中 H 是实际的 Shannon 多样性指数，$H_{\max}$ 是 Shannon 多样性指数的最大值，即最大均匀性条件下的多样性指数。$H_{\max}$ 的具体含义是：如果一个景观由 n 种景观单元组成，那么最大均匀性条件就是，每种生态类型所占的景观面积比例都是 $1/n$，即 $P_i = 1/n$，代入 Shannon 多样性指数公式计算，就可以得出最大均匀性条件下的多样性指数 $H_{\max} = \log_2 n$。以实际多样性指数 H 对 $H_{\max}$ 的比例，即为均匀度指数。可见，E 的取值范围在 0—1 之间，E 越趋于 0 时，分布越不均匀；E 越趋于 1 时，分布越均匀。

如同多样化指数，我们运用这类指数进一步分析某地区的既定几个国家之间的内部地区结构的变化情况。公式 $H_{\max} = \log_2 n$ 中的 n 就是商品出口的国家和地区总数。E 的取值范围在 0—1 之间。在考察中国在某地区出口国家个数一定的条件下，如果 E 值变大，说明这些国家占中国出口份额间的差距不断缩小，这些既定几个国家的内部地区结构日益优化；E 值变小，说明这些国家占中国出口份额间的差距扩大，既定几个国家的内部地区结构日益恶化。

二、数据来源

我们分析的重点是自 1993 年以来中国出口商品的国际地区结构及其变化情况。为了确保数据统计的口径一致，我们分析所用的全部原始数据都来自于历年（1994—2005 年）中国海关统计。

第三节　中国出口国际地区结构的指数分析及其比较

为了对上述中国出口地区之间和地区内部的出口商品地区结构进行比较，我们利用集中度指数（HH）、多样化指数（H）和均匀度指数（E）来进行分析和比较。

为了使比较具有科学性、精确性和可比性，我们做了两方面的前期工作：

（1）对对比地区进行了筛选。所选洲际地区和经济同盟至少都包括 5 个组成国家和地区。符合条件的地区有：洲际地区、欧盟、东盟、亚洲地区、欧洲地区、拉丁美洲地区、非洲地区和出口最大的 10 个地区。

（2）对数据进行了必要的处理。针对符合条件的洲际地区和经济同盟，再从每个地区中选择 5 个出口量最大的国家和地区，然后，针对所选的 5 个国家和地区的数据进行指数计算。

最终，符合上述两个条件的地区有 7 个：洲际 5 大、欧盟 5 大、东盟 5 大、亚洲 5 大、拉美 5 大、非洲 5 大和前 5 大出口地区（出口 5 大）。

一、中国出口商品国际地区结构的整体分析与比较

根据 HH 指数的大小（见表 5-14 和图 5-1），可以把 7 个地区分为四类：（1）地区结构最集中的地区：洲际地区。HH 指数大于 0.3。（2）地区结构比较集中的地区：亚洲地区。HH 指数在 0.2—0.3 之间。（3）地区结构一般集中的地区：欧盟、东盟、拉美地区和前 5 大出口地区。HH 指数在 0.1—0.2 之间。（4）地区结构比较分散的地区：非洲地区。HH 指数小于 0.1。

表 5-14 中国出口商品国际地区结构的 HH 指数

年份	1993	1994	1995	1996	1997	1998	1999	2000	2001	2002	2003	2004
洲际 5 大	0.404	0.429	0.438	0.426	0.417	0.368	0.363	0.366	0.363	0.360	0.350	0.342
东盟 5 大	0.303	0.257	0.246	0.219	0.206	0.192	0.204	0.187	0.178	0.176	0.168	0.172
欧盟 5 大	0.186	0.180	0.159	0.163	0.153	0.147	0.143	0.136	0.134	0.136	0.135	0.128
亚洲 5 大	0.277	0.293	0.265	0.264	0.267	0.265	0.250	0.238	0.237	0.228	0.218	0.210
拉美 5 大	0.091	0.110	0.122	0.123	0.133	0.121	0.111	0.115	0.111	0.144	0.137	0.140
非洲 5 大	0.052	0.075	0.102	0.101	0.093	0.076	0.089	0.082	0.079	0.080	0.088	0.081
出口 5 大	0.142	0.152	0.143	0.142	0.141	0.140	0.138	0.132	0.129	0.128	0.125	0.123

根据 HH 指数的变化趋势（1998—2004 年），可以把 7 个地区分为两类（见图 5-1）：（1）HH 指数逐渐变小。这样的地区有：除了拉美地区之外的 6 个地区。这里要注意的是：亚洲地区的变化最为明显。1998 年亚洲的 HH 指数为 0.265，2004 年下降到 0.210，下降了 0.055。同期，洲际地区只下降了 0.024，东盟

下降了 0.02，欧盟下降了 0.019，前 5 大出口地区下降了 0.017，非洲下降得更少。（2）HH 指数逐渐变大。这样的地区有：拉美地区。从 1999 年的 0.111 上升到 2004 年的 0.140。

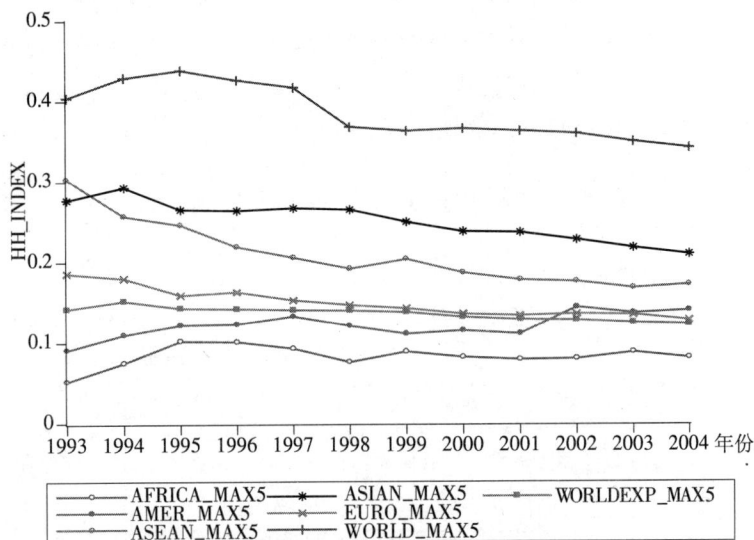

图 5-1　中国出口商品国际地区结构的 HH 指数比较

根据 HH 指数的大小及其变化趋势，可以知道：除拉美地区之外，中国出口商品在亚洲的整体地区结构优化速度最为迅速，其他地区的整体地区结构也在不断地进一步优化，但速度比较缓慢。

那么，为什么拉美地区的整体地区结构会出现恶化的趋势？为什么亚洲地区的整体地区结构优化的速度最为明显？具体原因分析如下：

（1）拉美地区。拉美是一块资源丰富的大陆，委内瑞拉和墨西哥的石油、巴西的铁矿、智利的铜矿、巴西和阿根廷的粮食等都在世界上占有重要地位。随着中国经济的迅速发展，中国对拉美资源性产品的需求越来越大。而中国的制造业产品在拉美各国也很受欢迎，2003年，中国对拉美出口的产品中工业制品占92%，在从拉美进口的产品中，初级产品占60%（范剑青，2005）①。可见，中拉经贸关系具有很强的互补性。但是落实到具体的企业、具体的项目，还存在很多问题。在贸易方面，巴西、阿根廷等国保护主义倾向还比较严重；在态度方面，拉美部分国家对中国抱有错误的看法，一些政客和媒体片面强调中国产品的价格优势，甚至宣扬与中国发展贸易将打击拉美本地的产业；在经营环境方面，拉美不少国家腐败问题比较严重，政策随意性和波动性较大。这些原因导致了我国在拉美出口地区结构的恶化。

（2）亚洲地区。我国在亚洲的出口地区结构优化速度最为迅速，主要是由于亚洲地区特别是东亚地区贸易格局的变化导致的。中国经济崛起尤其是外资、外贸持续稳定高速发展，改变了东亚地区贸易格局，形成了一个以中国为枢纽的区域内"新三角"贸易模式，即其他东亚经济体把零部件特别是一些高级零部件出口到中国，由在中国的外资企业进行加工组装，然后把制成品出口到美、欧等发达国家。可见，中国出口取得的成功是所有东亚经济体出口的成功，其他东亚经济体在世界市场上的不成功将在中国市场上得到补偿。也就是说，中国出口增长不仅不会损害其他东亚经济体，反而还会推动其经济增长。其中，由于中国承担了其他东亚经济体资本（外资）和资本品（技术、高级零部件）输入国的角色，从而使中国在扩大区域贸易规模、调

① 范剑青：《拉美为何如此关注中国》，《外贸经济、国际贸易》2005年第1期。

整产品结构和吸纳外资等多方面成为东亚地区生产过程分散化的核心领导者（李晓等，2005）①。因此，随着我国作为世界制造中心地位的上升，东亚各国为了加强与中国的经济关联，逐渐调整了经济与贸易战略，这就导致我国在亚洲出口地区结构的优化。

二、中国出口商品国际地区结构的内部分析与比较

根据 H 指数变化的趋势，可以把 7 个地区分为两类（见表 5 - 15 和图 5 - 2）：

表 5 - 15　中国出口商品国际地区结构的 H 指数　　（单位:%）

年份	1993	1994	1995	1996	1997	1998	1999	2000	2001	2002	2003	2004
洲际5大	1.576	1.511	1.503	1.528	1.557	1.679	1.679	1.676	1.693	1.690	1.713	1.735
东盟5大	1.994	2.124	2.168	2.058	2.095	2.017	2.050	2.061	2.068	2.079	2.089	2.100
欧盟5大	2.056	2.051	2.032	2.031	2.033	2.032	2.025	2.023	2.007	2.011	2.010	1.989
亚洲5大	1.729	1.743	1.822	1.854	1.854	1.841	1.884	1.921	1.918	1.936	1.934	1.958
拉美5大	1.872	1.918	1.887	1.941	1.982	2.011	1.982	1.982	1.915	1.779	1.857	1.868
非洲5大	1.439	1.499	1.517	1.455	1.576	1.519	1.667	1.634	1.650	1.709	1.738	1.718
出口5大	1.983	1.986	2.008	2.028	2.019	2.025	2.028	2.030	2.023	2.013	2.002	1.991

（1）H 指数表现为变大的趋势。这样的地区有：洲际地区、

① 李晓、丁一兵、秦婷婷：《中国在东亚经济中地位的提升》，《世界经济与政治论坛》2005 年第 5 期。

228

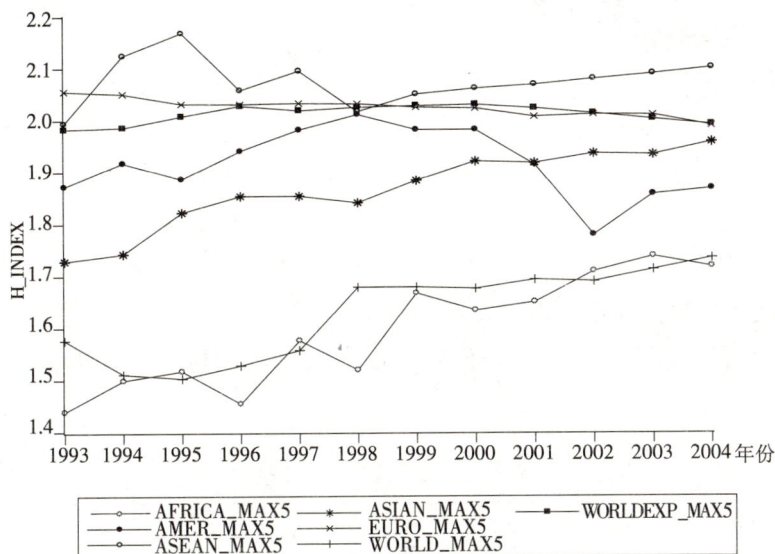

图 5－2 中国出口商品国际地区结构的 H 指数

东盟、亚洲和非洲。其中，在 1998—2004 年间，非洲地区的 H 指数变化最大，增加了 0.199，洲际地区的 H 指数增加了 0.056，东盟的 H 指数增加了 0.083，亚洲的 H 指数增加了 0.117。

（2）H 指数表现为变小的趋势。这样的地区有：欧盟、拉美地区和前 5 大出口地区。其中，欧盟地区的 H 指数下降了 0.043，拉美地区的 H 指数下降了 0.143，前 5 大出口地区的 H 指数下降了 0.034。

也就是说，在洲际地区、东盟、亚洲和非洲等 4 个地区，这些地区中的最大 5 个出口国或地区所占中国出口份额之间的差距不断缩小，日益趋于平均，即各个地区中最大 5 个出口国或地区的内部地区结构日益优化；而在欧盟、拉美地区和前 5 大出口地区等 3 个地区，这些地区中的最大 5 个出口国或地区占中国出口份额之间的差距不断扩大，即各个地区中最大 5 个出口国或地区的内部地区结构日益恶化。

根据 E 指数的变化趋势，可以将 7 个地区分为两类（见表 5-16 和图 5-3）：（1）E 指数变大的地区有：洲际地区、东盟、亚洲和非洲地区。（2）E 指数变小的地区有：欧盟、拉美地区和前 5 大出口地区。根据前文 E 指数的界定，可以知道：E 指数的分析结果和 H 指数的分析结果完全一致。同时，根据 E 指数的数值大小，可以知道：以 2004 年为例，在 7 个地区中，东盟 5 国所占中国的出口份额最为平均，非洲 5 国所占中国的出口份额差异最大。

表 5-16　中国出口商品国际地区结构的 E 指数　　（单位:%）

年份	1993	1994	1995	1996	1997	1998	1999	2000	2001	2002	2003	2004
洲际5大	0.679	0.651	0.647	0.658	0.671	0.723	0.723	0.722	0.729	0.728	0.738	0.747
东盟5大	0.859	0.915	0.934	0.887	0.902	0.869	0.883	0.887	0.891	0.896	0.900	0.905
欧盟5大	0.885	0.883	0.875	0.875	0.876	0.875	0.872	0.871	0.864	0.866	0.866	0.857
亚洲5大	0.745	0.751	0.785	0.799	0.798	0.793	0.812	0.827	0.826	0.834	0.833	0.843
拉美5大	0.806	0.826	0.813	0.836	0.854	0.866	0.854	0.853	0.825	0.766	0.800	0.805
非洲5大	0.620	0.646	0.653	0.627	0.679	0.654	0.718	0.704	0.711	0.736	0.748	0.740
出口5大	0.854	0.855	0.865	0.873	0.869	0.872	0.874	0.874	0.871	0.867	0.862	0.857

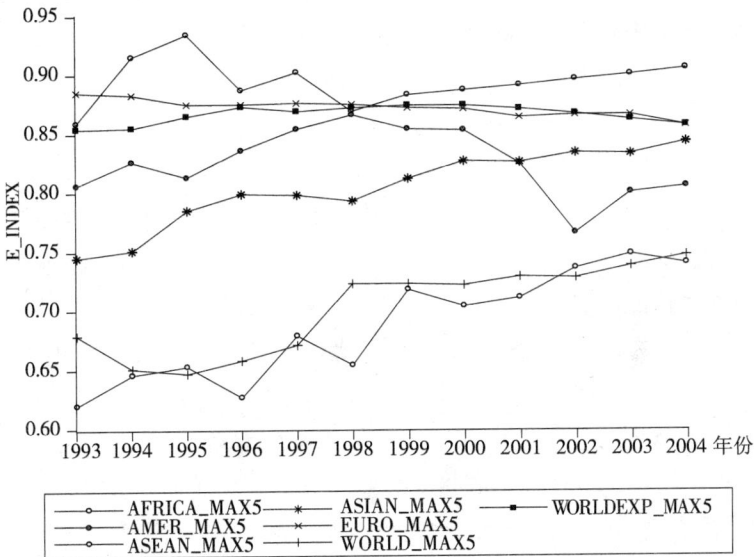

图5-3 中国出口商品国际地区结构的E指数

第四节 基本结论

结论1：在1993—2004年间，中国出口商品的国际地区结构在部分地区存在一定程度的不平均性。从洲际地区来看，中国出口严重依赖亚洲，从经济集团来看，主要依赖于北美自由贸易区和欧盟，从国家或地区来看，主要依赖美国、欧盟、中国香港和日本。在所有的地区中，中国出口商品在北美洲和北美自由贸易区的地区结构最为失衡，美国在这两个地区所占份额都在90%以上。

结论2：在1993—2004年，中国出口商品在部分地区的整体地区结构表现为不断优化的趋势。具体来看：（1）在对比研究的7个地区中，仅从各个地区的最大5个地区来看，出口商品地区结构集中度从大到小的排序是：洲际地区、亚洲地区、东盟、拉美地区、欧盟、前5大出口地区、非洲地区。也就是说，中国出口的国际地区结构在洲际地区最为集中，在非洲最为优化（分散）。（2）除拉美地区的地区结构表现为日益集中的趋势之外，在其他6个地区都表现为日益优化（分散）的趋势，亚洲地区中国出口商品的地区结构迅速优化，其他所有地区的中国出口商品的地区结构也在不断优化，但速度比较缓慢。

结论3：在1993—2004年，中国出口商品在部分地区的内部地区结构也表现为不断优化的趋势。具体来看：（1）在对比研究的7个地区中，仅从各个地区的最大5个地区来看，洲际地区、东盟、亚洲和非洲4个地区内部各个国家和地区占中国出口份额之间的差距不断缩小，地区结构不断优化；欧盟、拉美地区和前5大出口地区3个地区内部各个国家和地区占中国出口份额之间的差距不断扩大，地区结构不断恶化。（2）在对比研究的7个地区中，2004年内部地区结构均匀度从大到小的排序是：东盟、欧盟、前5大出口地区、亚洲地区、拉美地区、洲际地区、非洲地区。也就是说，东盟5国所占中国的出口份额最为平均，非洲5国所占中国的出口份额差异最大。

第六章　中国出口国内
地区结构分析

本章首先按照我国划分为 31 个省市的现状，按照以货源地为统计口径计算的出口数据，对我国出口国内地区结构进行了一般分析；其次，利用 1996—2005 年间的统计数据，运用标准差指数、变异指数、锡尔指数、基尼系数、经济区位熵指数等研究方法对中国 31 个省市之间的出口差异进行了实证研究；最后，运用分形理论中的 R/S 分析方法对 2006—2015 年间我国 31 个省市之间的出口差异发展趋势进行了预测分析。

第一节　中国出口国内地区
结构的一般分析

一、从在出口中的地位来看

按照数值的大小来看（见表 6-1），按照我国各省市在我国出口中地位的重要性，可以分为四类：

（1）超主导地位（1 个）。在我国所有的地区和省市里，只有广东地区处于这种地位，其出口额在我国总出口额中所占份额一般都在 30% 以上。也就是说，我国商品出口的 1/3 都是由广东地区出口的,即在一定程度上可以说,广东地区支撑着我国对外贸易的发展。

表 6-1 1996—2005 年我国各省市出口商品的地区结构

(单位:%)

序号	货源地 年份	1996	1997	1998	1999	2000	2001	2002	2003	2004	2005
1	北京	3.35	3.19	3.53	3.22	3.08	2.97	2.56	2.27	2.21	2.41
2	天津	3.10	2.83	2.97	3.27	3.08	3.33	3.40	3.16	3.45	3.42
3	河北	1.58	1.44	1.42	1.36	1.32	1.30	1.28	1.36	1.64	1.58
4	山西	1.15	1.08	0.93	0.77	0.84	0.97	0.85	0.85	1.21	0.83
5	内蒙古	0.33	0.32	0.28	0.35	0.45	0.34	0.32	0.35	0.32	0.30
6	辽宁	4.83	4.44	4.15	4.17	4.25	4.04	3.70	3.43	3.30	3.24
7	吉林	0.72	0.78	0.60	0.62	0.60	0.57	0.57	0.55	0.32	0.36
8	黑龙江	2.00	1.82	1.08	0.79	0.97	0.82	0.74	0.85	0.63	0.76
9	上海	8.69	8.08	8.50	9.38	9.89	10.09	9.52	10.46	11.75	11.36
10	江苏	7.91	7.90	8.66	9.53	10.58	11.04	11.98	13.60	14.84	16.35
11	浙江	5.73	5.88	6.31	7.00	8.22	9.12	9.69	10.13	10.31	10.70
12	安徽	0.86	0.85	0.84	0.84	0.85	0.82	0.71	0.63	0.60	0.67
13	福建	5.59	6.03	5.83	5.45	5.47	5.56	5.65	5.36	5.15	4.72
14	江西	0.51	0.49	0.62	0.47	0.48	0.41	0.32	0.32	0.44	0.35
15	山东	6.61	6.46	6.14	6.27	6.46	6.94	6.60	6.32	6.27	6.26
16	河南	0.93	0.79	0.73	0.64	0.64	0.69	0.72	0.76	0.74	0.74
17	湖北	0.94	0.93	0.87	0.79	0.76	0.67	0.64	0.59	0.55	0.55
18	湖南	0.88	0.80	0.72	0.72	0.65	0.65	0.55	0.49	0.53	0.51
19	广东	39.70	41.55	41.50	40.40	37.49	36.00	36.58	35.08	32.43	31.63
20	广西	0.92	0.91	0.87	0.63	0.66	0.51	0.45	0.41	0.39	0.38
21	海南	0.26	0.43	0.35	0.28	0.24	0.24	0.21	0.15	0.14	0.11
22	重庆	0.00	0.29	0.26	0.27	0.43	0.44	0.34	0.34	0.32	0.31
23	四川	1.19	0.74	0.66	0.60	0.58	0.63	0.81	0.69	0.59	0.54
24	贵州	0.25	0.26	0.23	0.20	0.19	0.19	0.17	0.19	0.21	0.15

序号	货源地 年份	1996	1997	1998	1999	2000	2001	2002	2003	2004	2005
25	云南	0.67	0.56	0.55	0.47	0.44	0.43	0.40	0.34	0.34	0.31
26	西藏	0.01	0.01	0.02	0.04	0.04	0.03	0.02	0.02	0.02	0.01
27	陕西	0.65	0.56	0.60	0.52	0.53	0.53	0.48	0.44	0.44	0.50
28	甘肃	0.18	0.18	0.21	0.19	0.17	0.18	0.16	0.17	0.17	0.15
29	青海	0.07	0.07	0.06	0.06	0.05	0.06	0.05	0.05	0.08	0.04
30	宁夏	0.11	0.12	0.13	0.15	0.14	0.15	0.11	0.12	0.12	0.11
31	新疆	0.24	0.22	0.36	0.51	0.46	0.25	0.40	0.54	0.49	0.66

说明：数据统计口径是按出口货源地进行统计。

（2）主导地位（3个）。这里主要是指其出口额在我国总出口额中所占份额一般在10%—20%的地区和省市。这样的省市有：上海、江苏和浙江。以2005年的数据来看，上海所占份额是11.36%，江苏所占份额是16.35%，浙江所占份额是10.70%，这三个省市所占出口比例之和为38.41%，只略高于广东一个地区所占的出口比例，但是，却又远远地大于其他省市所占的出口比例。

（3）次主导地位（6个）。这里主要是指其出口额在我国总出口额中所占份额一般都在1%—10%的地区和省市。这样的省市有：北京、天津、河北、辽宁、福建和山东。

（4）一般地位（21个）。这里主要是指其出口额在我国总出口额中所占份额一般都小于1%的地区和省市。除了上述地区之外，其他所有的地区在我国出口中的地位都处于一般地位。

二、从变化趋势来看

根据前文的分析，由于处于一般地位的21个省市在我国出口中所占比例都小于1%，对我国出口商品国内地区结构的影响较小，所以，在此，对这些地区的变化趋势不再分析，只对前三种 10 个地区的变化趋势进行分析。

从表 6-2 可以看出，按照数值的变化趋势，这 10 个地区大概可以分为三类：

表 6-2　1996—2005 年我国国内 10 大出口地区结构 （单位:%）

年份	1996	1997	1998	1999	2000	2001	2002	2003	2004	2005
北京	3.35	3.19	3.53	3.22	3.08	2.97	2.56	2.27	2.21	2.41
辽宁	4.83	4.44	4.15	4.17	4.25	4.04	3.7	3.43	3.3	3.24
广东	39.7	41.55	41.5	40.4	37.49	36	36.58	35.08	32.43	31.63
天津	3.1	2.83	2.97	3.27	3.08	3.33	3.4	3.16	3.45	3.42
河北	1.58	1.44	1.42	1.36	1.32	1.3	1.28	1.36	1.64	1.58
福建	5.59	6.03	5.83	5.45	5.47	5.56	5.65	5.36	5.15	4.72
山东	6.61	6.46	6.14	6.27	6.46	6.94	6.6	6.32	6.27	6.26
上海	8.69	8.08	8.5	9.38	9.89	10.09	9.52	10.46	11.75	11.36
江苏	7.91	7.9	8.66	9.53	10.58	11.04	11.98	13.6	14.84	16.35
浙江	5.73	5.88	6.31	7	8.22	9.12	9.69	10.13	10.31	10.7
合计	87.09	87.8	89.01	90.05	89.84	90.39	90.96	91.17	91.35	91.67

说明：数据统计口径是按出口货源地进行统计。

（1）所占比例基本表现为下降的趋势（4 个）。这样的地区主要有：北京、辽宁、福建和广东。其中，广东降幅最大。在 1996—2005 年间，北京所占比例从 1996 年的 3.35% 下降到 2005 年的 2.41%，下降了 0.94%，辽宁所占比例从 1996 年的 4.83% 下降到 2005 年的 3.24%，下降了 1.59%。福建所占比例从 1996 年的 5.59% 下降到 2005 年的 4.72%，下降了 0.87%。广东所占比例从 1996 年的 39.7% 下降到 2005 年的 31.63%，下降了 8.07%。

（2）所占比例基本表现为上升的趋势（3 个）。这样的地区主要有：上海、江苏和浙江。在 1996—2005 年间，上海地区所占份额从 1996 年的 8.69% 上升到 2005 年 11.36%，上升了 2.67%；江苏地区所占份额从 1996 年的 7.91% 上升到 2005 年 16.35%，上升了 8.44%；浙江地区所占份额从 1996 年的 5.73% 上升到 2005 年 10.7%，上升了 4.97%。可见，在三个上升的地区中，江苏上升幅度最大，其次是浙江，最后是上海。2005 年江苏所占份额在所有地区中仅次于广东，但是，二者的差距却很大。

（3）所占比例基本保持不变（3 个）。这样的地区主要有：天津、河北、山东。在 1996—2005 年间，天津地区所占份额基本保持在 3.2% 左右；河北地区所占份额基本保持在 1.3% 左右；山东地区所占份额一直在 6% 到 7% 之间徘徊，基本保持在 6.5% 左右。

237

总的来看，我国出口国内地区结构日益集中于这 10 大省市。在 1996—2005 年间，这 10 大省市占我国出口的份额都在 85% 以上，且表现为日益增加的态势，所占份额从 1996 年的 87.09% 上升到 2005 年的 91.67%，上升了 4.58%。

第二节　中国出口国内地区差异的评价指数与数据来源

一、评价指数

测度区域经济差异（或差距）的指标有静态指标与动态指标、绝对差异指标与相对差异指标、纵向指标与横向指标、定性指标与定量指标，还有反映地区经济偏离水平的综合指标。我们根据研究的需要，选取以下几个指标对中国省市间出口差异发展趋势进行分析。

1. **总体差异指标：标准差指数和变异指数**

区域差异是指一定时期内区域发展的一种存在状态，可以分为区域绝对差异和区域相对差异两种。区域绝对差异是指区域间经济发展总体水平绝对量的非均等化现象，反映的是经济发展总量的等级水平差异；区域相对差异是指区域间经济发展变化速度的非均等化现象，它反映的是经济发展中的速度差异。对于这两者的衡量目前学术界比较常用的是标准差和变异系数。标准差是统计学上用来反映样本远离总体平均值程度的一项重要指标，标准差值越大，样本越分散，则样本间的平均差距也越大，说明区域间的绝对差异在增大；变异系数在对比分析不同水平的变量数列之间标志值的变异程度时，可以消除水平高低的影响，变异系数越大，说明区域间的相对差异越大。

238 具体公式如下：

（1）绝对差异——标准差指数

$$S = \sqrt{\sum_{i=1}^{N} (X_i - \overline{X})^2 / N}$$

（2）相对差异——变异系数

$$V = \frac{S}{\overline{X}} = \frac{\sqrt{\sum_{i=1}^{N} (X_i - \overline{X})^2 / N}}{\overline{X}}$$

式中：S 是标准差指数；V 是变异系数；X_i 是 i 省份或直辖市的某年出口额；$\overline{X}$ 是某年全国省份和直辖市的平均出口额，即

$\overline{X} = \dfrac{\sum_{i=1}^{n} X_i}{N}$；N 是全国的省份和直辖市数目。标准差指数 S 和变异系数 V 的值越大，表明地区之间的出口差异越大。

2. **差异分解指标：锡尔指数**

目前，锡尔指数是研究收入差距及其分解比较流行的方法。

锡尔指数是从信息和熵的观点出发来考察差异性，其特点是能够把总体的差异分解为组间差异和组内差异。锡尔指数的原始公式是（H. Theil, 1967[1]；魏后凯，1996[2]）：

$$I = \frac{1}{N} \sum_{i=1}^{N} \log \frac{\bar{y}}{y_i}$$

式中 I 是锡尔指数；N 是单位数；y_i 是第 i 个单位人均收入；$\bar{y}$ 是 y_i 的平均值。

如果将所有单位按照一定的方法分成 G 组，那么，就可以把整体差异分解为组内差异和组间差异。如果按照某种方法把所有变量分为 G 组，那么，锡尔的分解方法和公式是（J. Schwarze, 1996[3]；魏后凯，1996[4]；蔡昉、都阳，2000[5]）：

$$I = \sum_{g=1}^{G} P_g I_g + \sum_{g=1}^{G} P_g \log \frac{P_g}{V_g}$$

式中第一项表示各个组内部的差异；第二项则表示各组之间的差异。其中，I_g 是第 g 组内部的差异；P_g 是第 g 组人口在总人口中的份额；V_g 是第 g 组收入在总收入中的份额；g 表示第 g 组。

有鉴于此，我们借鉴锡尔指数对地区出口差异进行分析。根

239

[1] H. Theil: *Economics and Information Theory*, Amsterdam: North – Holland, 1967.

[2] 魏后凯：《中国地区间居民收入差异及其分解》，《经济研究》1996 年第 11 期。

[3] J. Schwarze: "How Income Inequality Changed in Germany Following Reunification: an Empirical Analysis Using Decomposable Inequality Measures", *Review of Income and Wealth*, Vol. 42, No. 1, 1996, pp. 1 – 11.

[4] 魏后凯：《中国地区间居民收入差异及其分解》，《经济研究》1996 年第 11 期。

[5] 蔡昉、都阳：《中国地区经济增长的趋同与差异》，《经济研究》2000 年第 10 期。

据锡尔指数的原始公式、分解公式及其内涵，结合我们研究的目的，我们用省份和直辖市的总数代替分解公式中的人口变量，用出口额代替分解公式中的收入变量。锡尔指数就是：

$$I = \frac{1}{N} \sum_{i=1}^{N} \log \frac{\overline{X}}{X_i}$$

式中 N 是全国省份和直辖市的总数，X_i 是 i 省份或直辖市的某年出口额，$\overline{X}$ 是某年全国省份和直辖市的平均出口额。

如果按照某种方法把全国所有省份和直辖市分为 G 组，那么，分解公式就是：

$$I = \sum_{g=1}^{G} \frac{N_g}{N} I_g + \sum_{g=1}^{G} \frac{N_g}{N} \log \frac{(N_g/N)}{(X_g/X)}$$

式中 g 代表第 g 组，I_g 是第 g 组内部的差异，N_g 代表第 g 组的省份数，N 是全国省份和直辖市的总数，X_g 是第 g 组的出口额，X 是全国出口额。式中第一项表示地区内部的出口差异，第二项表示地区之间的出口差异。

3. 差异风险指标：基尼系数

自从基尼系数问世以来，基尼系数一直是经济学中度量经济不平等的主要指标，在实证研究和政策分析中得到广泛的应用。计算基尼系数的方法有很多种，例如，几何方法、平均差方法、斜方差方法、矩阵方法等等。每一种方法都有其自身的优点和特殊的用处，但是，他们又都是相互统一的，相互之间存在着共性。我们就借鉴基尼系数来分析地区出口差异风险的程度问题。

根据研究需要选取的计算方法是（Sen，1973[①]；Fei，

---

① Sen, Amartya K.: *On Economic Inequality*, Oxford: Clarendon Press, 1973.

Rains, 1974[1]; Fei, Rains, Kuo, 1979[2]):

$$G = \frac{N+1}{N} - \frac{2}{N^2 \mu_X} \sum_{i=1}^{N} (N + 1 - i) X_i$$

G 表示基尼系数; N 表示省份数; X_i 表示 i 省的出口额; μ_X 表示平均出口额, 定义为 $\mu_X = \frac{1}{N} \sum_{i=1}^{N} X_i$。要注意的是: 利用此公式计算时, 要先对出口额从低到高排序, 使出口额大的省份在指数的计算中所占权重较小, 出口额小的省份在指数的计算中所占权重较大。

利用计算结果来判断地区出口差距风险时, 我们同样采用国际上通用的基尼系数判定标准。按照国际通用标准: 基尼系数的取值范围在 0—1 之间, 当基尼系数为 0 时, 表示绝对平等, 地区出口没有差异, 不存在风险; 当基尼系数为 1 时, 表示绝对不平等, 地区出口差异极大, 风险十分严峻。基尼系数越大, 地区出口差异程度越高, 风险越大, 国际上一般把 0.4 作为警戒线, 认为超过 0.4, 往往是社会不稳定的开始。

我们考察的是地区出口差异, 与收入地区差异对社会的影响有所不同, 所以, 我们在参照国际标准的基础上, 按照基尼系数的大小, 把差异风险分为四类: (1) 在 0.3 以下, 表示比较平均, 地区间对外贸易比较平均, 差异不明显, 风险问题不明显 (我们定义为一级风险); (2) 0.3—0.5 之间表示较为合理, 地

---

① Fei, John C. H., Gustav Ranis: "Income Inequality by Additive Factor Components", Economic Growth Center, *YaleUniversity Center Discussion Paper*, No. 207, June, 1974.

② Fei. John C. H., Gustav Ranis, Shirley W. Y. Kuo: "Growth and the Family Distribution of Income by Factor Components", *Quarterly Journal of Economics*, Vol. 92, 1979, pp. 17 – 53.

区间对外贸易差异明显，风险问题显现（我们定义为二级风险）；（3）0.5—0.8 之间表示差异较大，地区间对外贸易差异较大，风险问题突出（我们定义为三级风险）；（4）在 0.8 以上，表示差异过大，地区间对外贸易差异特别严重，风险问题十分突出，由此有可能影响社会的经济安全和政治稳定（我们定义为四级风险）。

4. 地区类型指标：经济区位熵指数

经济区位熵指数，是利用热力学的原理来研究经济的地域分异和区域经济的不平衡发展，是经济地理学采用的一种新方法。所谓区域经济区位熵，是指区域内某地区生产总值占全区的比重与该地区人口总数占全区的比重之比值，具体公式（崔功豪、魏清泉、陈宗兴、许月卿、贾秀丽，2005[①]）：

$$Q_i = \frac{S_i}{P_i}$$

式中 Q_i 为区域经济区位熵，S_i 和 P_i 分别为该地区生产总值与人口总数在全区域中所占的比重。Q_i 值越大，反映该区域经济发展水平相对较高；反之亦然。

根据我们研究的需要，我们构建出口区位熵指数，具体公式是：

$$Q_i = \frac{\dfrac{X_i}{\sum\limits_{i=1}^{N} X_i}}{\dfrac{GDP_i}{\sum\limits_{i=1}^{N} GDP_i}}$$

① 许月卿、贾秀丽：《近 20 年来中国区域经济发展差异的测定与评价》，《经济地理》2005 年第 9 期。

式中 Q_i 为区位熵指数，X_i 是 i 省份或直辖市的某年出口额，GDP_i 是 i 省份或直辖市的国内生产总值，N 表示全国省份和直辖市总数。公式上面是某地区占全国出口的比重，公式下边是某地区占全国生产总值的比例，Q_i 是两种比例的比值。Q_i 值越大，说明 i 省份的出口越发达；反之，说明 i 省份的出口越落后。因此，如果以 $\overline{Q}$（$\overline{Q} = \sum_{i=1}^{N} Q_i / N$）表示全国出口区位熵的平均值，那么，如果 $Q_i > \overline{Q}$ 且 $Q_i > 1$，说明此地区的出口发展水平在全国处于领先地位；如果 $\overline{Q} < Q_i < 1$，说明此地区的出口发展水平一般；如果 $Q_i < \overline{Q}$ 且 $Q_i < 1$，说明此地区的出口发展水平在全国处于落后地位。据此，就可以把全国的省份加以分类。

二、数据来源与时间范围

我们研究所用的所有数据均来源于海关统计数据库。另外，由于我国对外开放自从 1992 年才进入了一个新的全面开放时期，同时为了考察五年计划的变化情况，所以，我们研究的时间范围是两个五年计划，即 1996—2005 年。

三、研究视角与地区划分

我们研究将从不同的视角进行分析：（1）对全国 31 个省市进行分析。（2）对东、中、西部进行分析。东部地区包括个 11 地区，分别是北京、天津、河北、辽宁、上海、江苏、浙江、福建、山东、广东和海南；中部地区包括个 8 地区，分别是山西、吉林、黑龙江、安徽、江西、河南、湖北、湖南；西部地区包括个 12 地区，分别是四川、重庆、贵州、云南、西藏、陕西、甘肃、青海、宁夏、新疆、广西、内蒙古。

第三节 中国出口国内地区
差异的指数分析

一、中国各省市出口绝对差异的 S 指数分析

从表 6-3 和图 6-1 可以看出，在 1996—2005 年间，中国各省市出口绝对额的标准差 S 指数一直保持递增，递增的速度也越来越快，1996 年各省市出口绝对差异为 107 亿美元，2002 年增加到 223 亿美元，2005 年增加到 491 亿美元，大约是 1996 年的 5 倍。从五年计划来看，"九五"期间出口绝对差异的平均值为 139 亿美元，"十五"期间出口绝对差异的平均值增加到 314 亿美元，差异扩大了一倍多。总之，中国各省市的出口绝对差异在不断地扩大。

表 6-3　1996—2005 年中国各省市出口的 S 指数和 V 指数

（S 指数单位：亿美元）

年份	1996	1997	1998	1999	2000	"九五"期间平均
S	107	135	136	142	172	139
V	2.19	2.29	2.30	2.26	2.14	2.24
年份	2001	2002	2003	2004	2005	"十五"期间平均
S	179	223	295	383	491	314
V	2.09	2.13	2.09	2.00	2.00	2.06

其主要原因是：虽然各省市的出口额都在不断地增加，但是增加的额度不一样，东部沿海出口额较多的省市，增加的量较多，西部出口额较少的省市，增加的量较少，最终导致各省市间的出口差异在增长中拉大。

（单位：亿美元）
S指数

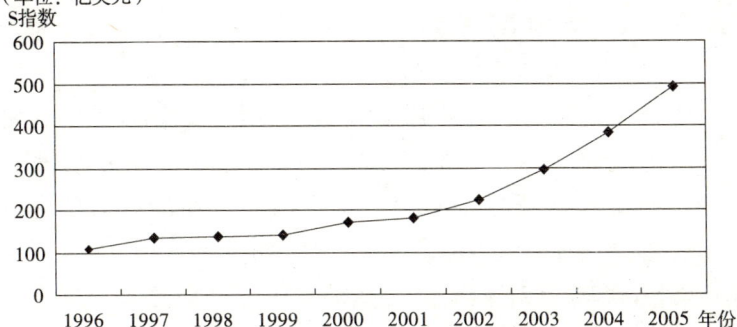

图6-1 中国各省市出口的S指数

二、中国各省市出口相对差异的V指数分析

从表6-3和图6-2可以看出，在1996—2005年，1998年中国各省市出口相对差异的V指数值为2.30，是历史最大值，自从1998年开始，中国各省市出口相对差异的V指数基本保持递减的态势，2002年除外。2000年的V指数值下降到2.14，

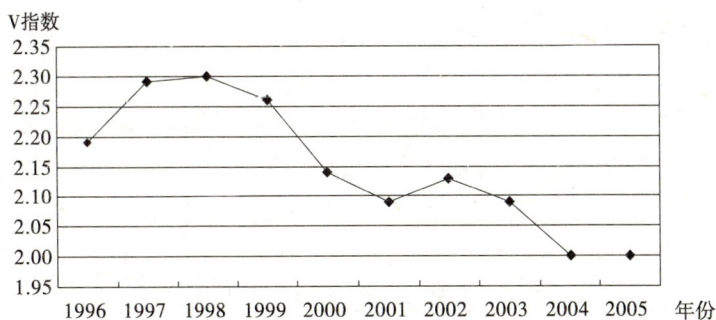

图6-2 中国各省市出口的V指数

2004年达到历史最小值2。从整体趋势来看，中国省市间的出口相对差异也在不断地缩小，"九五"期间出口相对差异的V指数

平均值为 2.24，"十五"期间出口相对差异的 V 指数平均值下降到 2.06。总之，中国各省市的出口相对差异表现为不断下降的趋势。

1998 年相对差异最大的原因可能是由于 1997 年亚洲经济危机导致的。1997 年亚洲发生经济危机，导致全球经济不景气，但中国经济却一枝独秀。1998 年中国对亚洲出口虽然下降 9.9%，但对欧洲及北美洲出口增长 15.7%，对非洲及拉丁美洲出口增长 20.1%，对大洋洲出口增长 11%。出口总额 1838 亿美元，增长 0.5%。其中，一般贸易出口下降 4.8%，加工贸易出口增长 4.9%，机械及运输设备出口增长 14.9%①。但是，出口增加的地区主要是加工贸易较多的东部沿海省市，出口下降的地区主要是内地的省市，从而导致省市间出口相对差异在 1998 年凸显。

2002 年省市间出口相对差异扩大的原因可能是"入世效应"。中国在 2001 年年底加入 WTO，加入 WTO 后，逐步取消了出口的配额、许可证等相关指标，这就使出口额较大省市在 2002 年的出口量在短期内急剧增加，即所谓的"井喷现象"，而出口额较少省市的出口额增加得较少，加入 WTO 效应不明显，从而使省市间的出口差异扩大。

三、东、中、西部各自内部出口差异的 I 指数分析

从整体来看，东部地区内部的差异最大，西部地区内部的差异次之，中部地区内部的差异最小。从各个地区来看，见表 6-4：

（1）东部地区 11 个省市内部的出口差异最大，且差异越来越大。在 1996—2005 年间，I 指数一直保持在 0.25 以上，除 2001 年和 2004 年之外，I 指数基本保持增加的态势，2005 年增

---

① 《关于 1998 年中国国民经济和社会发展统计公报》，国家统计局。

加到 0.290。这种变化趋势说明：东部地区各省市间的出口速度和经济发展速度也日益出现两极分化，也就是说，在出口量都增加的同时，所占份额较大的省市，其份额越来越大；所占份额较小的省市，其份额越来越小。

表 6-4　1996—2005 年东、中、西部各自内部出口差异的 I 指数值

年份	1996	1997	1998	1999	2000	2001	2002	2003	2004	2005
东部	0.256	0.251	0.258	0.263	0.262	0.257	0.272	0.289	0.281	0.290
中部	0.031	0.027	0.008	0.006	0.010	0.012	0.015	0.018	0.030	0.020
西部	0.219	0.189	0.172	0.120	0.127	0.125	0.159	0.145	0.124	0.175

（2）中部地区 8 个省市内部的出口差异最小。在 1996—2005 年间，1999 年 I 指数最小，为 0.006，其后，一直保持增加的态势，到 2004 年增加到 0.030。可见，不仅 I 指数本身值很小，而且增加的速度也很小。这种变化趋势说明：中部地区省市的发展速度比较均衡。

247

（3）西部地区 12 个省市内部的出口差异在 3 个地区中居于中间位置。在 1996—2005 年间，I 指数大于中部地区，小于东部地区，I 指数一般只有东部地区的一半左右；另外，I 指数的变化趋势不如东部和中部地区明显和稳定，从整体上来看，可以说在 1996—2001 年间保持下降的态势，I 指数值从 1996 的 0.219 下降到 2001 年的 0.125，自从 2002 年开始表现为上升的趋势，2005 年 I 指数值上升到 0.175。

四、中国各省市出口差异的 I 指数分解分析

从中国各省市出口差异的 I 指数来看，基本保持增加的态势，1996 年 I 指数值为 0.524，1999 年增加到 0.550，2003 年增加到 0.597，2005 年达到历史最大值 0.625。可见，东、中、西部的出口差异表现为不断增加的态势，差异越来越大。

从表6-5来看，在全国各省市出口差异的构成中：（1）三大地区间的外部差异占据主导地位，且越来越明显。从数值来看，三大地区间外部差异的I指数从1996年的0.340增加到1999年的0.408，2005年增加到0.449。从所占份额来看，自1998年以来一直保持在70%以上，2005年所占份额为71.84%。另外，地带间的外部差异主要来源于中部和西部地区。（2）三个地区的内部差异在全国总差异中的地位日益下降。从数值来看，三大地区内部差异的I指数从1997年的0.169下降到2001年的0.143，其后开始增加，2005年增加到0.176。从所占份额来看，自1998年以来一直保持在30%以下。从地区来看，东部地区的内部差异最大，也就是说，地区内部差异主要来源于东部地区的内部差异。

248

表6-5 1996—2005年东、中、西部出口差异的I指数及其分解情况

年份		1996	1997	1998	1999	2000	2001	2002	2003	2004	2005
数值	I指数	0.524	0.538	0.546	0.550	0.545	0.562	0.592	0.597	0.597	0.625
	外部差异	0.340	0.369	0.386	0.408	0.400	0.419	0.430	0.434	0.442	0.449
	内部差异	0.184	0.169	0.160	0.142	0.145	0.143	0.162	0.163	0.155	0.176
比例(%)	外部差异	64.89	68.59	70.70	74.18	73.39	74.56	72.64	72.70	74.04	71.84
	内部差异	35.11	31.41	29.30	25.82	26.61	25.27	27.36	27.47	26.13	28.16

从五年计划来看（见表6-6），在"九五"期间，I指数的平均值为0.541，外部差异的平均值为0.381，内部差异的平均值为0.160，外部差异所占比例为70.43%，内部差异所占比例为29.57%。在"十五"期间，I指数的平均值为0.595，外部差异的平均值为0.435，内部差异的平均值为0.160，外部差异所占比例为73.11%，内部差异所占比例为26.89%。可见，从"九五"到"十五"，东、中、西部的总体出口差异在不断地扩

大，差异的扩大主要是由外部差异导致的，内部差异没有发生多少变化。

表6-6 "九五"、"十五"期间东、中、西部出口
差异的 I 指数及其分解情况

时间	平均值			比例（%）		
	I指数	外部差异	内部差异	I指数构成	外部差异	内部差异
"九五"期间	0.541	0.381	0.160	100	70.43	29.57
"十五"期间	0.595	0.435	0.160	100	73.11	26.89

五、中国各省市出口差异的 G 指数分析

从表6-7和图6-3可以看出，在1996—2005年间，中国各省市出口差异的 G 指数一直保持在0.7以上，2002年值最大，为0.792。按照 G 指数的变化情况，可以分为两个阶段：在1996—2002年间基本表现为增加的态势；在2003—2005年基本保持稳定的态势。

表6-7 中国各省市出口差异的 G 指数

年份	1996	1997	1998	1999	2000	"九五"期间平均
G指数	0.714	0.725	0.732	0.739	0.734	0.729
年份	2001	2002	2003	2004	2005	"十五"期间平均
G指数	0.738	0.792	0.751	0.749	0.753	0.757

根据风险的划分来看，在1996—2005年间，中国地区间出口差异导致的风险一直处于第三等级，即地区间出口差异较大，由此导致的风险问题日益突出。但是，还没有达到第四等级，还没有因此影响社会的经济安全和政治稳定。

但是，各省市出口差异扩大及其导致的风险问题日益突出，国家和地方政府要特别关注此问题。在"九五"期间，G 指数

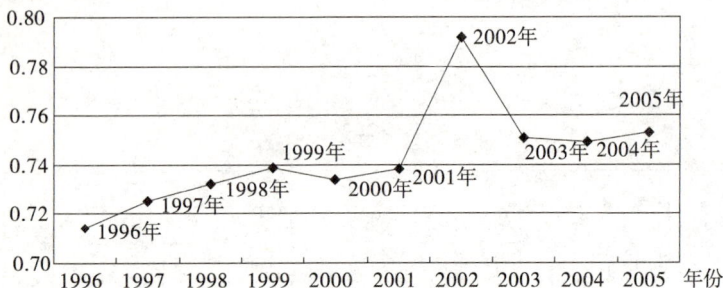

图6-3 中国各省市出口差异的 G 指数

的平均值为 0.729，"十五"期间，G 指数的平均值上升到 0.757，可见，风险增加的速度还是很快的。这里的分析结果与前文分析的绝对差异不断扩大的结果是一致的。

六、中国各省市对外贸易出口类型的 Q 指数分析

从地区类型划分来看，计算结果表明（见表 6-8）：2005年，在我国 31 个省市中，出口发展水平在全国处于领先地位的有 6 个地区，分别是广东、上海、天津、江苏、浙江、福建；出口发展水平一般的地区有 3 个，分别是北京、辽宁、山东；其他 22 个地区的出口发展处于落后的地位。

表6-8 1996—2005 年中国 31 个省市的 Q 指数

年份	1996	1997	1998	1999	2000	2001	2002	2003	2004	2005
北京	1.41	1.35	1.45	1.30	1.21	1.12	0.94	0.84	0.84	0.69
天津	1.91	1.76	1.84	1.98	1.83	1.93	1.95	1.75	1.92	1.83
河北	0.31	0.28	0.28	0.26	0.25	0.25	0.25	0.26	0.30	0.31
山西	0.60	0.56	0.52	0.45	0.50	0.58	0.49	0.47	0.65	0.39
内蒙古	0.22	0.23	0.20	0.24	0.31	0.23	0.21	0.22	0.19	0.15
辽宁	1.04	0.95	0.88	0.88	0.88	0.86	0.83	0.78	0.78	0.80

年份	1996	1997	1998	1999	2000	2001	2002	2003	2004	2005
吉林	0.36	0.42	0.32	0.33	0.32	0.30	0.30	0.30	0.18	0.20
黑龙江	0.57	0.52	0.32	0.24	0.29	0.25	0.22	0.26	0.19	0.27
上海	2.04	1.85	1.90	2.04	2.11	2.18	2.07	2.27	2.58	2.46
江苏	0.90	0.91	0.99	1.08	1.20	1.24	1.32	1.48	1.57	1.77
浙江	0.94	0.97	1.04	1.14	1.32	1.44	1.46	1.46	1.50	1.58
安徽	0.25	0.25	0.25	0.25	0.27	0.26	0.24	0.22	0.20	0.25
福建	1.47	1.54	1.46	1.34	1.36	1.39	1.42	1.39	1.39	1.42
江西	0.23	0.22	0.27	0.22	0.23	0.20	0.16	0.15	0.21	0.17
山东	0.76	0.75	0.71	0.72	0.73	0.79	0.74	0.69	0.66	0.67
河南	0.17	0.15	0.14	0.12	0.12	0.13	0.14	0.15	0.14	0.14
湖北	0.21	0.21	0.19	0.18	0.17	0.15	0.15	0.15	0.14	0.17
湖南	0.23	0.21	0.19	0.19	0.17	0.18	0.16	0.14	0.15	0.15
广东	4.15	4.36	4.32	4.18	3.77	3.61	3.66	3.49	3.30	2.80
广西	0.37	0.39	0.38	0.28	0.31	0.24	0.22	0.20	0.19	0.18
海南	0.46	0.81	0.66	0.53	0.46	0.47	0.41	0.30	0.29	0.25
重庆	0.19	0.16	0.15	0.16	0.26	0.27	0.20	0.20	0.19	0.20
四川	0.27	0.17	0.15	0.14	0.14	0.15	0.19	0.17	0.15	0.14
贵州	0.24	0.25	0.23	0.20	0.19	0.19	0.17	0.19	0.22	0.15
云南	0.30	0.26	0.25	0.22	0.22	0.22	0.21	0.18	0.19	0.18
西藏	0.13	0.12	0.14	0.35	0.36	0.24	0.15	0.17	0.15	0.11
陕西	0.38	0.33	0.36	0.31	0.31	0.31	0.27	0.25	0.25	0.27
甘肃	0.18	0.18	0.20	0.18	0.17	0.18	0.16	0.18	0.18	0.15
青海	0.27	0.26	0.24	0.23	0.20	0.22	0.17	0.18	0.27	0.15
宁夏	0.38	0.43	0.46	0.53	0.52	0.53	0.39	0.43	0.44	0.35
新疆	0.18	0.16	0.26	0.39	0.33	0.18	0.29	0.39	0.37	0.50
平均值	0.68	0.68	0.67	0.67	0.66	0.65	0.63	0.62	0.64	0.61

251

从变化趋势来看，在 1996—2005 年间，在发展水平处于一般和领先地位的 9 个地区中，广东、北京、辽宁 3 个地区的出口发展表现为明显的下降趋势，上海、江苏、浙江 3 个地区的出口发展表现为明显的上升趋势，天津、山东、福建 3 个地区的出口发展基本保持稳定。其他 22 个地区的出口发展都变化不大。从整体来看，北京、广东的下降趋势和江苏、浙江的上升趋势最为明显。其中，北京的地位从领先地区转变为一般地区，江苏、浙江从一般地区转变为领先地区。

第四节　中国出口国内地区差异发展趋势的预测分析

一、R/S 分析方法理论概述

分形（Fractal）理论是近年来在国际上兴起的非线性科学中的前沿数学工具，主要研究和揭示复杂的自然和社会现象中所隐藏着的规律性、层次性和标度不变性，是一门跨学科的新学科，是一种探索复杂性对象的新方法，它已在许多领域中取得了辉煌成果。分形理论的诞生，为时间序列分析提供了崭新的途径，通过运用分形理论中的 R/S 分析方法（Rescaled Range Analysis，重标极差分析法），可以对时间序列所具有的分形特征进行研究，找出其变化规律，并预测其发展趋势。

分形是人们对自然界和社会经济活动中所遇到的不规则事物的一种数学抽象。分形理论是由美籍法国数学家 Mandelbrot（曼德尔布罗特）创建的，它是一门描述自然界中许多不规则事物的规律性的科学。1967 年 Mandelbrot 在美国《科学》杂志上发表了一篇题为《英国的海岸线有多长》的论文，在文中首次阐明了他的分形思想。但是，直到现在的理论研究中，对于分形概念还没有一个完整、确切的定义，一般只是把自相似性和持久性作为分形存在的两个基本特征，R/S分析则被理论界誉为最典型、最具代表性的分形分析方法之一。

R/S分析是由水文专家Hurst（赫斯特）1951年在大量实证研究的基础上提出的一种分析方法[1]，以后经Mandelbrot和Taqqu（1979）[2]等多位学者的不断努力而趋于完善[3]。Hurst从1907年开始从事尼罗河水坝的研究工作，他通过度量发现水库水位是围绕时间上的平均水平而涨落的，而涨落的极差是变化的，它依赖于用于度量的时间长度。通过多年的研究，Hurst给出了一个由R/S方法计算的统计量来表述这种特性：Hurst指数（以下简称H指数）。H指数对于解释许多自然现象都有着广泛的用途，因为它对于被研究的系统所要求的假定很少，而且它可以将时间序列分类，即H指数可以把一个随机序列（该随机序列可以是非正态分布序列）从一个非随机序列中区分开来。

目前，R/S分析已被广泛应用于自然科学和社会经济科学各领域。其中，国内外学者将R/S分析方法运用于股票市场的研究最为常见。其实，地区经济发展差距、出口差异的时间变化也可以用分形理论进行研究。

就地区出口差异的发展趋势而言，可将观测数据（例如，S指数、V指数、I指数、G指数等）按年代顺序组成一个时间序

---

① Hurst, H. E: "Long Term Storage Capacity of Reservoirs", *Transactions of the American Society of Civil Engineers,* Vol. 116, 1951, pp. 770 – 799.

② Mandelbrot, B. B, Taqqu, M. S: "Robust R/S Analysis of Long – Run Serial Correlation", *Bulletin of the International Statistical Institute,* Vol. 48, 1979, pp. 69 – 99.

③ Anning Wei, Raymond MLeuthold: "Agriculture Futures Prices and Long Memory Process", New York: *SSRN Yorking Paper,* 2000.

列，以时间为横坐标，观测数据为纵坐标，把各点相连就成了曲折线段。对这种非光滑、不可微分的分形曲线，用经典的数学处理显得困难，而用分形理论则比较容易。

我们就将用分形理论中的 R/S 分析方法分析 1996—2005 年中国 31 个省份出口差异指标的变化规律，预测将来的变化趋势。我们所采用的 R/S 分析方法，不对未来作任何假设，从历史数据出发，预测该时间序列在和过去相同的环境条件下将来的发展趋势，即我们依据 1996—2005 年中国 31 个省市出口差异的变化情况，预测 2005 年以后出口差异的变化情况。

二、R/S 分析方法理论模型与计算方法

（一）理论模型

对于一个平稳的时间序列而言，常常可以通过考虑其先后观测数据之间的关系，获得与时间相关的过程规律，以此来预测该时间序列未来的发展趋势。观测数据之间的关系可以用自相关函数来描述。具体描述如下：

1. 定义一个时间序列

$$\varepsilon(t)\ (-\infty < t < \infty)$$

2. 定义"自协方差函数"$\gamma_\varepsilon(r,s)$

$$\gamma_\varepsilon(r,s) = Cov(\varepsilon(r),\varepsilon(s)) = E[(\varepsilon(r) - E\varepsilon(r))(\varepsilon(s) - E\varepsilon(s))]$$

3. 定义"平稳时间序列"

方差有限，期望为常数，自协方差满足下列等式的时间序列称之为"平稳时间序列"。

$$\gamma_\varepsilon(r,s) = \gamma_\varepsilon(r+t,s+t)$$

4. 定义自相关函数

$$\rho_\varepsilon(h) = \gamma_\varepsilon(h)/\gamma_\varepsilon(0) = Corr(\varepsilon(t+h),\varepsilon(t))$$

5. 当自相关函数满足

$$\rho_\varepsilon(h) \to C_\rho h^{-\alpha}\ (h \to \infty)$$

同时 C_ρ 是个正常数，α 是实数（α 是一个收敛速率），那么，自相关函数就是不可加得（即所有自相关函数相加等于无穷大）：

$$\sum_{h=-\infty}^{\infty} \rho_\varepsilon(h) = \infty$$

那么，这个时间序列 $\varepsilon(t)$ 就是具有长记忆特征的平稳时间序列。

长记忆特征的平稳时间序列在数学上就具有分形特点，因此，就可以用现有的观测值来预测未来的时间序列发展趋势。

此时，H 指数（赫斯特指数）和收敛速率 α 存在以下关系：

$$H = 1 - \alpha/2$$

H 指数这个统计量对于所有时间序列的分析都有广泛的用处。根据统计学原理可知：如果序列呈随机游动，那么 H = 0.5。当 H≠0.5 时，观察不是独立的，每一个观察都带着它之前发生的所有事件的"记忆"。这种记忆是长期的，理论上是永远延续的。近期事件的影响比远期大，但残留的影响总是存在的。理论上证明了的关联函数是：

$$C(t) = \frac{[-\Delta B(-t)\Delta B(t)]}{[\Delta B(-t)^2]} = 2^{2H-1} - 1$$

式中：$\Delta B(t)$ 是未来增量，$\Delta B(-t)$ 是过去的增量。关联函数 $C(t)$ 反映了事物发展的未来状态与过去历史的相关特性。

因此，可以得到三种类型的 H 指数：（1）当 H = 0.5 时，C（t）=0，过去的增量 ΔB（-t）与未来增量 ΔB（t）无关，这表明序列是随机的。（2）当 H < 0.5 时，C（t）<0，这表明是一种负相关的时间序列，即过去增量 ΔB（-t）与未来增量 ΔB（t）呈负相关关系。如果一个系统以前是向上，那么下一个时期多半向下；反之亦然，如果一个系统以前是向下，那么下一

个时期多半向上。这种特性依赖于离 0 有多远，越接近 0，这种时间序列就具有比随机序列更强的突变性或异变性。（3）当 H > 0.5 时，$C(t)$ > 0，这表明是一个呈正相关关系的时间序列。如果前一个时间序列是向上的，那下一个时期将继续是向上的；如果前一个时间序列是向下的，那下一个时期将继续是向下的。趋势增强行为的强度随 H 接近于 1 的程度而增加。

总的来说就是：当 H = 0.5 时，序列是随机的；当 H < 0.5 时，序列是负相关的，未来发展趋势与原来情况相反，H 越趋近于 0，趋势变化行为就越明显；当 H > 0.5 时，序列是正相关的，未来发展趋势与原来情况相同，H 越趋近于 1，趋势增强行为就越明显。

（二）计算方法

从一个既存的时间序列 B（t）开始进行考察（我们分别对前文计算所得的各指数时间序列进行考察，例如，S 指数、V 指数、I 指数、G 指数等指数），可得：

差值序列：

$$\varepsilon(t) = B(t+1) - B(t) \quad (\tau = 1,2,3,\cdots) \tag{6-1}$$

式中，$t = 1, 2, 3, \cdots, \tau$ 为时间间隔，则有均值序列：

$$E\varepsilon(t)\tau = \frac{1}{\tau}\sum_{i=1}^{\tau}\varepsilon(t) \quad (\tau = 1,2,3,\cdots) \tag{6-2}$$

$$X(t,\tau) = \sum_{u=1}^{\tau}\varepsilon(u) - E\varepsilon(u)\tau \quad (\tau = 1,2,3,\cdots) \tag{6-3}$$

式中，$X(t,\tau)$ 为累积离差，$\varepsilon(u)$ 为该时间间隔内第 u 次的输入量，$E\varepsilon(u)\tau$ 为 $\varepsilon(u)$ 的平均值，则极差为：

$$R(\tau) = \max_{1\leqslant t\leqslant\tau} X(t,\tau) - \min_{1\leqslant t\leqslant\tau} X(t,\tau) \quad (\tau = 1,2,3,\cdots)$$

$$\tag{6-4}$$

标准差为：

$$S(\tau) = \sqrt{\frac{1}{\tau} \sum_{u=1}^{\tau} \left[\varepsilon(u) - E\varepsilon(u)_{\tau} \right]^2} \ (\tau = 1,2,3,\cdots)$$

$$(6-5)$$

用观察值的标准差去除以极差得 $R(\tau)/S(\tau)$，即称之为重标极差，R/S 值可由下面的经验公式描述，具体为（谢和平、薛秀谦，1997）①：

$$R/S = (a\tau)^H \qquad (6-6)$$

式中，τ 为观察次数，a 为常数，H 为 Hurst 指数或 H 指数。

由 (1-6) 式可得：

$$\ln R/S = H\ln(a\tau) \qquad (6-7)$$

在 R/S 与 τ 的 ln /ln 图上，H 表现为其斜率。在双对数坐标系 $(\ln(\tau), \ln R/S)$ 中用最小二乘法拟合，可得到 H 指数。我们是在 Windows 系统下，利用 Matlab 统计软件包的回归分析函数（regress）做了最小二乘拟合的计算。

三、发展趋势预测分析

根据上述分析方法，分别对前文计算的全国 31 个省市出口差异的 S 指数、V 指数、I 指数、G 指数等指数进行分析，计算结果分别如下：

1. 全国 S 指数的 R/S 分析

从表 6-9 可知：

H（1996—2005）= 0. 4795 < 0. 5，C（t）< 0，这就说明 2006—2015 年间全国 S 指数的发展趋势与 1996—2005 年间的发展趋势相反，即 2006—2015 年全国 S 指数将表现为下降的发展趋势。

H（1996—2000）= 0. 125 < 0. 5，C（t）< 0，这就说明

----

① 谢和平、薛秀谦：《分形应用中的数学基础与方法》，科学出版社 1997 年版。

2006—2010 年间全国 S 指数的发展趋势与 1996—2000 年间的发展趋势相反，即 2006—2010 年全国 S 指数将表现为下降的发展趋势。

表 6-9   全国 S 指数的 R/S 分析结果

年份	1996	1997	1998	1999	2000	2001	2002
1999	0.0488						
2000	0.125	0.125					
2001	0.1664	0.1664	0.2224				
2002	0.2227	0.2227	0.2616	0.2607			
2003	0.3212	0.3212	0.3522	0.3611	0.3951		
2004	0.4084	0.4084	0.434	0.4467	0.4819	0.5409	
2005	0.4795	0.4795	0.501	0.5147	0.5478	0.5997	0.6662

H（2001—2005）= 0.5409 > 0.5，C（t）> 0，这就说明 2011—2015 年间全国 S 指数的发展趋势与 2001—2005 年间的发展趋势相同，即 2011—2015 年全国 S 指数将表现为上升的发展趋势。

2. 全国 V 指数的 R/S 分析

从表 6-10 可知：

表 6-10   全国 V 指数的 R/S 分析结果

年份	1996	1997	1998	1999	2000	2001	2002
1999	0.1334						
2000	0.3876	0.3876					
2001	0.5127	0.5127	0.5978				
2002	0.5596	0.5596	0.6166	0.6527			
2003	0.5828	0.5828	0.6237	0.6487	0.6563		
2004	0.6033	0.6033	0.6344	0.6534	0.6593	0.6529	
2005	0.6154	0.6154	0.6399	0.6547	0.6592	0.6548	0.6559

H（1996—2005）= 0.6154 > 0.5，C（t）> 0，这就说明 2006—2015 年间全国 V 指数的整体发展趋势与 1996—2005 年间的发展趋势相同，即 2006—2015 年全国 V 指数将表现为下降的发展趋势。

H（1996—1999）= 0.1334 < 0.5，C（t）< 0，这就说明 2006—2009 年间全国 V 指数的发展趋势与 1996—1999 年间的发展趋势相反，即 2006—2009 年全国 V 指数将表现为下降的发展趋势。

H（1998—2001）= 0.5978 > 0.5，H（2002—2005）= 0.6559 > 0.5，C（t）> 0，这就说明 2008—2015 年间全国 S 指数的发展趋势与 1998—2005 年间的发展趋势相同，即 2008—2015 年全国 S 指数将表现为下降的发展趋势。

3. 全国 G 指数的 R/S 分析

从表 6 - 11 可知：

表 6 - 11　全国 G 指数的 R/S 分析结果

年份	1996	1997	1998	1999	2000	2001	2002
1999	0.0873						
2000	0.3016	0.3016					
2001	0.4049	0.4049	0.4809				
2002	0.3962	0.3962	0.4444	0.4637			
2003	0.3568	0.3568	0.3891	0.3963	0.3775		
2004	0.3519	0.3519	0.376	0.3802	0.365	0.323	
2005	0.3524	0.3524	0.3711	0.3741	0.3622	0.3323	0.3206

H（1996—2005）= 0.3524 < 0.5，C（t）< 0，这就说明 2006—2015 年间全国 G 指数的发展趋势与 1996—2005 年间的发展趋势相反，即 2006—2015 年全国 G 指数将表现为下降的发展

趋势。

H（1996—2000） = 0.3016 < 0.5，H（2001—2005） = 0.3323 < 0.5，另外，任何两个年份之间的 H 值都小于 0.5，这就说明 2006—2015 年全国 G 指数将表现为明显的下降趋势。

4. 全国 Q 指数平均值的 R/S 分析

从表 6 - 12 可知：

表 6 - 12　全国 Q 指数平均值的 R/S 分析结果

年份	1996	1997	1998	1999	2000	2001	2002
1999	− 0.236						
2000	− 0.0551	− 0.0551					
2001	0.141	0.141	0.1948				
2002	0.2999	0.2999	0.343	0.417			
2003	0.3962	0.3962	0.4301	0.4889	0.5661		
2004	0.386	0.386	0.411	0.4523	0.5004	0.5202	
2005	0.36	0.36	0.3789	0.4087	0.44	0.4441	0.4037

H（1996—2005） = 0.36 < 0.5，C（t） < 0，这就说明 2006—2015 年间全国 Q 指数平均值的发展趋势与 1996—2005 年间的发展趋势相反，即 2006—2015 年全国 S 指数将表现为上升的发展趋势。

H（1996—2000） = − 0.0551 < 0.5，C（t） < 0，这就说明 2006—2010 年间全国 Q 指数平均值的发展趋势与 1996—2000 年间的发展趋势相反，即 2006—2010 年全国 S 指数将表现为上升的发展趋势。

H（2001—2005） = 0.4441 < 0.5，H（2002—2005） = 0.4037 < 0.5，C（t） < 0，这就说明 2011—2015 年间全国 Q 指数平均值的发展趋势与 2001—2005 年间的发展趋势相反，即

2011—2015 年全国 Q 指数平均值将表现为上升的发展趋势。

5. 全国 I 指数的 R/S 分析

从表 6 - 13 可知：

表 6 - 13　全国 I 指数的 R/S 分析结果

年份	1996	1997	1998	1999	2000	2001	2002
1999	0. 1316						
2000	0. 3725	0. 3725					
2001	0. 4051	0. 4051	0. 4811				
2002	0. 4287	0. 4287	0. 4787	0. 4937			
2003	0. 4411	0. 4411	0. 4766	0. 4865	0. 4669		
2004	0. 4433	0. 4433	0. 4699	0. 4765	0. 4616	0. 4642	
2005	0. 438	0. 438	0. 4586	0. 463	0. 4506	0. 4506	0. 4447

H（1996—2005）= 0. 438 < 0. 5，C（t）< 0，这就说明 2006—2015 年间全国 I 指数的整体发展趋势与 1996—2005 年间的发展趋势相反，即 2006—2015 年全国 I 指数将表现为下降的发展趋势。

H（1996—2000）= 0. 3725 < 0. 5，H（2001—2005）= 0. 4506 < 0. 5，另外，任何两个年份之间的 H 值都小于 0. 5，这就说明 2006—2015 年全国 I 指数将表现为明显的下降趋势。

6. 东、中、西部内部差异 I 指数的 R/S 分析

从表 6 - 14 可知：

H（1996—1999）= - 0. 2309 < 0. 5，C（t）< 0，这就说明：在 2006—2009 年间，东、中、西部内部差异 I 指数的发展趋势与 1996—1999 年间的发展趋势相反，即 2006—2009 年东、中、西部内部差异 I 指数将表现为上升的发展趋势。

表 6-14　东、中、西部内部差异 I 指数的 R/S 分析结果

年份	1996	1997	1998	1999	2000	2001	2002
1999	−0.2309						
2000	0.0138	0.0138					
2001	0.2084	0.2084	0.2679				
2002	0.3504	0.3504	0.3962	0.4774			
2003	0.4404	0.4404	0.4759	0.5388	0.601		
2004	0.4929	0.4929	0.5209	0.57	0.6172	0.6486	
2005	0.5366	0.5366	0.5593	0.5992	0.6372	0.6625	0.6719

H（2000—2005）= 0.6372 > 0.5，H（2000—2003）= 0.601 > 0.5，H（2002—2005）= 0.6719 > 0.5，C（t）> 0，这就说明：在 2010—2015 年间，东、中、西部内部差异 I 指数的发展趋势与 2000—2005 年间的发展趋势相同，即 2010—2015 年东、中、西部内部差异 I 指数将表现为上升的发展趋势。

总的来说，在今后的 10 年里，东、中、西部内部差异 I 指数将一直保持上升的发展趋势。

7. 东、中、西部外部差异 I 指数的 R/S 分析

从表 6-15 可知：

表 6-15　东、中、西部外部差异 I 指数的 R/S 分析结果

年份	1996	1997	1998	1999	2000	2001	2002
1999	−0.0768						
2000	0.1988	0.1988					
2001	0.3096	0.3096	0.3776				
2002	0.3701	0.3701	0.417	0.4678			
2003	0.437	0.437	0.4724	0.5123	0.5266		
2004	0.4892	0.4892	0.5171	0.5495	0.5646	0.5876	
2005	0.5319	0.5319	0.5546	0.5816	0.596	0.6172	0.6495

262

H（1996—2005）＝0.5319＞0.5，C（t）＞0，这就说明：在2006—2015年间，东、中、西部外部差异 I 指数的发展趋势与2000—2005年间的发展趋势相同，即2006—2015年东、中、西部外部差异 I 指数将表现为上升的发展趋势。

H（1996—2000）＝0.1988＜0.5，H（1996—1999）＝0.1988＜0.5，H（1997—2000）＝0.1988＜0.5，C（t）＜0，这就说明：在2006—2010年间，东、中、西部外部差异 I 指数的发展趋势与1996—2000年间的发展趋势相反，即2006—2010年东、中、西部外部差异 I 指数将表现为下降的发展趋势。

H（2000—2005）＝0.596＞0.5，H（2000—2003）＝0.5266＞0.5，H（2002—2005）＝0.6495＞0.5，C（t）＞0，这就说明：在2010—2015年间，东、中、西部外部差异 I 指数的发展趋势与2000—2005年间的发展趋势相同，即2010—2015年东、中、西部外部差异 I 指数将表现为上升的发展趋势。

8. 东部地区内部 I 指数的 R/S 分析

从表6－16可知：

表6－16　东部地区内部 I 指数的 R/S 分析结果

年份	1996	1997	1998	1999	2000	2001	2002
1999	0.0521						
2000	0.1985	0.1985					
2001	0.2296	0.2296	0.2909				
2002	0.2519	0.2519	0.2924	0.2956			
2003	0.3341	0.3341	0.3656	0.3754	0.3851		
2004	0.3699	0.3699	0.3944	0.4037	0.4143	0.4467	
2005	0.3921	0.3921	0.4117	0.4199	0.4294	0.4545	0.4941

H（1996—2005）＝0.3921＜0.5，C（t）＜0，这就说明

2006—2015 年间全国 I 指数的整体发展趋势与 1996—2005 年间的发展趋势相反，即 2006—2015 年全国 I 指数将表现为下降的发展趋势。

H（1996—2000）＝ 0.1985 ＜ 0.5，H（2001—2005）＝ 0.4545 ＜ 0.5，另外，任何两个年份之间的 H 值都小于 0.5，这就说明 2006—2015 年全国 I 指数将表现为明显的下降趋势。

9. 中部地区内部 I 指数的 R/S 分析

从表 6-17 可知：

表 6-17　中部地区内部 I 指数的 R/S 分析结果

年份	1996	1997	1998	1999	2000	2001	2002
1999	-0.2818						
2000	0.0473	0.0473					
2001	0.2503	0.2503	0.3133				
2002	0.3837	0.3837	0.4313	0.5292			
2003	0.4756	0.4756	0.5124	0.5866	0.6368		
2004	0.5471	0.5471	0.5766	0.6354	0.6767	0.7096	
2005	0.5849	0.5849	0.6087	0.6556	0.6884	0.7133	0.7311

H（1996—1999）＝ -0.2818 ＜ 0.5，C（t）＜ 0，这就说明 2006—2009 年间中部地区内部 I 指数的发展趋势与 1996—1999 年间的发展趋势相反，即 2006—2009 年中部地区内部 I 指数将表现为上升的发展趋势。

H（2000—2005）＝ 0.6884 ＞ 0.5，H（2000—2003）＝ 0.6368 ＞ 0.5，H（2002—2005）＝ 0.7311 ＞ 0.5，C（t）＞ 0，这就说明 2010—2015 年间中部地区内部 I 指数的发展趋势与 2000—2005 年间的发展趋势相反，即 2010—2015 年中部地区内部 I 指数将表现为上升的发展趋势。

10. 西部地区内部 I 指数的 R/S 分析

从表 6-18 可知：

表 6-18　西部地区内部 I 指数的 R/S 分析结果

年份	1996	1997	1998	1999	2000	2001	2002
1999	-0.0959						
2000	0.0303	0.0303					
2001	0.1982	0.1982	0.2569				
2002	0.3414	0.3414	0.3867	0.437			
2003	0.42	0.42	0.4547	0.4956	0.5667		
2004	0.4663	0.4663	0.4935	0.5262	0.5794	0.613	
2005	0.5069	0.5069	0.529	0.5561	0.5986	0.6253	0.6272

265

H（1996—1999）= -0.0959 < 0.5，C（t）< 0，这就说明 2006—2009 年间西部地区内部 I 指数的发展趋势与 1996—1999 年间的发展趋势相反，即 2006—2009 年西部地区内部 I 指数将表现为上升的发展趋势。

H（1999—2002）= 0.437 < 0.5，C（t）< 0，这就说明 2009—2012 年间西部地区内部 I 指数的发展趋势与 1996—1999 年间的发展趋势相反，即 2006—2009 年西部地区内部 I 指数将表现为下降的发展趋势。

H（2002—2005）= 0.6272 > 0.5，H（2001—2004）= 0.613 > 0.5，C（t）> 0，这就说明 2011—2015 年间西部地区内部 I 指数的发展趋势与 2001—2005 年间的发展趋势相同，即 2011—2015 年西部地区内部 I 指数将表现为下降的发展趋势。

四、归纳总结

根据以上的分析，可以把上述分析结果归纳总结为

表 6 - 19。从表 6 - 19 可以看出，在 2006—2015 年间，全国 31 个省市之间的出口绝对差异将下降，相对差异将下降，出口基尼系数将下降，出口对全国经济的带动作用将上升，三大地带间的出口差异将下降，东部地区内部的出口差异将下降，中部地区内部的出口差异将上升。在"十二五"（2011—2015 年）期间，31 个省市间的出口绝对差异将上升，三大区域的内部差异和外部差异都将上升，中部地区的内部差异也将上升。

表 6 - 19　指数值预测结果与优劣判断

预测值名称	预测结果			优劣判断
	2006—2015	2006—2010（"十一五"期间）	2011—2015（"十二五"期间）	
S 指数	下降（↓）	下降（↓）	上升（↑）	变好
V 指数	下降（↓）	下降（↓）	下降（↓）	变好
G 指数	下降（↓）	下降（↓）	下降（↓）	变好
Q 指数平均值	上升（↑）	上升（↑）	上升（↑）	变好
I 指数	下降（↓）	下降（↓）	下降（↓）	变好
东、中、西部内部差异 I 指数	上升（↑）	上升（↑）	上升（↑）	变坏
东、中、西部外部差异 I 指数	上升（↑）	下降（↓）	上升（↑）	变坏
东部地区内部差异 I 指数	下降（↓）	下降（↓）	下降（↓）	变好
中部地区内部差异 I 指数	上升（↑）	上升（↑）	上升（↑）	变坏
西部地区内部差异 I 指数	不确定（?）	上升（↑）	下降（↓）	不确定（?）

第五节　基本结论

结论1：我国出口国内地区结构的变化主要是广东地区所占份额的下降，上海、江苏和浙江这3个地区所占份额的逐渐上升。我国出口国内地区结构日益集中于东部沿海的10个省市。这10个省市分别是：广东、上海、江苏、浙江、北京、天津、河北、辽宁、福建和山东。这10个省市的出口额占全国出口总额的份额从1996年的87.09%上升到2005年的91.67%。

结论2：在1996—2005年间，中国各省市间出口的绝对差异在不断扩大，1996年各省市出口绝对差异为107亿美元，2005年增加到491亿美元；中国各省市出口的相对差异在不断缩小，1998年中国各省市出口的相对差异最大，2005年出口的相对差异最小。

结论3：从三大地区来看，东部地区内部的差异最大且差异越来越大，西部地区内部的差异次之，中部地区内部的差异最小。

结论4：中国各省市之间的出口差异越来越大，差异的扩大主要是由外部差异导致的，内部差异基本没有发生变化。外部差异所占份额从1996年的64.89%上升到2005年的71.84%，"九五"（1996—2000年）期间外部差异所占比例为70.43%，"十五"（2001—2005年）期间外部差异所占比例为73.11%。

结论5：中国各省市出口差异的G指数一直保持在0.7以上，1996年为0.714，2005年为0.753，2002年值最大，为0.792。"九五"期间，G指数的平均值为0.729，"十五"期间，G指数的平均值上升到0.757。可见，各省市出口差异扩大及其导致的风险问题日益突出，国家和地方政府要特别关注此问题。

结论6：在我国31个省市中，出口发展水平在全国处于领先地位的有6个省市，出口发展水平一般的地区有3个，其他22个地区的出口发展处于落后的地位。北京、广东的下降趋势和江苏、浙江的上升趋势最为明显。其中，北京的地位从领先地区转变为一般地区，江苏、浙江从一般地区转变为领先地区。

结论7：预测结果认为：①在2006—2015年间，全国31个省市之间的出口绝对差异将下降，相对差异将下降，出口基尼系数将下降，出口对全国经济的带动作用将上升，三大地带间的出口差异将下降，东部地区内部的出口差异将下降，中部地区内部的出口差异将上升。②在"十二五"（2011—2015年）期间，31个省市间的出口绝对差异将上升，三大区域的内部差异和外部差异都将上升，中部地区的内部差异也将上升。

268

第七章　优化中国对外贸易出口结构的思考和建议

根据前面章节的分析结果，首先，本章归纳总结了我国出口结构存在的5个方面的问题：（1）出口商品过于集中于低科技含量的制成品，"比较优势陷阱"倾向日益凸显。（2）出口商品结构过于集中，且对外资的依赖程度日益增加，外贸安全问题日益凸显。（3）出口国际地区结构过于集中，国际贸易摩擦问题日益严重。（4）出口国内地区结构过于集中，地区间经济日益不平衡。（5）外贸依存度不断提高，经济发展对国际市场过度依赖的趋势日益明显。其次，对我国现行出口政策和进口政策进行了反思和重新定位。最后，提出了优化我国出口商品结构、出口地区结构和对外贸易平衡发展、可持续发展的建议。

第一节　中国对外贸易出口结构存在的问题分析

一、出口商品过于集中于低科技含量的制成品，"比较优势陷阱"倾向日益凸显

在国际贸易领域中，比较优势理论是解释国际贸易存在和贸

易利益的主导理论，从亚当·斯密的绝对成本论到大卫·李嘉图的比较成本论，再到俄林的要素禀赋论，比较优势理论形成了完整的体系。比较优势理论的核心在于：各国都可以按照比较优势的原则，发挥自己的优势，进入国际市场，融入国际分工，在国际价值链中占据一定的位置，从而形成世界各国出口商品的比较优势结构，即资本和技术优势明显的发达国家出口资本和技术密集型产品，进口劳动和资源密集型产品，劳动和资源优势明显的发展中国家出口劳动和资源密集型的产品，进口资本和技术密集的产品。这样世界各国都可以在国际贸易中获得利益，从而提高世界各国和全球的福利水平。

但是，在当今世界经济日益全球化和一体化的背景下，跨国公司在全球经济占据主导地位，跨国公司实施全球战略，在全球范围内整合资源，国际贸易和国际投资日益一体化，资本与技术知识的跨国流动也日益趋于频繁，比较优势理论已经失去了现实意义，如果发展中国家还一味遵循比较优势理论发展对外贸易，就会导致出口陷入"比较优势陷阱"（洪银兴①，1997）。所谓"比较优势陷阱"（王佃凯②，2002），是指一国（尤其是发展中国家）完全按照比较优势，生产并出口初级产品和劳动密集型产品，则在与技术和资本密集型产品出口为主的经济发达国家的国际贸易中，虽然能获得利益，但贸易结构不稳定，总是处于不利地位，从而落入"比较优势陷阱"。

中国是发展中大国，较早地实施了对外开放。自改革开放以来，受国际贸易中"比较优势"思维的影响，我国一直把"劳

---

①　洪银兴：《从比较优势转向竞争优势》，《经济研究》1997 年第 6 期。
②　王佃凯：《比较优势陷阱与中国贸易战略选择》，《经济评论》2002 年第 2 期。

动力成本优势"作为我国最大的"比较优势"，并相应地大力发展诸如纺织、服装等众多以出口为导向的劳动密集型产业，同时，忽视了对传统高科技产业、生物制药等新兴朝阳产业和未来世界性主导产业的重视和培育，从而导致了我国出口商品结构具有"比较优势陷阱"的特征：出口过于集中于低技术含量的产品，低技术含量产品的比较优势比较明显，高科技含量产品的比较优势相对较弱。

从前文的分析，我们可以知道：中国最具有比较优势的工业制成品主要集中在技术含量很低的产品，这类产品无论是在美国市场还是世界市场上的显示比较优势指数都保持在很高的水平，比较优势十分明显。（1）在世界市场上，44种低科技含量制成品（LT）包括纺织、服装、鞋类（LT1）产品20种和其他低科技含量制成品（LT2）24种，其中，20种LT1产品中具有比较优势的产品共有19种，具有较强比较优势的产品有5种，包括皮革制品、晾晒加工的皮毛/皮毛衣物、未分类的机制纤维品、手工/钩针纤维品、服装饰品；具有显著比较优势的产品有10种，分别为机制纤维制品、装饰纺织品、箱包、男用纺织外衣等产品。24种LT2产品中，具有比较优势的产品共有15种，具有较强比较优势的产品为其他未分类的制成品；具有显著比较优势的产品有4种，包括瓷器、厨具、手持基础金属设备、婴儿车/玩具/游戏/运动类产品。（2）在美国市场上，44种低科技含量制成品（LT）在美国市场上共有22种产品具有比较优势，其中20种LT1产品中具有比较优势的产品共有9种，具有较强比较优势的产品有2种，包括皮革制品、装饰纺织品；具有显著比较优势的产品有3种，包括箱包、男用纺织外衣、帽子/非纺织类服装。这5种产品同时也在世界市场具有较强或显著的比较优势。24种LT2产品中，具有比较优势的产品共有13种，具有较强比较优势的产品有4种，

271

包括家具及木制品、未分类的塑料制品、办公文具用品、其他未分类的制成品。具有显著比较优势的产品有4种，与世界市场上具有显著比较优势产品种类完全一致，包括瓷器、厨具、手持基础金属设备、婴儿车/玩具/游戏/运动类产品。

可见，随着世界经济生产方式的转变和国际经济环境的变化，中国作为一个发展中大国，如果继续一味遵从比较优势，就会永远落在发达国家的后面，陷入"比较优势陷阱"。

二、出口商品结构过于集中，且对外资的依赖程度日益增加，外贸安全问题日益凸显

著名经济学家阿瑟·刘易斯在《经济增长理论》中指出：每个国家都有它自己的国内不稳定的根源，除此之外，每一个国家都要受通过对外贸易从外界传入波动的影响[1]。即使世界贸易额稳定增长，不出现波动，每一个国家都会出现他自己的波动。然而事实上，在大多数欠发达国家，国内的这些波动被比较先进的国家的波动所造成的外贸额的波动掩盖了。世界贸易额的这些波动，与贸易额和价格的大起大落有关，贸易额和价格的大起大落是由先进国家需求量的交替增减造成的[2]。在欠发达国家中，没有哪一个国家能使本国的国际收支免受世界贸易波动的影响。如果出现世界范围的衰退，一个国家出口产品的价值必然下降[3]。

因此，如果一个国家的出口商品过度依赖于某种或者少数几种商品的话，该国的出口在受到来自国内外不利因素的冲击时，

---

[1] ［英］阿瑟·刘易斯：《经济增长理论》，商务印书馆1996年版，第309页。

[2] ［英］阿瑟·刘易斯：《经济增长理论》，商务印书馆1996年版，第309页。

[3] ［英］阿瑟·刘易斯：《经济增长理论》，商务印书馆1996年版，第317页。

就严重缺乏保持较强国际竞争力的能力或缺乏足够抗衡和抵抗的能力，一旦这个国家的主导出口产品在国际市场上受到歧视，这个国家的出口额就会在短时间内急剧下降，从而导致出口企业无法正常运转，企业大量破产，工人失业增加，国内经济萧条，从而影响这个国家的可持续性发展。另外，如果这个国家的出口是依赖于外资企业的话，一旦出口在国际市场上受阻，就会导致大量外资企业的撤资行为，后果更加严重，会对出口国的经济造成致命的打击，从而使国家的经济发展陷入长期的衰退之中。可见，如果一个国家的出口过于集中于某种商品，且大量依赖于外资企业，那么，这个国家就要特别重视外贸安全问题。其实，中国外贸安全问题已经日益凸显了。

从前文的分析可以知道：中国出口商品日益集中于少数几种商品。主要表现为：（1）在1980—2003年间，初级产品在我国出口中的地位逐渐下降，所占比重由1980年的50%左右下降到1990年的25%左右，进而下降到2000年的10%左右，并于2003年下降到历史最小值7.94%。工业制成品所占比重很明显地呈现出逐年上升的趋势，由1980年的50%左右上升到1990年的75%左右，进而上升到2000年的90%左右，并于2003年上升到历史最大值92.06%。可见，工业制成品在我国出口中的地位逐渐上升，并日趋绝对主导地位。（2）从最大的两种出口商品来看。1992年第一大出口商品是第11类（纺织原料及纺织制品），其所占比重为29.98%，第二大出口商品是第16类（机器、机械器具、电气设备及零件；录音机及放声机，电视图像、声音的录制和重放设备及零件、附件），其所占比重为13.59%，二者之和为43.57%；2003年第一大类出口商品是第16类，其所占比重为39.33%，第二大类出口商品是第11类，其所占比重为16.74%，二者之和为56.07%。可见，这两类商品出口比重之和，由 1992 年占全部出口大约五分之二的份额增加到 2003 年占全部出口大约五分之三的份额。

另外，我国出口对外资企业的依赖也日益增加，外资企业成为我国出口的主体。在 1990 年以前，外资企业的出口份额很小，不到 10%，非外资企业的出口份额超过 90%，我国出口几乎全部由非外资企业完成。但近年来，这一现象发生了本质上的变化。从表 7－1 中的数据可以看出：在 1997—2004 年间，在我国出口中，国有企业所占份额直线下降，由 56.2% 下降到 25.9%，下降幅度约 30 个百分点，同期，外商投资企业所占份额由 41% 上升到 57.1%，2001 年外资企业的出口份额首次超过非外资企业，代替国有企业成为我国出口的主体。外资企业出口份额将越来越大，成为我国出口的主导力量。

表 7－1　1997—2004 年我国出口／进口贸易的主体　（单位：%）

年份	1997	1998	1999	2000	2001	2002	2003	2004
国有企业	56.2	52.7	50.5	46.7	42.5	37.7	31.5	25.9
外商投资企业	41.0	44.1	45.5	47.9	50.1	52.2	54.8	57.1
其他企业	2.8	3.2	4.0	5.4	7.4	10.1	13.7	17.1

资料来源：根据中国商务部综合司统计数据整理计算。

可见，我国出口一方面日益集中于两类商品，一方面外资企业成为我国出口的主体，我国出口对外资企业的依赖性越来越强，由此导致的外贸安全问题日益凸显。特别是在外资企业主导我国外贸出口的情况下，一旦外资企业受其母国相关政策的影响，集体撤资，或者随着其他发展中国家的崛起，出现比中国更具有竞争力的生产基地和市场，利润主导型的跨国公司就会转移生产基地，我国的对外贸易体系就会崩溃，从而就会对我国的经济造成致命的打击。

三、出口国际地区结构过于集中，国际贸易摩擦问题日益严重

一个国家的国际贸易摩擦发生或增加，不一定必然是由出口国际地区结构过于集中导致的；但是，不可否认的是，如果一个国家的出口国际地区结构过于集中的话，就会在一定程度上增加国际贸易摩擦发生的几率，加重国际贸易摩擦的程度，增多国际贸易摩擦的次数。

近年来，我国国际贸易摩擦日益增加，就与我国出口国际地区结构过于集中有很大的关系。从前文的分析结果可以知道：1993—2004 年间，中国出口主要集中于美国、欧盟、巴西、墨西哥、南非、澳大利亚、新加坡、日本和加拿大等地区。在所有的地区中，中国出口商品在北美洲和北美自由贸易区的地区结构最为失衡，美国在这两个地区所占份额都在 90% 以上。从中国遭受贸易摩擦的现实来看（见表 7－2），在 1979—2004 年间，从对我国发起贸易救济措施调查数量最多的 10 个地区来看，美欧一直是最多的两个地区，美国对我国发起贸易救济措施调查数量最多，117 起；欧盟第二多，109 起。

表 7－2　1979—2004 年对我国发起贸易救济措施调查数量最多的 10 个地区

（单位：件）

序号	1	2	3	4	5	6	7	8	9	10
国家	美国	欧盟	印度	土耳其	阿根廷	澳大利亚	南非	墨西哥	加拿大	巴西
案件	117	109	81	46	45	41	31	30	28	21

资料来源：中国商务部的统计。

目前，随着我国出口量的日益增加，我国在对传统发达国家市场增加出口的同时，对一些新兴市场特别是发展中国家的出口也在不断地增加，这就造成了我国与发展中国家之间贸易急剧增

加的同时，我国与发展中国家之间的贸易摩擦也急剧增加，而且超过我国与发达国家之间的贸易摩擦，发展中国家成为我国贸易摩擦新主体的趋势越来越明显。

从摩擦主体的发展过程来看（见表7-3）：（1）20世纪80年代，国外对我国实施反倾销的主体是发达国家。在1979—1989年的10年间，发达国家所占比重为97%，发展中国家仅占3%。（2）进入20世纪90年代以后，对我国实施反倾销的主体由发达国家转变为发展中国家。在1990—2001年间，发展中国家所占比重由20世纪80年代的3%提高到90年代的52.1%；发展中国家对我国实施反倾销的频率也从20世纪80年代的0.2%增加到90年代的18.8%，大于发达国家的17.3%。（3）自从中国加入WTO以来，发展中国家以年均28.7件，以高于发达国家一倍的速度对我国实施反倾销。发展中国家所占比重为67.2%，是发达国家的两倍多。可见，目前，对我国实施贸易摩擦的主体是发展中国家。

表7-3　1979—2003年6月国外对中国反倾销情况

（单位：件,%）

国家	加入WTO前						加入WTO后			合计		
	1979—1989			1990—2001.12.11			2001.12.11—2003.6					
	案件	比重	频率	案件	比重	频率	案件	比重	频率	案件	比重	频率
发达国家	64	97	6.4	190	47.9	17.3	21	32.8	14	275	52.2	12.2
发展中国家	2	3	0.2	207	52.1	18.8	43	67.2	28.7	252	47.8	11.2
合计	66	100	6.6	397	100	36.1	64	100	42.6	527	100	23.4

资料来源：根据中国商务部有关资料整理。转引自赵瑾：《国外对华反倾销的扩散效应及其对我国经贸的影响》，《财贸经济》2003年12期。

从摩擦次数来看，在有些领域，中国与其他发展中国家的经济摩擦可能在涉案金额上无法与发达国家相比，但在发生的次数上却大幅度增加，甚至超过了中国与发达国家经济摩擦的次数。根据 WTO 统计①（见表 7－4）：1995—2003 年间，发展中国家对中国的反倾销立案数量为 226 起，占中国所受反倾销立案总量的 63.5％。这说明，使中国出口屡屡受挫的反倾销壁垒主要不是来自发达国家，而是来自发展中国。

　　前文的分析结果表明：巴西、墨西哥、南非等国家在我国出口中所占份额日益增加。表 7－2 和表 7－4 同时显示：南非、墨西哥和巴西等发展中国家已经进入对我国发起贸易救济措施调查数量最多的 10 个国家之列。

表 7－4　1995—2003 年国外对华反倾销立案情况及十大发展中国家实施国

（单位：件，%）

序号	国家	数量	比重	序号	国家	数量	比重
	发达国家	130	36.5	5	秘鲁	15	4.2
	发展中国家	226	63.5	6	巴西	14	3.9
1	印度	69	19.4	7	墨西哥	12	3.4
2	阿根廷	38	10.7	8	韩国	10	2.8
3	土耳其	22	6.2	9	委内瑞拉	9	2.5
4	南非	18	5.1	10	其他发展中国家	19	5.3

注：其他发展中成员包括智利、哥伦比亚、埃及、印度尼西亚、马来西亚、菲律宾、
　　波兰、泰国、特立尼达和多巴哥。
资料来源：根据 WTO 的《反倾销统计》整理，http://www.wto.org。

　　总之，我国出口国际地区结构的集中以及出口量的增加，导致发达国家和发展中国家对我国的贸易摩擦日益增加，中国已经

---

　　① 刘力：《当前中国面临的国际经济摩擦与对策》，《管理世界》2004 年第 9 期。

连续 10 年成为遭遇反倾销调查最多的国家。截至 2004 年 10 月底，共有 34 个国家和地区对我国出口产品发起 669 起"反倾销、反补贴、保障措施和特保"调查，涉案金额已超过 190 亿美元。其中，反倾销 596 起，反补贴 3 起，保障措施 59 起，特保调查 11 起。这不仅严重影响我国的出口额，每年约有 400 亿至 500 亿美元的出口商品受此影响，还会引发反倾销连锁反应，对我国相关出口地区和企业打击沉重。

四、出口国内地区结构过于集中，地区间经济日益不平衡

贸易是经济增长的发动机，中国改革开放的历史经验也证明了这一点。中国实施改革开放、发展经济的战略是：大力吸引外资，实施加工贸易，积极鼓励出口，带动国内经济发展。这一战略取得了巨大的成功，我国的外贸出口增长速度十分迅猛，从表 7－5 可以看出，我国 1991 年出口额只有 300 亿美元，2003 年突破 4000 亿美元，2005 年突破 7000 亿美元，出口增长率自从 2002 年以来一直保持 20% 以上的增长率，进出口贸易总额在世界上的排名已经从 1998 年的第 11 位上升到 2004 年的第 3 位，我国已经成为名副其实的贸易大国。

表 7－5　1978—2005 年我国对外贸易出口与世界排名情况

年份	出口额（亿美元）	出口增长率（%）	进出口总额世界排名	年份	出口额（亿美元）	出口增长率（%）	进出口总额世界排名
八五	5183.1	20.0	—	2001	2661.5	6.8	6
九五	9616.8	11.4	—	2002	3255.7	22.3	5
1998	1837.6	0.6	11	2003	4383.7	34.6	4
1999	1949.3	6.1	9	2004	5933.6	35.4	3
2000	2492.1	27.8	7	2005	7620	28.4	3

资料来源：根据历年《中国统计年鉴》、《中国统计摘要》计算整理。

　　但是，我们在看到业绩的同时，也要重视存在的一些问题。这里要讲的就是我国出口国内地区结构不平衡问题。前文分析的结果表明：在1997—2003年间，我国出口商品的国内地区结构日益集中于东部沿海的10个省市。这10个省市分别是：广东、上海、江苏、浙江、北京、天津、河北、辽宁、福建和山东。最近几年，这10个省市的出口占全国出口总额的份额都在90%以上。这种国内出口地区结构的不平衡或者日益集中，在一定程度上导致或者说加深了国内省市间、地区间的经济差距，从而形成了今天中国经济发展中日益凸显出的两个"不平衡"：从东部看，南北发展不平衡，"南快北慢"；从全国看，东西部发展不平衡，"东高西低"。不可否认的是，东西部地区之间的不平衡，与我国对外贸易出口主要集中于东部地区有很大的关系。

279

　　从我国经济发展模式和现实情况来看，我国地区间经济差距的形成，与地区间对外贸易特别是出口分布不平衡有很大的关系，而我国地区间出口分布不平衡在本质上又与地区间利用外资不平衡有紧密的关系。也就是说：地区间利用外资不平衡→地区间出口分布不平衡→地区间经济差距的形成。这种关系是由我国对外开放实施的发展战略决定的（利用外资和加工贸易）。

　　截至2001年，改革开放22年来，外资85.96%分布在东部地区，8.78%分布在中部地区，5.26%分布在西部地区。但是，近几年来，跨国公司在我国投资并没有像人们希望的那样增加在中西部地区的投资，而是仍然把东部地区作为投资的重点。如表7-6所示，在1997—2004年间，投资在东部地区的外资比例都超过85.9%，而投向西部的外资比例一直低于22年来的平均数，自从2000年以来，西部所占比例逐渐地下降，2000年所占比例为4.55%，2004年下降到2.9%。

表 7-6 1997—2004 年东、中、西部地区实际利用外商直接投资情况

(单位:%)

年份	东部	中部	西部
1997	85.99	10.58	3.43
1998	87.26	9.72	3.02
1999	87.88	9.26	2.82
2000	86.62	8.83	4.55
2001	87.15	8.75	4.1
2002	86.7	9.5	3.8
2003	85.9	10.9	3.2
2004	86.1	11.0	2.9

280 资料来源：1997—2001 年数据来源于王志乐：《2002—2003 跨国公司在中国投资报告》，中国经济出版社 2003 年版，第 22 页。2002—2004 年数据来源于中国商务部。

由于我国出口是外资主导型的加工贸易，所以，外资在我国各地区分布不均衡，就形成了外资对各个地区的出口贡献不同，利用外资较多的地区，外资对出口的贡献就大，利用外资较少的地区，外资对出口的贡献就小，最终导致了我国对外贸易出口在各地区分布的不平衡，日益集中于利用外资较多的东部沿海地区。这一点可以从表 7-7 明显地看出来：在东部沿海地区，外资企业对当地出口的贡献度比较高，2003 年，广东达到 62.05%，辽宁达到 58.12%，上海达到 67.19%，江苏达到 69.01%；在中西部地区，外资企业对当地出口的贡献度比较低，2003 年，西藏只有 1.77%，青海只有 5.87%，四川只有 14.92%，重庆只有 9.19%。

表7－7　外资企业对我国各地区出口的贡献度　　（单位:%）

贡献度 地区	序号	省份	1997	1998	1999	2000	2001	2002	2003
全国			40.98	44.05	45.47	47.93	50.06	52.21	54.84
东部地区	1	北京	19.78	19.45	23.31	37.45	40.93	48.18	51.45
	2	天津	68.19	69.96	70.42	83.13	80.08	82.01	82.45
	3	河北	23.96	27.57	30.09	30.88	32.91	34.57	31.08
	4	辽宁	43.52	50.27	53.66	58.97	58.61	59.70	58.12
	5	上海	47.42	52.23	56.57	57.88	59.40	61.77	67.19
	6	江苏	46.47	50.53	53.06	54.80	56.63	62.15	69.01
	7	浙江	22.90	23.12	24.37	26.11	29.26	29.15	29.40
	8	福建	48.11	50.85	55.45	55.77	56.04	56.92	57.38
	9	山东	43.56	46.26	47.88	49.26	49.98	51.11	49.71
	10	广东	48.43	51.37	50.02	52.99	56.74	58.46	62.05
	11	海南	10.98	11.86	52.01	50.06	47.14	52.57	42.81
中部地区	12	山西	5.78	6.17	5.39	7.27	5.97	5.85	7.07
	13	吉林	18.23	25.18	28.52	26.36	27.97	21.62	17.05
	14	黑龙江	8.38	11.25	14.69	11.01	11.92	11.67	7.86
	15	安徽	13.16	17.21	17.78	18.87	19.87	19.85	20.92
	16	江西	8.79	7.66	10.80	13.71	10.28	17.08	19.58
	17	河南	15.81	18.45	19.09	19.47	17.06	15.93	16.11
	18	湖北	19.50	15.85	20.18	22.61	27.87	32.28	32.83
	19	湖南	8.30	8.64	9.23	11.18	12.21	13.48	15.44
西部地区	20	内蒙古	15.45	11.23	10.92	12.39	14.38	12.10	9.77
	21	广西	21.08	19.90	18.07	20.79	18.02	20.78	21.23
	22	重庆	—	14.26	11.63	9.11	7.88	8.72	9.19
	23	四川	12.62	10.27	13.57	17.10	14.25	12.19	14.92
	24	贵州	13.10	10.51	8.65	8.33	8.63	9.59	13.62
	25	云南	4.31	3.75	4.60	7.42	9.55	10.10	9.80
	26	西藏	13.18	5.43	2.65	3.57	2.65	3.57	1.77
	27	陕西	11.41	10.13	8.75	8.75	7.63	7.26	8.14

贡献度 / 年份 地区 序号 省份	1997	1998	1999	2000	2001	2002	2003
西 28 甘肃	10.98	9.13	6.34	9.11	11.08	19.59	14.51
部 29 青海	2.38	2.86	0.73	1.51	0.91	1.92	5.87
地 30 宁夏	14.66	12.47	9.80	12.12	14.95	17.12	14.50
区 31 新疆	11.30	12.98	9.61	7.95	8.80	4.81	3.93

资料来源：根据历年中国统计年鉴数据整理计算。说明：计算公式＝各地区外资企业出口总值/按货源地计算的各地出口总值的比例。东部地区包括11个地区，分别是北京、天津、河北、辽宁、上海、江苏、浙江、福建、山东、广东、海南；中部地区包括8个地区，分别是山西、吉林、黑龙江、安徽、江西、河南、湖北、湖南；西部地区包括12个地区，分别是四川、重庆、贵州、云南、西藏、陕西、甘肃、青海、宁夏、新疆、广西、内蒙古。

282

外资地区分布的不均衡以及日益集中于东部地区，在一定程度上导致了我国对外贸易出口国内地区结构的不均衡以及日益集中于东部沿海地区，进而加剧了我国东、中、西部地区的经济差距。从表7-8和表7-9中的数据可以看出：在1996—2005年

表7-8 1996—2005年东、中、西部出口结构情况 （单位:%）

年份	1996	1997	1998	1999	2000	2001	2002	2003	2004	2005
东部	87.10	88.23	89.38	90.35	90.07	90.64	91.18	91.30	91.48	91.78
中部	7.96	7.53	6.39	5.64	5.79	5.61	5.11	5.05	5.02	4.76
西部	4.94	4.24	4.23	4.01	4.14	3.75	3.71	3.65	3.50	3.46

资料来源：根据历年《中国统计年鉴》整理计算。

表7-9 1996—2005年东、中、西部GDP结构情况 （单位:%）

年份	1996	1997	1998	1999	2000	2001	2002	2003	2004	2005
东部	55.38	55.50	55.96	56.66	57.29	57.50	57.91	58.49	58.38	59.63
中部	26.62	26.74	26.28	25.80	25.58	25.41	24.92	24.57	24.72	23.44
西部	18.00	17.76	17.76	17.54	17.13	17.09	17.16	16.94	16.90	16.93

资料来源：根据历年《中国统计年鉴》整理计算。

间，我国东部地区出口额占全国出口总额的比重不断上升，所占份额由 1996 年的 87.10% 增加到 2005 年的 91.78%，与此同时，东部地区 GDP 占全国总 GDP 的比重也在不断地上升，所占份额由 1996 年的 55.38% 增加到 2005 年的 59.63%；我国中部地区出口额占全国出口总额的比重不断地下降，所占份额由 1996 年的 7.96% 下降到 2005 年的 4.76%，与此同时，中部地区 GDP 占全国总 GDP 的比重也在不断地下降，所占份额由 1996 年的 26.62% 下降到 2005 年的 23.44%；我国西部地区出口额占全国出口总额的比重不断下降，所占份额由 1996 年的 4.94% 下降到 2005 年的 3.46%，与此同时，西部地区 GDP 占全国总 GDP 的比重也在不断地下降，所占份额由 1996 年的 18% 下降到 2005 年的 16.93%。可见，我国三大地区的经济发展情况与其出口情况的变化紧密相关，发展情况基本保持一致，从图 7-1、图 7-2 和图 7-3 可以更明显地看出二者之间的紧密关系。

（单位：%）

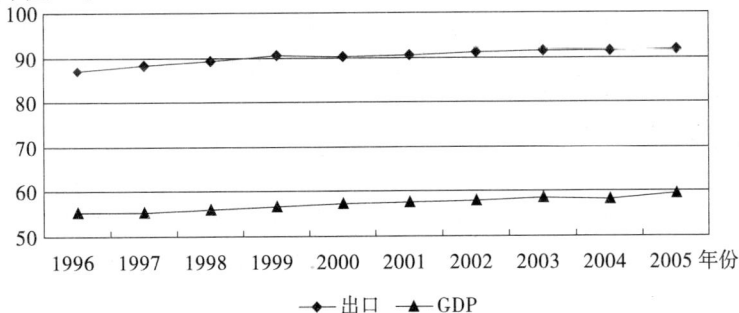

图 7-1　东部地区出口和 GDP 占全国份额的变化

（单位：%）

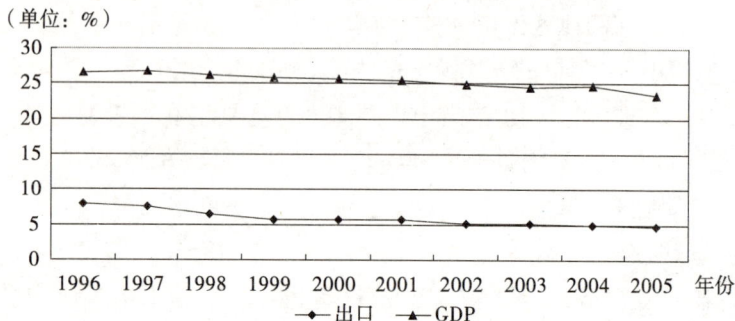

图 7 - 2　中部地区出口和 GDP 占全国份额的变化

（单位：%）

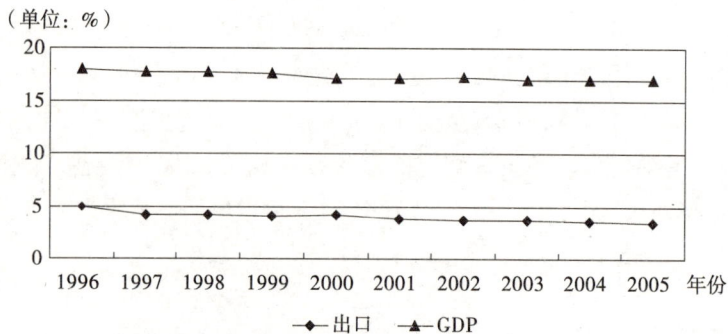

图 7 - 3　西部地区出口和 GDP 占全国份额的变化

五、外贸依存度不断提高，经济发展对国际市场过度依赖的趋势日益明显

外贸依存度，一般是用来反映一国对外贸易在国民经济中的地位，同其他国家经济联系的密切程度以及该国加入国际分工、世界市场的广度和深度。从横向比，一国的外贸依存度越高，则对外贸易在国民经济中的作用越大，与外部的经济联系越多，经济开放度就越高；从纵向比，一国的外贸依存度越高，则表明其外贸增长率越高于国内生产总值增长率，对外贸易对经济增长的作用越大，经济开放度就越高。

但是，如果从安全和依赖的角度来考虑的话，一个国家的外贸依存度越高，就意味着这个国家的开放程度越大，本国经济发展对国际市场的依赖就越大。如果这个国家在国际市场上没有一定的话语权和国际地位的话，这个国家的经济发展就会过度依赖国际市场，如果没有足够的能力防范国际市场变化带来的风险，就会存在外贸安全问题，影响这个国家对外贸易的可持续发展，进而影响整个国家的经济安全和可持续性发展。

目前，我国的外贸依存度不断上升，国内经济发展对国际市场的依赖出现日益过度的趋势，外贸安全、经济安全问题日益突出。具体表现为：

（1）从国家整体外贸依存度的变化情况来看，我国总外贸依存度、出口依存度和进口依存度都表现为日益增加的态势。从表 7-10 中的数据可以看出，我国外贸依存度变化过程主要可以分为三个阶段：第一阶段，改革开放以前，我国进出口都很少，总外贸依存度很低，一般维持在 10% 以下，进出口依存度一般没有超过 10%。第二阶段，改革开放以后到 2001 年，我国的对

285

表 7-10　1980—2005 年间中国外贸依存度变化情况

(单位:%)

年份	总外贸依存度	出口依存度	进口依存度	年份	总外贸依存度	出口依存度	进口依存度
1980	12.61	6.00	6.61	1997	36.87	20.72	16.14
1985	22.99	9.00	13.99	1998	34.89	19.79	15.11
1990	29.90	16.05	13.84	1999	37.10	20.05	17.05
1991	33.36	17.67	15.69	2000	44.51	23.39	21.13
1992	34.22	17.55	16.67	2001	44.72	23.35	21.37
1993	32.61	15.29	17.32	2002	49.03	25.72	23.31
1994	43.67	22.33	21.34	2003	60.37	31.09	29.28
1995	40.87	21.66	19.22	2004	69.80	35.87	33.93
1996	36.10	18.81	17.29	2005	63.79	34.19	29.61

资料来源：根据历年《中国统计年鉴》整理计算。

外贸易有了很大的发展，总外贸依存度一般在 30%—45% 之间徘徊，进口和出口依存度一般都在 20% 左右。第三阶段，2002 年以后，我国外贸发展十分迅猛，总外贸依存度也上了一个新的台阶，基本保持在 60% 以上。2003 年首次突破 60%，达到 60.37%，2004 年进一步上升到 69.80%，达到历史最大值，2005 年也达到了 63.79%。与此同时，进口依存度和出口依存度也都上升到了 30% 左右的水平。

（2）从东部 11 省市的外贸依存度来看，大部分省市的总外贸依存度和出口依存度都表现为不断上升的态势，而且很多省市的外贸依存度严重过大。具体来看：

①从总外贸依存度来看，如表 7 - 11 所示，在 2000—2004 年间，除北京之外，我国东部 10 省市的总外贸依存度都保持了

286

表 7 - 11　2000—2004 年我国东部 11 省市的总外贸依存度

（单位:%）

年份	2000	2001	2002	2003	2004
北京	80.89	80.32	68.74	70.74	82.67
天津	86.55	82.11	92.13	101.46	121.96
河北	8.92	8.62	9.22	11.28	14.41
辽宁	35.54	34.57	35.49	41.14	48.05
上海	99.40	101.41	110.47	146.22	174.05
江苏	47.40	47.37	57.94	80.49	96.40
浙江	43.19	45.24	49.17	58.38	69.63
福建	48.43	47.41	53.57	60.95	68.10
山东	27.35	28.33	29.29	32.86	37.06
广东	150.20	139.81	158.41	175.54	187.35
海南	17.45	24.71	24.55	23.56	31.17

资料来源：根据《海关统计》整理计算。外贸额按境内目的地、货源地统计口径统计。

快速的增长态势，天津、上海、江苏、浙江、福建、广东这6个省市的增加幅度都很大，上海增幅最大，高达70个百分点。另外，到2004年，天津、上海和广东这3个省市的总外贸依存度都在120%以上；广东达到了历史最大值，为187%。

②从出口依存度来看，我国东部省市的出口依存度也保持了较快的增长态势（见表7－12）。在2000—2004年间，除北京、海南之外，我国东部9省市的出口依存度都保持了快速的增长态势，天津、上海、江苏、浙江、福建、广东这6个省市的增加幅度都很大，一般都在20个百分点左右，上海增幅最大，高达30个百分点。另外，到2004年，天津、上海和广东这3个省市的出口依存度都在50%以上，广东达到了历史最大值，为99.21%。

287

表7－12　2000—2004年我国东部11省市的出口依存度

（单位:%）

年份	2000	2001	2002	2003	2004
北京	25.58	23.00	21.46	22.49	25.33
天津	38.71	39.86	44.69	46.79	57.76
河北	5.33	5.15	5.62	6.92	9.16
辽宁	18.76	17.66	18.27	20.73	23.57
上海	44.77	44.88	47.42	60.64	77.40
江苏	25.42	25.55	30.35	39.55	47.27
浙江	28.06	29.73	33.48	39.07	44.98
福建	28.74	28.76	32.48	37.09	41.74
山东	15.58	16.19	16.85	18.42	19.85
广东	79.97	74.43	83.68	93.29	99.21
海南	9.71	9.65	9.23	7.99	8.87

资料来源：根据《海关统计》整理计算。外贸额按境内目的地、货源地统计口径统计。

从中国的现实来看，我国整体的外贸依存度已经达到了60%以上，我国东部沿海部分省市的总外贸依存度更是达到了100%以上，部分省市的出口依存度也有的达到了100%。那么，一旦国际市场发生动荡、其他国家发生经济危机或衰退、或者出口产品在国际市场上受阻，就会导致东部省市的出口受到严重的不良影响，经济可持续发展面临巨大的挑战。如果考虑到东部地区在我国经济中的地位，即东部地区在我国经济中占据60%的份额，出口占90%的份额，那么，东部地区经济发展面临的问题就会导致我国整体的出口发展和经济发展面临巨大的挑战，直接影响我国经济的可持续发展。

第二节　对中国现行外贸政策的反思与重新定位

随着世界经济的发展，伴随着我国对外开放程度的不断提高，特别是在加入 WTO 之后，我国进出口外贸政策实施的国际环境和国内环境发生了明显的变化，其实施效果也发生了巨大的变化。我国现行具有"重商主义"特征的外贸政策面临贸易摩擦加剧、贸易条件恶化、保护效果不明显、世界贸易体系面临崩溃等问题的严峻挑战。我国要想使经济保持持续、稳定、高速的增长，就要摆脱重商主义[①]，对现行外贸政策进行调整，制定新的外贸政策。

---

① 关志雄：《摆脱重商主义——反思中国的对外开放政策》，《国际贸易》2003 年第 3 期。

一、对出口政策及其作用的重新认识

一个国家实施经济发展战略的成功与否，不仅取决于这个国家的发展阶段和具体实施的政策措施，还与特定时期世界经济的发展特点和有关国家（地区）经济发展的阶段之间存在密切关系，也就是说，经济发展战略具有时代性。东亚地区出口导向型战略之所以成功，是因为这一战略符合当时国际、国内的实际情况。但是，现在国际、国内环境发生了巨大的变化，导致了出口政策实施及其效果具有极大的不确定性。

1. 出口政策趋同导致出口政策失效

目前，越来越多的发展中国家实行了对外开放，尤其是促进出口的政策。这种开放国家出口政策趋同的现实，导致了出口政策的失效，即所谓的"合成谬误"①。在国际市场上，如果只有少数的发展中国家实施出口导向战略，在国际市场价格保持稳定的情况下，可以适度增加向发达国家的出口，促进本国经济的发展；但是，如果很多国家都效仿这些国家的政策，也实施同样的政策，那么，由于供给急剧增加，需求相对保持不变，从而导致贸易价格急剧下降，贸易条件急剧恶化，造成所有实施出口导向型战略的国家都出现"贫困化"增长的现象。这种现象的实质是个体理性与集体理性之间的矛盾。在发展中国家的劳动密集型产品中以服装最为典型②。

2. 世界贸易体系面临崩溃

日本这个重商主义国家，在不违反世贸组织法规的情况下，以激进的贸易政策把其他国家的工业摧毁无遗。随着中国进入世

---

① W. Cline: "Can the East Asian Model of Development be Generalized?" *World Development*, Vol. 10, No. 2 Feb. 1982.

② 服装业的例子具体参见黄烨菁《经济发展的全球观》，上海远东出版社2003年版，第39页。

贸组织，这个问题还会恶化。如果中国凭借廉价的劳动力优势，继续实施鼓励出口的政策，大量出口廉价的产品，在全球市场中与美、日、欧产品竞争，此时，全球的贸易体系可能面临崩溃。自由贸易体系之所以能够维持到现在，完全是因为中国和印度没有加入。如果中国以此作为范例，照日本的方子抓药，现有的制度绝对撑不下去①。

3. 出口对经济增长的作用不确定

从 1975—1994 年间出口增长最快的 25 个国家来看，如果按不变价格来看，很多出口占 GDP 比重不断提高的国家（地区）却不一定经历了经济的更快增长。1998 年，经过分析哥伦比亚、墨西哥、摩洛哥的数据后，发现几乎没有什么证据可以证明出口本身能获得更高的效益。1995 年和 1998 年对美国的研究也得出类似的结论：虽然出口企业在规模、生产率和增长方面相对非出口企业具有一定的优势，但是并不能就此断定是出口状态本身导致这样的结果。效益好似乎决定了企业处于出口状态，而不是相反。现在许多发展中国家在制定外贸政策时，决策者没有认识到出口只是手段不是目的，本末倒置，过分强调出口的重要性。这种倾向受到严重的挑战②。

4. 我国现行出口作用不明显

近年来，在我国出口额迅速增加的同时，外资企业在出口额中所占的比重也日益增加。这是我国实行现行外资政策的结果。外资企业在中国主要从事加工贸易，加工贸易的特点是：在出口中所含进口的比重很高，我国主要投入劳动力对进口零部件进行

---

① ［美］查理德·隆沃思：《全球经济自由化的危机》，生活·读书·新知三联书店 2002 年版，第 98 页。

② ［美］丹尼·罗德瑞克：《让开放发挥作用——新的全球经济与发展中国家》，中国发展出版社 2000 年版，第 108 页。

加工组装。这样的加工贸易不能有效地促进我国的经济发展。主要表现为：（1）我国对加工贸易实行关税减让，对我国的税收贡献较少。（2）由于过分强调出口，使生产偏向于出口部门，大量资源用于出口部门是以牺牲国内生产为代价的。（3）加工贸易的原料和市场都在国外，涉及国内的产业链较短，对经济的前向和后向联系都很弱，对国内的产业带动较小，使得出口对国内经济增长的促进作用减弱。（4）对国内企业产生的竞争压力较小，没有达到促进竞争的作用。

从中国的实际来看，中国的出口增长奇迹名与实不符，存在巨大的差距。对于出口乃至外资对中国经济的贡献，有关学者认为①：国内官方和主流学派所提供的数据不足以证明国内经济正在走外向化的道路，以及在改革开放中国民经济是由出口带动的，更不能肯定外资和外商直接投资显著改善国内经济效益和促进经济发展；对于中国经济而言，出口只起到了一个间接的作用，中国经济在过去30年的增长更多依靠内部规律。

二、对进口政策及其作用的重新认识

1. 进口与经济增长

现代经济理论认为，经济增长的主要因素是要素供给的增加和全要素生产率的提高。要素供给投入的增加包括资本和劳动供给的增加，全要素生产率的提高则包括产业结构优化、规模经济、制度创新等，而这些因素都与进口有密切关系。因为进口中往往包含大量的先进设备和先进技术，它虽然不会直接对 GDP总额产生正向促进作用，但是大量先进设备和技术的进口会促进科技进步和生产率的提高，会促进经济集约化增长程度的提高，从而促进 GDP 增长率的提高。20 世纪 90 年代以来美国经济增长

291

---

① 朱文晖：《中国出口导向战略的迷思》，《战略与管理》1998 年第 5 期。

的实例可以佐证这一点①。有关统计资料显示，在美国的经济增长中，至少有27%要归功于高科技产业及高新技术的进口。从我国的实际情况来看，进口中间产品或许同经济增长没有直接的关系，但其潜在联系不容忽视。因为大多数的专业化中间产品很难单纯地依靠本国提供，限制我国获得这些中间产品的贸易壁垒对我国制造业企业的生产率将产生不利的影响，而且这些影响会贯穿于整个经济之中。

考察我国1980—1999年间国民经济的有关数据也可以发现：(1) 在我国贸易顺差的年份，经济增长反而趋缓，贸易顺差与国内生产总值增长之间呈一种负相关的关系②。(2) 我国的进口增长率与GDP增长率的变化趋势具有很强的一致性，在进口增长速度快的年份，经济增长率（GDP增长率）呈上升趋势，而在进口增长速度放慢甚至出现负增长的年份，经济增长率也呈明显的下降趋势。很明显，进口对经济增长有明显的促进作用。(3) 进口对经济增长率的变化具有显著影响，出口则没有进口增长率对经济增长贡献那样显著③，在同样的增长率下，进口比出口对经济增长的贡献大约大一倍。

罗默曾于1994年指出④：贸易限制对于发展中国家经济发展的最大影响之一就在于阻碍发展中国家建立新的经济活动。克

---

① 张亚斌：《进口贸易与经济增长的实证分析》，《财经理论与实践》2002年第6期。

② 张小济：《在自由贸易的背后——进口贸易与国民经济发展》，《国际贸易》1999年第4期。

③ 夏先良：《追求最大限度的充分就业——中国进口贸易宏观分析与政策选择》，《国际贸易》2002年第3期。

④ ［美］丹尼·罗德瑞克：《让开放发挥作用——新的全球经济与发展中国家》，中国发展出版社2000年版，第79页。

鲁格曼也曾经指出①：最适合衡量一个国家经济业绩的尺度是该国的生产力，而不是贸易平衡或国际收支平衡，一个国家的贸易政策归根到底是为提高国家的生产力水平服务的。这就需要调整我国现行的外贸政策，重心由为出口服务转向为提高国家的生产力水平而服务，以确保国家的长期福利。

2. 进口与就业

人们总是认为进口会冲击国内产业，增加失业。这主要是因为：（1）国内市场被进口品替代而挤出本国劳动力就业机会；（2）进口先进设备使资本有机构成提高，表现出机器排挤工人现象；（3）新产品的进口，导致原有产品的淘汰，进而导致很多劳动密集型的企业倒闭，工人失业增加。

实际上，进口对就业的影响因情形不同而不同。最有利的情形是：伴随进口的扩大，产业结构不断升级，生产要素流向高效率产业，劳动力也随之流向高效率产业。在灵活的经济结构中，如果高效率产业具有更高的增长率或较高的就业弹性，进口和产业升级带来的经济增长可以增加就业。相比之下，就业弹性高的产业比就业弹性低的产业更能吸纳就业。如果汽车产业的工人因失业而转移，相同的产业增长率下，转移到电脑或芯片业可能过剩，转移到软件业可能不足。另外，有关研究表明②：关税减让虽然促进了进口，但是并没有严重到使国内企业不能生存的程度；相反，关税减让引起国内成本下降，提高了出口竞争力，如果出口增加的幅度大于国内进口产品竞争部门的减缩幅度，那么，就业就会增加，经常账户就能得到改善。

---

①　罗伯特·吉尔平：《全球政治经济学》，上海人民出版社 2003 年版，第197 页。

②　张晓光：《中国与世界贸易组织：关于关税减让的一般均衡分析》，《数量经济技术经济研究》1995 年第 5 期。

显然，经济增长不仅来自技术创新，同时还来自进口带来的以产业升级为特征的结构效率，所以，不应当看到进口对就业率的负效应作用就动起限制进口的念头。在我国就业压力十分严峻的今天，更是如此。

3. 进口与保护

我国实施进口限制，主要出于国家财政收入和保护国内有关企业和产业的考虑。但是我国的进口限制并没有达到预期的效果。主要表现为：

（1）我国的高关税政策并没有增加政府的收入。首先，由于国内市场保护激发了各类大量的走私行为，对正常进口的冲击越来越大，高关税只是给走私者带来了丰厚的利润。其次，进出口企业为了获得进出口许可证或进出口自主权而进行"寻租"活动，使国家的很大一部分利益被政府官员和企业获得。如果我国降低进口关税提高进口自由化程度，不仅会抑制走私，而且通过海关过货的进口规模会大幅度增加，即使税率降低，关税总额的规模也会继续增加。有关研究表明①：贸易自由化对中国消费者有净收益，对政府、国内生产者和获得配额租金的国内经济组织有净转移效应，总的贸易自由化效应为正。

（2）保护对象发生错位。我国的进口限制本来是要保护我国的民族产业，但是，我国现行的关税保护的却是整个中国市场，当然也包括在华投资的外资企业。但是，在很多行业里，外资企业在中国的整个市场中有很大的份额，有的甚至达到垄断的地步。在这种情况下，我国保护的对象其实是外资企业，而不是我国的幼稚产业和民族产业，不仅没有达到保护我国企业和产业

---

① 张曙光、张燕生、万中心：《中国贸易保护代价的实证分析》，《经济研究》1997 年第 2 期。

的目的，反而保护了外资企业，使我国的部分产业受制于人，影响我国的经济安全。

（3）名义关税和实际关税差距较大。长期以来，我国关税水平"名不副实"，1998年，我国的名义关税税率为35.6%，而实际征收税率仅为2.7%。实际征收税率不仅远低于发展中国家的税率水平，甚至低于一般发达国家的关税水平。可见，我国关税的"虚保护"现象十分严重。这一现象不仅没有达到保护的效果，反而成为别国的把柄。

4. 进口与出口

进口增长是出口竞争力提高和出口扩大的基本保证，只有适度的进口，才能保证持续、稳定的出口，才能使出口产品不断升级，具有国际竞争力。主要表现在：

（1）进口有效缓解了我国经济发展的供给瓶颈。我国人口众多，人均占有资源不足，是制约我国经济发展的一个重要因素。增加进口，可以充分利用国内外两种资源，为突破资源和技术约束发展经济开辟了一条新道路。扩大先进技术、技术设备和有效产品、原材料的进口规模，有利于提升我国产业竞争力水平，有利于增强我国出口竞争力和扩大出口。

（2）国内消费并不都是可以由国内产品来满足的。如果没有进口产品，有些潜在需求就得不到开发，也就形不成实际的消费需求，也就不能推动经济的增长。在这种条件下，满足潜在需求的外国进口产品，就能够起到实现人们的潜在消费需求、扩大消费领域、提高消费质量、改变消费方式和习惯、开拓新的消费市场的作用，由此带动我国有关生产领域的变化，导致新的投资生产。典型的例子就是我国的彩电、手机等产业，开始时，我国的这些消费品都是进口的，然后，国内企业开始模仿生产直到成为世界性生产基地，在满足国内消费需求的情况下开始大量出口，成为出口大国。

（3）进口带来外来竞争压力。通过国外产品和企业的进入，引进外来竞争，有利于打破我国长期存在的经济垄断和体制垄断，从而提高我国企业的生产效率和产品质量，有利于培育新的出口增长动力，形成有能力应对全球化挑战的新的出口部门和竞争性产业，为我国的持续出口奠定基础。

三、调整我国现行外贸政策的新思路

通过以上的分析，既要克服当前面临的挑战，又要保持我国经济的长期发展、安全与稳定，我国就要对现行的贸易政策进行调整。在调整的过程中，应该注意以下几个方面的问题：

1. 由外向型经济向内外互补型经济转变

所谓内外互补型经济发展战略，就是指一个国家为了在经济全球化的进程中实现本国经济的持续、稳定、快速的发展，从全球视角对经济发展战略进行重新定位，放弃以前只是单方面的利用国外或国内资源的出口政策或进口政策，现在要把进口和出口有机地结合起来，把国内外两种资源、两个市场有机地结合起来，优势互补，形成良性互动的整体。这种良性互动主要表现为：（1）技术、设备和材料的进口增长应该有利于形成新的出口增长动力，形成有能力应对经济全球化挑战的新的出口部门和竞争性产业。（2）进口有利于解决我国经济发展的瓶颈，有利于我国产业结构的调整，有利于我国经济综合效益的改善，提高我国的综合国力。（3）进口应该有利于减少与贸易伙伴的摩擦和争端。也就说，我国的进口要特别注意从与我国贸易逆差国的进口，特别是美国。在此基础上，进口才可能是可持续的和有保证的，最终实现更高层次的内外部经济的相对平衡。（4）出口应该为进口空出新的产品市场和产业空间，为产品的不断升级换代和产业的升级做好准备，同时也为我国企业大规模对外直接投资做好准备。

2. 外贸政策与外资政策之间的相互协调

随着国际经济的发展，国际贸易与国际直接投资之间存在密不可分的关系，它们相互关联、相互补充，这就给我国政策制定者带来了挑战。在目前国际贸易和国际投资关系日益密切的形势下，国际贸易政策和利用外资政策必须协调一致，才能发挥政策合力，实现政府预期的政策目标。单独地实行贸易限制政策，或单独地实行外资限制政策，均不可能取得预期的效果。因为它们分别具有多重目标，这些目标之间既可能交叉、重合，也可能相互矛盾，甚至相互抵消效果。因此，我国外贸政策与外资政策之间应该相互协调。

如果国际贸易受到限制，国际直接投资没有受到限制，国际投资就会替代国际贸易，限制国际贸易的政策就不能发挥作用。例如，如果政府对进口商品征收关税或建立非关税壁垒限制进口，那么，就会导致进口替代型外国直接投资。20 世纪 80 年代美国就出现过这种情况，当时，由于日本对美国存在巨额的贸易赤字，使得美国对日本汽车实行了自动出口限制的贸易政策，但汽车行业的投资市场是对外开放的，因此，日本汽车厂商为了避开自动出口限制贸易政策的影响，纷纷到美国投资建厂、就地生产、就地销售。虽然，自动出口限制的贸易政策限制了从日本进口汽车的数量，但是，在美国市场上，日本汽车不仅没有减少反而有所增加。同样，如果国际直接投资受到限制，国际贸易没有受到限制，限制国际直接投资的政策也不能发挥作用，国际贸易会替代对外直接投资。例如，如果政府对某个行业限制外国直接投资，但是不限制对该类商品的进口，那么就可能导致该商品进口的增加。

另外，国家对外国直接投资的引导和规范，势必会对贸易产生各种影响，尤其是实施与贸易有关的投资措施更会对贸易产生直接而重大的影响，从这个层面来讲，也应该把外资政策与贸易政策进行相互协调，创造一个公平、统一的投资与贸易环境，促进本国经济和全球经济的共同发展。

3. 外贸政策与产业政策之间的相互协调

经济全球化的本质是一场以发达国家为主导、以跨国公司为主要动力的世界范围内的产业结构调整。历史经验证明，谁能抓住产业结构调整的机遇，谁就能在世界经济的激烈竞争中处于领先的位置。对于一个国家来说，能否及时而成功地实现产业结构的转移和升级是一国经济能否快速发展的重要因素，也是发展中国家超越发达国家的根本途径。但是，要注意贸易政策与产业政策之间的相互协调：

（1）贸易政策应该优先安排有利于产业政策实现的进口商品结构，以进口来调节产业结构，以调节产业结构来促进出口。作为管理和调节进出口贸易手段的关税体制，应从其关税结构中反映出产业政策的基本要求，安排有利于产业政策实现的进出口商品结构，并使关税政策符合产业政策发展秩序的要求。从实物形态来看，如果国内缺乏各种投入品，那么，产业发展的约束问题就需要通过进口来解决。

（2）产业结构的调整应该从开放的角度出发，以世界产业关联为背景，追求有利于出口生产的产业目标。产业结构的调整以及重点产业的选择都以提高国内产业在国际市场上的竞争力为目标。这样产业结构的调整也有利于实现外贸出口结构的升级换代。

结合我国经济发展战略，针对不同产业的政策应有所不同：
（1）主导产业。应由劳动密集型加工制造业为主导向资本、技术密集型加工制造业为主导转变，由加工制造业为主导逐渐向服务业为主导转变。（2）高科技产业。培育一批拥有自主知识产权、实力强大、占据高科技尖端的高科技产业群，使其成为我国经济增长和发展的基础，同时为我国传统产业的改造提供技术支撑。（3）夕阳产业。降低结构调整的代价，保证产业结构缓慢、平稳地转换，尽量避免或缓解本国停滞产业过快衰落而导致的种种社会经济问题。（4）幼稚产业。在开放经济条件下，保护和发展国内幼稚产业，也应采取国际分工的思路，积极引进外资和外国先进技术，使这类产业的发展有个高起点。（5）信息产业。我国在产业政策上应该向信息产业倾斜。信息产业的发展正成为产业的新生长点，其在全球贸易的比重不断提高，对于目前我国致力于提高制造业份额的出口政策而言，其出口结构已经越来越不适应全球的产业发展走向。

4. 构建适度保护的战略性贸易保护政策

经济开放并不意味着不需要对国内市场和国内产业进行适度的保护；相反，从某种意义上说，随着经济全球化的不断发展，民族的经济利益越来越突出。因此，我国在加快对外开放的同时，也要进行必要的保护，但是，这种保护要具有"适度性"和"战略性"。

适度保护贸易政策的涵义是：（1）适度保护的终极目标是建立和发展一个较为健全、合理的产业结构，并要有利于该产业结构的高级化发展，以带动整个经济的腾飞。同时它还应实现维持国内就业和保持国际收支平衡的基本目标。（2）适度保护不是全方位的保护，而是有目的、有差别和有选择的保护。（3）适度保护的手段是多样化的。除了关税之外，还可以利用非关税壁垒。目前，被世界各国普遍接受并产生广泛影响的非关税壁垒主要有反倾销、反补贴、技术贸易壁垒、绿色贸易壁垒等等。（4）适度保护是动态的、主动的保护。动态性表现为：逐步走向贸易自由化；保护的对象、重点和程度要根据国内产业发展水平和国民经济运行状况以及国际政治经济环境的变化而进行及时的调整。主动性是指以培育竞争优势为基点，利用多边规则和双边规则允许的手段和方式进行合理保护。

另外，不管是对出口导向型产业的扶持，还是对纯粹国内产业的扶持，要根据所选择的产业或者产业集团的特殊性质制定不同的扶持政策，即要具有"战略性"。一般来说，战略性贸易保护政策扶持的原则和依据应包括七个方面①：（1）产业具有赢利性，且在一段时间内保持相当高的进入壁垒。（2）本国产业必须面临着外国厂商的激烈竞争或潜在竞争。（3）与出口相关的产业，应该比外国竞争产业更集中或同样集中。（4）扶持政策不应引起要素价格上升过高。（5）本国产业相对于外国竞争者有相当大的成本优势，且增加生产会带来相当大的规模经济或学习效应。（6）国内新技术向外国竞争厂商的外溢最少，且政府干预有助于把外国技术转移给本国厂商。（7）研究开发和资本成本是该产业成本的重要组成部分，且可能领先的产品正处于产品开发、生产、研究开发的早期阶段，给予补贴可以提高外国厂商进入该产业的壁垒。

第三节　优化中国对外贸易
出口结构的思路

中国的发展越来越和世界的发展融为一体，原来意义上的国

---

① ［美］保罗·克鲁格曼：《战略性贸易政策与新国际经济学》，中国人民大学出版社 2000 年版，第 100—126 页。

内事务的影响和意义早已越出国界，成为世界整体变化的一部分，我国国内市场和国际市场的联系日益紧密，国内经济和国际经济的互动明显增强。这既给我国对外贸易的发展带来了难得的机遇，也提出了严峻的挑战。怎样以更加积极的姿态走向世界，充分利用国际国内两个市场、两种资源，在激烈的国际竞争中掌握主动权，不断地优化我国对外贸易出口结构，确保我国外贸安全和经济安全，继续推动我国对外贸易和经济持续、稳定、高速地发展，成为我国对外贸易发展和经济发展全局战略的一个重大而急迫的问题。

一、优化出口商品结构的思路

1. 实施出口商品多元化战略，降低出口商品过于集中的现状

目前，我国出口商品过度集中于少数几类商品，而且商品的出口市场也比较集中，一旦我国这些主要出口商品由于贸易摩擦导致贸易中断，就会影响到我国的国内就业和相关产业的发展，影响到我国经济持续稳定的发展，甚至会导致经济危机和社会动乱。所以，为了确保外贸安全和经济安全，我国就要实施出口商品多元化战略。要注意的问题主要有：（1）要继续保持现有优势产品的发展潜力，利用先进技术对现有出口商品进行改造和升级，推动传统产业的结构调整，提高现有出口产品的技术含量和附加值，保证外贸出口的稳定增长和国民经济的持续发展。（2）要大力推动高新技术产业的发展，增加高新技术产业的自主出口力度。（3）要根据国际经济发展的新趋势，把握好未来国际市场的潜在主导产品的培育，以求得在新一轮的国际竞争中占据一席之地。为此，我国既要抓住国际产业转移、成熟技术扩散的有利时机，外引内联，实现优势互补，又要鼓励在加工贸易中采取进口替代战略，采用本地材料和中间品，严格控制高消耗、高污染、低效益项目的加工生产，使加工贸易更加符合国家

的产业政策和国际市场发展趋势。

2. 实施核心技术自主研发战略，提高出口商品的技术含量

随着经济全球化的发展，知识产权在国际竞争中的重要性日益突出，许多发达国家和跨国公司通过在国内外获取知识产权，保护和延伸其科技经济优势，申请的领域主要集中在高科技领域，如在无线电传输、移动通讯、半导体、西药、计算机等领域的国外申请占据了绝对的优势。"世界经济论坛"发表的报告表明：中国 IT 产品出口居世界前列，但综合竞争力 2004 年仅居全球第 41 位，主要原因在于核心技术和关键技术缺失。另外，我国集成电路生产规模虽然很大，2004 年达 211 亿块，但生产集成电路的设备基本上依靠进口。在 DVD 的 57 项关键技术中我国仅掌握 9 项，在平均约 30 美元的 DVD 出口单价中，需向 3C、6C 联盟等缴纳的专利费达 10 美元之多，我国生产企业所获利润每台仅 1—2 美元左右。核心技术缺失，不仅限制了贸易利益的获得，而且也削弱了我国出口商品突破发达国家贸易壁垒的能力。

21 世纪是知识时代，也是知识产权和科技时代，一个国家或者企业如果没有自主的具有知识产权的核心技术，那么，这个国家或企业必定被时代所抛弃。国际大型跨国公司都拥有大量专利技术，每年的专利申请量也很多，美国、日本这两个世界强国，在全世界专利申请量中始终排在前两名。我国对外开放 30 年的实践经验表明："以资金换技术"战略和"以市场换技术"战略的实施，大大提高了我国整体技术的水平，但是，我国并没有获得核心技术。事实也告诉我们，在关系国民经济命脉和国家安全的关键领域，真正的核心技术是买不来的。

目前，我国最具有比较优势的产品还是低技术含量的制成品，因此，为了在未来的国际竞争中掌握主动权，提高在国际分

工中的地位，我国必须实施核心技术自主研发战略，提高自主创新能力，在若干重要领域掌握一批核心技术，造就一批具有国际竞争力的企业，进而真正地优化我国的出口商品结构。

3. 优化要素结构和提升要素质量，为优化出口商品结构奠定要素基础

产品内分工的产生和发展，改变了国际经济环境。跨国公司生产价值链上不同环节的专业化分工成为国际分工的主要表现形式，但是，任何国家参与国际分工的决定因素还是本国的要素禀赋。在工业经济时代，一个国家在国际分工中的主导地位，取决于这个国家拥有的资本以及机器数量的多少，而不取决于其他要素如劳动力和自然资源（能源、气候、土质等）方面数量的多少。随着知识经济的到来，知识成为生产力要素的最重要组成部分，成为驱动生产力发展的决定性因素，从而也成为国际分工的决定性因素。一个国家在国际分工中的主导地位，从根本上来说，就取决于这个国家在知识方面的比较优势，谁拥有较多的知识，谁就拥有了经济增长的主动权，谁就会在国际分工体系中处于中心支配地位①。

可见，对于我国来说，优化要素结构和提升要素质量是优化出口商品结构、提升国际分工地位的关键。因此，一方面要大力培育知识、技术、人力资本等高级生产要素，改变本国的要素结构；另一方面要对现有优势生产要素进行改造和升级，提升现有优势要素的质量。例如，通过加大教育投资、技能培训等形式提高本国劳动力素质，从而为价值链的攀升和产业结构的升级做好准备，以劳动密集型生产工序为突破点，大力发展高新技术产

---

① 刘春生：《全球生产网络下新的国际分工格局》，《软件工程师》2007年第1期。

业，以技术密集型工序为重点，改造传统产业，最终提升参与国际分工的层次，优化我国的出口商品结构。

二、优化出口地区结构的思路

1. 实施"新型市场多元化战略"，优化出口国际地区结构

针对我国出口国际地区结构比较集中的问题，在继续保持和开拓传统出口市场的同时，我国应该实施"新型市场多元化战略"，加强对新兴市场的开拓，加大对各类内资企业出口行为的扶持。所谓"新型"主要表现在：

（1）鼓励各类有能力的企业以多种有效方式努力开拓全球市场，积极参与国际竞争，而不仅仅局限于国有企业，还包括私营企业、民营企业和各类外资企业。因此，政府各部门和海外经商参处也要转变观念，对不同所有制企业都要一视同仁，都要尽力给予帮助，对支持企业的选择标准要一致，在规模和效益面前，坚持效益第一。同时，对于经济实力较弱和规模较小的中小企业来说，要尽快发挥已经启动的"中小企业开拓国际市场基金"的作用。

（2）新型市场多元化战略从过去单纯地降低市场过于集中的风险，转变为在扩大总体市场的过程中改善市场结构，降低市场集中的风险。即在继续重点、均衡开拓主要贸易发达国家和地区市场的同时，有步骤、有选择地积极开拓最具前景的新兴市场，并不失时机地开拓一切有机会的市场，使我国出口市场在全球形成合理的、有层次的多元化格局，以分散风险，增强应变能力，适应我国产业快速发展和外贸不断扩张的需求。

（3）针对重点开拓市场实行政策倾斜。我国政府应该：第一，官方出口信用应该首先支持重点开拓市场项目；第二，有选择地支持在最具前景的重点开拓市场举办中国商品展览会；第三，有重点地合理使用进口国别补贴；第四，针对不同的国

家和地区制定不同的出口退税政策，有效调节我国出口市场
结构。

2. 加快落后省市当地经济和对外贸易的发展，优化出口国
内地区结构

为了缩小地区间对外贸易出口差异，加快落后省市当地经济
和对外贸易的发展是关键，为此，我国政府应该长期重视以下几
个方面的问题：

（1）加快落后省市利用外资的步伐，全面提高落后省市的
对外开放水平。

从国际经验来看，一个国家或地区要想获得发展，就必须对
外开放，积极地利用外资，不对外开放、不利用外资，要想发展
经济是很困难的。亚洲"四小龙"的成功发展经验，朝鲜、非
洲、古巴等国家的发展困境，越南和印度、俄罗斯等国家的发展
趋势就是最好的例证。从国内经验来看，利用外资较多、对外开
放水平较高的省市，对外贸易和经济发展较快；利用外资较少、
对外开放水平较低的省市，对外贸易和经济发展较慢。例如，广
东、北京、上海、天津、江苏等地区，对外开放水平较高、利用
外资较多，对外贸易和经济发展也一直在全国处于领先地位；山
西、河北、贵州、陕西等地区，对外开放水平较低、利用外资较
少，对外贸易和经济发展一直在全国处于落后地位。

我国要想缩小地区间的对外贸易差异以及经济差距，就要
特别重视落后省市加快利用外资的步伐和提高对外开放的水
平，以更加积极的态度走向世界，在充分发挥内需拉动经济增
长积极作用的同时，更加重视对外开放在推动经济社会发展中
的重要作用，以开放促改革，以开放促发展，充分利用国内国
外两种资源、国内国际两个市场，加快落后省市的对外贸易发
展和经济发展，缩小地区间的差距。另外，在投资领域上，落

后省市可以引导外资对具有优势的资源开发、原材料工业、农牧业生产给予投资；在投资政策上，落后省市可以制定比沿海发达省市更加优惠的政策，吸引外资投资；在投资策略上，国家政策可以考虑把新开放的领域或试点开放的领域先在落后省市开放。

（2）加大落后省市的投资力度，改善落后省市的投资环境。

从经济学的角度来看，企业在投资时，追求的目标是风险最小化、利益最大化，企业不考虑地区间的经济差异。地方政府和国家政府在投资时是不是可以向企业一样，一味地追求利益，不考虑地区间的差异？很明显，最佳的发展模式是各地区均衡发展，如果最佳不能实现，就只能求其次了：非均衡发展。如果说省市的地方政府为了发展经济可以在短期内或长期内走非均衡发展的道路，那么，从社会经济政治的稳定和经济发展的代价来看，国家政府绝对不能长期走非均衡的发展道路：地区间的差距一旦形成，就很难再缩小了，由此还会引起很多社会问题，影响国家的经济安全和政治安全，对于大国更是如此。从国际来看，美国为缩小地区间差异的付出并没有取得明显的效果；从国内来看，中国西部大开发战略也没有取得理想的效果；从省内来看，江苏省苏南、苏北之间的差距日益明显，协调苏南苏北的发展已经成为江苏省政府十分关注的问题。

没有投入就没有产出。要想缩小地区间的差异，就要从投入的源头上开始重视落后省市的投入，加快落后省市的投资力度，改善投资环境。这要注意几个方面的问题：地方政府要注重增加对人力资本的投资，发展教育、引进人才，注重经济持续发展所需关键性要素的培育；国家政府要增加对落后省市的投资力度，甚至可以制定有利于落后省市的特殊政策，例如，人才政策，就业政策等等；增加对基础设施的投资，大力发展交通、通讯、改善投资环境，以降低企业投资的非生产性成本。

（3）提高落后省市的投资效率，注重当地高质量企业的培育和高质量外资企业的引进。

落后省市与发达省市对外贸易差距和经济差距的形成，与投资效率差异有很大的关系。国家政府在考虑投资收益时，正是由于各省市的投资效率不同，导致偏向于投资效益较高的省市。另外，国家政府的投资一般金额比较大，而且是用于发展基础设施的，即投资环境的改善，最终结果就导致国家政府在分配投资资金时，对投资效益较高省市的偏向性越来越高，对投资效益较低省市的偏向性越来越低。因此，落后省市要注重当地高质量企业的培育和高质量外资企业的引进，提高投资的效率。这既是发展经济、加快经济发展速度的需要，也是增加国家投资的需要。

有几个方面的问题必须注意：第一，扶持当地企业的发展，促使当地企业提升技术水平和经营效率，加快现代企业制度的建设。第二，在积极引进外资数量的基础上，要特别重视与已有工业基础和资源禀赋相一致的高质量外资的引进。第三，深化经济体制改革、投融资体制改革，加快政府职能转变，提高投资的市场化程度。第四，加快产业结构升级，防止将有限的资金过多地投入到低水平的重复建设上去，凭借新一轮全球产业转移的机遇，努力发展科技含量高的朝阳产业。

（4）协调落后省市与发达省市的发展，走共同发展的道路。

缩小省市之间的差距，还可以通过协调落后省市与发达省市之间的发展，让发达省市和落后省市之间互动，以市场经济的方式运作，实现优势互补、资源互补，以实现先富帮助后富，最终达到共同发展的局面。

目前，我国的经济已经到了一个新的发展阶段，我国开始从贸易大国向贸易强国迈进，从经济大国向经济强国迈进，这就需要东部发达地区、省市努力提高自主创新能力，加快实现结构优化升级和增长方式转变。因此，发达省市就可以把一些比较成熟的技术含量低的产业转移到落后省市，既可以为本地产业结构的升级置出空间，又可以加速落后省市的经济发展。

但是，由于区域发展的不平衡，加上行政割裂和政绩考核制度不科学以及财税体制弊端，不仅国内统一大市场困难重重，而且区域市场的统一障碍也不少。因此，一方面，要注重区域经济的规划和定位，为全国统一市场的最终形成扫除障碍；另一方面，要健全区域协调互动机制。中央政府的"十一五"规划指出，健全区域协调互动机制主要包括：健全市场机制，打破行政区划的局限，促进生产要素在区域间自由流动，引导产业转移；健全合作机制，鼓励和支持各地区开展多种形式的区域经济协作和技术、人才合作，形成以东带西、东中西共同发展的格局；健全互助机制，发达地区要采取对口支援、社会捐助等方式帮扶落后地区；健全扶持机制，按照公共服务均等化原则，加大国家对落后地区的支持力度，加快落后地区经济社会发展。

（5）落后省市应该建立自己的特色经济发展圈，走独立发展之路。

国家政府为缩小地区间经济差距，制定了很多政策，提出了很多思路，例如，西部大开发战略、东西部协调发展战略、东部产业向中西部转移战略等等，从实际情况来看，这些政策虽然推动了落后省市、中西部地区的经济发展，但是，并没有缩小地区间的经济差距，反而差距在不断地扩大，即各地区的经济发展情况是"在共同发展中地区间经济差距日益扩大"，而不是"在共同发展中地区间经济差距日益缩小"。也就是说，现有的政策达到了经济增长的目的，但是没有达到缩小地区间经济差距的目的。这是因为目前提出的各种战略从本质上讲都是使落后省市、地区的发展依附于发达省市、地区的发展，从而就使落后省市、地区的发展不可能超过发达省市和地区，这就是为什么这么多年地区间经济差距没有缩小反而扩大的原因，可见，要想真正地缩小地区间经济差距，就要摆脱这种长期以来的依附性发展思路。因此，落后省市、中西部地区应该根据当地的实际情况，尝试建立自己的经济发展圈，走独立发展之路，走特色发展之路。走独立发展之路，才是缩小地区间经济差距的根本出路。

落后省市和发达省市的互动发展，虽然不能从根本上缩小地区间经济差距，但是，这是确保落后省市、地区加快发展和持续发展的基本保障。因此，走独立发展之路并不是放弃与发达省市、地区的合作，而是在继续实施发达省市和落后省市互动发展的基础之上，加强落后省市独立经济发展圈的规划与构建，进一步加快落后省市的经济发展速度，从根本上缩小与发达省市的出口差距，优化出口国内地区结构。

三、促进对外贸易平衡发展和可持续发展的思路

（一）经济发展战略

1. 构建内外均衡的经济发展战略，降低经济发展对国际市场的过度依赖

长期以来，我国忽略了内需对经济发展的作用，导致我国对国际市场的依赖性越来越大，我国外贸依存度越来越高。因此，为了减缓国际经济波动给我国经济带来的影响，有必要慎重考虑适当调整我国需求结构中的国内需求与国外需求的比重，把发展经济的着眼点更多地放在扩大内需上。但这并不是说，外需不重要，而是说，为了适应世界经济的现实情况、我国经济发展的需要，我国应该在继续大力拓展外需的基础上，兼顾内需，大力发

展内需，构建"内外均衡的经济发展战略"，以保证我国经济持续、稳定地发展。

我国自从改革开放以来，一直实行的是出口导向型的外贸政策，所以，我国国内的工业投资体系分为两个部分：一部分是为满足出口、加工贸易服务的体系——外生循环投资体系；一部分是为满足国内市场需求服务的体系——内生循环投资体系。这种情况导致了国内产品需求结构与外生循环体系的生产结构出现了较大的差异。可见，在大力发展内需的过程中，就会出现怎样协调外生循环投资体系向内生循环投资体系顺利转变的问题，怎样引导外生循环投资体系向国内产品需求结构靠拢的问题。协调外生循环投资体系向内生循环投资体系的顺利转变，合理引导外生循环投资体系向国内产品需求结构的靠拢是我国经济是否能持续稳定发展的关键，转换得不好就会出现经济问题。国家政府要高度重视此问题。

另外，在大力发展内需时，还应该充分认识到以下几个方面的问题：（1）我国内需市场潜力巨大，有待长期挖掘。当前和以后一个较长时间制约这两大问题的重点和难点是如何开拓农村市场问题，而这一问题又和农民的收入有关，因为：低工资政策→农民收入低→不利于农村市场的开拓。（2）需要指出的是，扩大内需的长期战略并不排除扩大外需，并不否认外需对拉动我国经济增长的积极作用，而是说内需是拉动我国经济增长最主要的动力，是我国经济增长的主要支撑点，在坚持扩大内需的同时，还要继续发挥对外贸易的重要作用。其实，内需和外需有相互协调的一面，对外贸易的进一步发展，能使我国按照自己经济的比较优势和竞争优势来调整产业结构。（3）扩大国内需求，开拓国内市场是我国经济持续发展的基本立足点和长期的战略方针。与此同时，也必须清醒地看到扩大内需问题还远未得到解决，扩大内需战略是一项艰巨复杂的系统工程，需要长期的努力，是今后很长时期内的一个工作重点。

2. 构建新的区域经济发展模式，降低经济发展对东部地区的过度依赖

为了加快中西部地区的经济发展，国家政府必须探索新的区域经济发展模式，并从战略高度上实现突破。我国区域经济发展模式应该从以前的单个城市独立发展经济的"点状拉动"模式向某个区域的城市之间互相联合共同发展经济的"面状拉动"模式转变，在转变的过程中，中央政府应该进行适度和必要的干预①。"面状拉动"模式就是要根据区域内所具备的物质经济条件、社会发展现状和历史沿革特征，充分发挥区域经济的规模效应和集聚作用，以大、中、小城市的等级有序、产业分工和合理互补为核心，以快速流畅的交通网络为区域发展轴线，根据城市布局现状以及未来城市空间扩展的趋势，重点完善区域内部功能和实施全新的产业链设计，进一步强化区域内的空间等级化、发展一体化，达到结构有序、功能互补、区域效益最大化的发展模式。从战略的角度考虑，根据不同的发展目标，在不同的区域还

311

---

① 区域经济发展，从宏观领域来看，必须有明确的目标，并保持经济发展的连续性，这就要求中央政府必须有一个长期的区域经济发展战略规划。区域经济规划是政府组织和安排人类社会生活的一个重要的、具体的行动。区域经济规划的理论基础是政府干预理论（有关政府干预区域经济规划的详细分析请参见孙久文：《区域经济规划》，商务印书馆2004年版，第48—55页）。同时，在新的历史条件下，国家职能也发生了新的变化。在全球的进程中，国家在全球治理与地方治理之间要取得平衡，既体现差异性又要重视互补性，实现全球、国家与地方之间的共生联动，构建一个完整的治理体系（详细分析请参见郁建兴、徐越倩：《全球化进程中的国家新角色》，《中国社会科学》2004年第5期，第92—102页）。

应该实施不同的"面状拉动"模式①。

为了加快中西部省市的经济发展,我国应该在中西部地区发展区域经济,而不是省市经济、城市经济。服务业外包是新一轮国际产业转移的新趋势,这就为我国中西部省市大力发展对外贸易、加快经济发展提供了可能性。根据我国改革开放的经验,1978—1992年间我国主要是发展深圳以及"珠三角",1992年以后主要是集中全国的人力物力发展上海和"长三角",因此,在发展中西部时,也要重视在中西部地区培育新的经济圈和增长极,同时,要对中西部省市某一经济圈和增长极进行重点培育。也就是说,在今后的一段时间内,我国应该集中全国的财力物力在中西部只培育一个类似于上海、深圳的增长极,一个类似于"长三角"、"珠三角"的经济圈。因此,基于区域经济的发展战略,我国应该把重庆、四川、贵州、湖北、陕西、甘肃等省市整合起来,以重庆为中心地区,构建重庆经济圈,大力承接国际服务外包和制造业外包,把重庆培育为我国的第四增长极。

3. 加快培育我国自主的大型跨国公司,降低对外资企业的过度依赖

随着经济全球化和国际分工的发展,跨国公司的国际化程度越来越高,其国籍有淡化的趋势,但是,跨国公司仍然具有很深的母国属性。跨国公司在世界各地开展经营活动都是以本国为依托和基地,每一个大型跨国公司的背后,在其发展过程中,都有本国政府的支持。这些公司深深地扎根于本国社会,在很大程度

---

① 有关学者认为:中国作为一个大国,实质上从来也没有一个所谓的统一模式,进口替代和出口导向模式几乎是同时存在的(课题组:《开放中的经济增长与政策选择》,《经济研究》2004年第4期,第4—15页)。因此,中国作为一个大国,在发展区域经济时,也不应该实施统一的模式。

上是本国历史、文化和经济体系的产物①，最终都要依附于它们的母国。从另一个角度也可以说，跨国公司归根到底还是其母国国家利益的"代言人"。

目前，外资企业是我国对外贸易的主体，在我国的出口特别是在高新技术产品的出口中占有绝对的主导地位，不仅控制了出口商品的销售渠道，而且还通过转移定价进行避税。在这些现实情况的背后，隐藏着巨大的过度依赖外资的风险，我国的经济发展和对外贸易就存在着不安全与不稳定性，这就要求我国在迈向贸易强国的过程中必然要加快培育我国自主的大型跨国公司。

另外，对于我国来说，在参与产品内分工时，要想获得较多的分工利益，要想提高在国际分工中的地位，提高整个国家的竞争优势，这也要求我国必须培育具有国际竞争力的自主大型跨国公司。其实，培育自主大型跨国公司也是充分利用国际国内两种资源、两种市场的需要，是保障国家经济安全的需要。

在国际分工中，发达国家虽然控制着产品的高端生产工序和品牌运营，但是，仍然需要发展中国家合同制造商的稳定、及时供应，在技术标准确立和升级上也需要取得更多合同制造商的支持和配合。发展中国家的合同制造商与发达国家的品牌商之间在能力上就呈现出互补式、分享式关系结构。如果发展中国家能在全球价值链中占据一定的地位，在某些领域形成全球性的产业集聚地，即使是最低端的生产工序，也会对发达国家有一定的牵制力，从而有利于加快发展中国家产业结构的升级与在全球价值链中的攀升。

与发达国家相比，我国在部分价值链领域具有很强的优势，

① ［美］罗伯特·吉尔平：《全球政治经济学》，上海人民出版社2003年版，第318页。

313

例如，非核心零部件生产和加工组装工序。这些生产工序虽然处于价值链的低端，但是，我国把其做大做强，同样可以形成自身的核心竞争力。可见，依据我国自身的优势，把现有的生产工序做大做强，拓宽在全球价值链中的宽度，形成全球性产业集聚地，然后，再逐渐向价值链的两端攀升，不断提升自身竞争力，这是我国加快培育自主大型跨国公司的现实选择。

（二）外贸发展战略

1. 适度增加战略性进口，提高进口对经济发展的促进作用

所谓"适度"进口，是指在一定的历史时期内，在国家外汇储备充足、人民币汇率稳定的条件下，为了保证外贸长期健康的发展，推动国民经济良性循环而采取的加大进口力度的一项重要措施。

所谓"战略性"进口，主要表现在三个方面：（1）进口的商品是有选择性的。主要包括我国经济发展急需的各种生产原材料，特别是石油，先进生产技术的进口。（2）进口的国家是有选择性的。我国在进口的时候，应该通过增加在出口集中地区的进口，尽量减少贸易逆差的额度，缓解贸易摩擦。（3）要特别注重增加从亚非拉发展中国家的进口。很多产品在欧美市场遭受反倾销后开始转移到亚非拉市场。如果在亚非拉市场再次遭遇大规模反倾销，就意味着丢失全球市场的危险，也就意味着我国对外贸易的崩溃。

我国应该构建两种战略性外贸政策：（1）内外互补型外贸政策。从全球视角对经济发展战略进行重新定位，放弃以前只是单方面利用国外或国内资源的出口政策或进口政策，现在要把进口和出口有机地结合起来，把国内外两种资源、两个市场有机地结合起来，优势互补，形成良性互动的整体。（2）构建资源安全贸易体系。资源安全贸易体系的核心就是充分利用国际经济的

相互依赖性，在一定的时空范围内，保障我国获得发展所必需的一定数量和质量的资源，不断改善我国资源供给的态势，使得我国在国际资源市场中逐步趋于有利的地位。

2. 千方百计缓解贸易摩擦，创造良好的国际贸易环境

（1）整顿和规范出口秩序。

为了改善我国贸易条件、促进对外贸易健康发展、提高出口效益、创造良好的国际贸易环境，我国急需整顿和规范外贸出口秩序。

从短期来看，针对我国的出口低价竞销现象，我国应该效仿大多数国家的做法。目前，世界上大多数国家的做法是在法律框架内对出口价格实施管理和协调。各国虽然在此方面的法律名称有所不同，但其基本目的都是为了维护本国经济利益和公平交易秩序，对于低价竞销等不正当交易行为予以禁止并加以惩罚。因此，我国政府应在对产品价格不形成直接干预的前提下，以法律形式设置负责管理、协调、监督、处罚违规行为等方面的职责权限，并进一步强化有关行业协会的监督职能，以实现营造公平竞争环境和维护市场秩序的根本目的。

从长期来看，应该通过资信等级分类规范企业进出口行为，加快外贸企业信用体系的建设。根据这个战略部署，应采取以下一系列措施：一是确定外贸企业资信等级的标准和内容，让进出口企业的信用管理明确标准和努力方向；二是建立完整的外贸企业档案系统。三是逐步在全国范围内推广试点工作；四是根据资信等级区别对待。对不推行信用管理的外贸企业，尤其是有失信行为的企业给予延缓出口退税、扣减相关出口配额许可证、列入海关重点监测目录等的处罚。同时，政府应从政策上鼓励信用服务中介组织的发展，逐步实现资信机构为主的市场化运作，充分发挥协会、商会等中介组织在这方面的积极作用。

要特别指出的是，要积极发挥行业协会的作用，规范出口秩序。目前，工商领域全国性行业协会有 362 个，其中综合性协会15 个（经贸委直管），工业行业协会 206 个（经贸委委托综合性协会代管 147 个，其他部门 59 个），商业物资流通协会 67 个，其他类协会 74 个（经贸委 42 个，其他部门 32 个）①。这些行业协会基本覆盖了工商领域各个门类。作为一个行业所有企业的合作组织，行业协会是行业自律组织，充当着连接政府与企业之间的桥梁，行业协会应该代表本行业企业在应对和缓解国际贸易摩擦中发挥重要的作用。根据国际经验，行业协会应该在以下几个方面发挥重要的作用：第一，建立出口过程中的价格协调机制，规范企业出口行为，及时协调不同企业的出口产品价格，防止恶性竞争，对进行低于成本削价竞争的企业给予行业内处罚。第二，建立行业内反倾销应诉信息库，配合、协助政府部门建立反倾销预警机制。第三，作为政府有关部门与企业之间的信息传递枢纽，负责在收到反倾销调查通知后第一时间通知企业并通报政府有关部门，并迅速组织涉案企业做好应诉准备工作，在应诉过程中负责协调好企业与相关政府部门的关系，及时向政府部门反映企业的困难和需求。第四，组织、发动包括企业、律师事务所、会计师事务所等中介组织在内的社会力量，形成产业保护的合力，增强企业应诉能力。第五，指导企业了解反倾销调查的法律规范，为企业提供咨询服务。

（2）积极宣传我国经济发展的共享特征。

由于我国实施的是基于加工贸易出口导向型的经济发展模式，因此，我国对外贸易出口和经济的高速发展不仅对我国有

---

① 魏浩、张二震：《发展中国家与中国的经济摩擦及其影响分析》，《世界经济研究》2005 年第 10 期。

利，而且对与我国有贸易和投资关系的其他相关国家也有利，也就是说，我国经济与其他国家经济是共同增长与发展的，我国是共享型贸易增长模式。从中国获益的国家可以分为两类：一类是向中国出口技术和资本密集型产品的发达国家，另一类是那些向中国出口原料、能源、半制成品的国家。在西欧、美国等发达国家享受从中国进口价廉物美纺织品等产品的同时，拉美、澳大利亚、中亚也从中国的矿产和能源进口中得到了巨大的利益。对于发展中国家来说，中国每年进口额中有 45% 来自发展中国家。由于中国对发展中国家生产的基础性商品需求十分强烈，从而抬高了粮食作物和铝、钢、铜、棉花和橡胶等工业原材料的价格，它扭转了几十年来这类商品价格不断下跌的局面。因此，我国应该首先在观念上消除目前在国际上特别是在发展中国家流传的"中国威胁论"因素，积极向发展中国家宣传我国经济发展的共享特征，为缓解国际贸易摩擦营造良好的国际经济环境。

317

（3）加强与发展中国家之间的经济合作。

我国应该加强与发展中国家之间的经济合作，主要原因有两个方面：第一，在经济全球化的今天，竞争的趋势已经从国家与国家之间的竞争发展为地区与地区之间、集团与集团之间的竞争了。由于单个发展中国家实力有限，为了在全球竞争中获胜，发展中国家也应该联合起来，增强实力。这就要求我国作为发展中国家的代表，应该主动承担一个贸易大国的责任和义务，重视与发展中国家之间的经济往来，并加强与发展中国家之间的经济协调，尽可能减少贸易摩擦。第二，对于我国来说，亚非市场和欧美市场具有很强的关联。我国很多产品在欧美市场遭受反倾销后，就开始转移到亚非市场。如果在亚非地区再次遭受大规模的贸易摩擦，那就可能意味着我国出口商品全球市场的丢失。所以，在继续重视与美、日、欧等发达国家贸易摩擦的同时，我国还应该从战略上高度重视与发展中国家之间的贸易摩擦，积极发展和维持与发展中国家特别是发展中大国的经贸关系。

为了加强与发展中国家之间的经济合作，我国可以一方面通过加强多边援助机制对发展中国家进行经济援助；另一方面，以我国成功的发展经验和模式为基础，通过咨询、培训等非经济手段与发展中国家之间进行合作，对发展中国家提供必要的帮助，妥善处理双边贸易或经济利益上的冲突。

（4）加强在国际组织中的控制权。

国际贸易摩擦不仅与经济有关，还与政治有关，特别是与一个国家的国际政治地位有紧密的联系。在涉及贸易摩擦时，贸易摩擦的发起国就会在一定程度上考虑被制裁国的国际地位，被制裁国的国际地位越高，贸易摩擦产生的机会就越低，或者被制裁的程度就越低。国际地位的高低，最明显的表现就是一个国家在国际组织（特别是在国际货币基金组织、世界贸易组织、世界银行）中的控制权。因此，我国应该加强在国际组织中的控制权，提高我国的国际地位，在一定程度上缓解我国的国际贸易摩擦。

（5）积极参与国际标准的制定。

国际贸易摩擦特别是技术性贸易摩擦与国际标准紧密相关。目前，在中国两万多项现行国家标准中，有 6500 多项是采用国际标准转化而来，转化率近 40%，在 ISO/IEC 现行的 17000 多项标准中，由我国起草被批准的只有 20 多项，加上现在由中国起草正在走审批程序的共计 50 多项，只占到 3‰。因此，我国在继续注重采用国际标准和国外先进标准的前提下，应该设法将更多的我国标准转化为国际标准，同时，尽可能多地参加一些国际标准化活动，争取在国际标准化组织（ISO）以及其他工作机构中担任较多的领导职务，实质性参与国际标准的制定。国际标准化组织（ISO）是目前世界最大、最具权威性的国际标准化专门机构，现有 143 个成员，制定 14600 个国际标准。积极参与国际标准化组织及其活动，能提高我国对国际标准化的影响力和控制力，有利于缓解贸易摩擦。

（三）对外直接投资战略

1. 投资产业问题

目前，根据经济发展的现状和需求，也为了促进中国企业对外投资有效、有序、协调、健康发展，我国政府鼓励国内企业境外投资重点投向以下几个方面[①]：鼓励有利于缓解经济发展瓶颈的境外资源类投资，拓宽这方面投资合作的渠道和领域；鼓励有助于国内产业结构优化升级，能够带动国内产品、设备和技术等出口和劳务输出的境外生产型设施和基础设施投资，并有助于提高中国企业的国际化经营水平；鼓励能够通过境外投资学习国际的先进技术、管理经验和专业人才的境外研发中心等投资，提高中国企业的创新能力；鼓励中国的优势企业到境外从事贸易分销、银行、电子信息、物流航运等业务，增强服务业的国际竞争能力。具体来说，根据我国的现实情况，对外投资产业战略和地区战略应该是：

（1）基础资源寻求型的对外投资地区：发展中国家。

虽然中国在劳动力要素上具有一定的相对成本优势，但在某些自然资源（包括石油、天然气、矿产、森林和土地资源等）上却显得缺乏。要使相关行业保持稳定的增长，国内现有的已开发资源，从质量和数量来看都远远不能满足要求。而且，从国家的角度来看，建立稳定的国际资源市场渠道是实现中国经济可持

---

① 《我国鼓励企业境外重点投资四领域》，《上海证券报》2007 年 5 月 17 日第 2 版。

续发展的前提条件。因此，进行海外投资，开发资源就显得十分必要。投资的重点地区应该是：第一类，部分亚洲国家。例如，东南亚的森林资源，西亚、中亚的石油、铁、钾盐等都对我国有着巨大的吸引力。而且我国在这些地区投资具有地缘政治、经济、文化等有利因素。第二类，拉美、非洲、中东欧等国家。例如，拉美的巴西、墨西哥、智利、委内瑞拉、秘鲁等国的石油、铁、铜和森林资源丰富，投资基础良好；利比亚、尼日利亚、南非、扎伊尔、赞比亚等的石油、铜、铬、铁等矿产资源和森林资源丰富，都是我国紧缺的自然资源。根据这些产业的类型、投资的手段，最好选择与当地企业合资开发，或者是增资入股，而跨国并购或者绿地投资的可能性比较小、难度比较大。

（2）边际产业转移型的对外投资地区：发展中国家。

根据国际经验，对于我国的成熟产业，特别是劳动密集型产业，要想转移出去，大部分也必然集中在邻近的发展中国家和地区。一方面，因为我国对外直接投资的规模较小，实力不足，只有在地理位置毗邻，交通、通讯、信息传递等比较便利的地区才能显出比较优势。这就是中国企业多向东南亚国家投资的主要原因。另一方面，我国企业将适用技术和成熟产业转移到市场潜力更大的其他发展中国家和地区，在这些国家从事加工贸易、建立生产制造装配企业，可以较大地满足东道国扩大就业和产业结构调整的需要，做到互惠互利，使投资顺利进行。这就可以把我国的夕阳产业转移出去，既可以缓解环境污染问题，又可以为我国承接新一轮的国际产业转移做好准备。

投资的重点地区应该是：亚洲、拉美、非洲、中东欧等国家。这些地区的部分国家是我国纺织品、化工产品、机电产品、拖拉机、小型农具、自行车、玩具、鞋帽、手工艺品等商品的出口大国。这些国家和地区的消费结构及消费水平同我国具有相似性及承接性，而且人口众多，市场规模及潜力巨大。另外，这类产业基本上都是劳动密集型，劳工素质也无需太高，很容易就地转化，同时创造大量就业机会，颇受当地政府欢迎。在这些国家和地区中，投资环境较好，而且为吸引外资都制定了一系列的优惠政策。所以，我国企业在投资时可以选择在国外直接投资建厂或者合资等形式。

（3）核心技术寻求型的对外投资地区：美日欧等发达国家。

目前，我国对外直接投资的产业以租赁和商业服务、批发零售为主，这些项目的投资从短期来看具有营利性，但是，却没有长远的战略意义。目前，我国正在从贸易大国向贸易强国、从经济大国向经济强国转变，转变成功与否以及速度快慢，主要取决于经济增长方式的转变，而经济增长方式的转变归根到底还是要取决于技术水平的提高以及拥有核心技术的知识产权。目前，国际分工已经从产品分工发展到了要素分工，技术特别是高端核心技术的研发主要集中于美日欧等国家大型跨国公司的母公司，而我国在国际分工中的地位主要还是处于加工、组装和制造等低端的价值链端点上，这就导致我国想通过利用外资提高技术水平比较困难。因此，我国提高技术水平的途径就只有：一是通过自主创新研发技术；二是通过对外直接投资到海外技术研发国家获得技术。目前国家已经大力提倡自主创新，但是，还没有重视通过到国外投资主动地获得技术。

从现实情况来看，我国应该以吸取先进技术和管理经验、紧跟世界潮流为目的，有战略、有步骤、有实效、有重点地发展对美日欧等发达国家的投资。投资的方式可以以跨国并购或者自己设立研发中心为主。目前，一些企业已经实施这种战略并取得了一定的成果。例如，上海复华实业股份有限公司在美国、日本等地设立高技术合资企业，并将先进技术转移到国内，加速国内产品的更新换代；华为集团分别在美国的硅谷和达拉斯、瑞典、印度、俄罗斯成立了实验室；海尔在美国设立了研发机构；长虹与东芝合作在日本设立研究与设计机构；联想在中国香港和美国设立了研发和技术信息中心，并并购了 IBM 的个人电脑业务①。

有一个问题特别值得注意：目前，外包是跨国公司增强国际竞争力的重要手段。因此，我国企业在对外投资时，也可以通过外包的方式，让国外专业性的企业为我国企业做代工，通过并购国外企业核心业务和剥离自身非核心业务进行业务整合，提高和培养我国企业对全球资源配置、整合、计划和协调的能力。在技术研发和关键性零部件生产方面尤其如此。目前，已经开始出现"国内企业做品牌，海外企业做代工"的新现象。例如，国内品牌的笔记本电脑和手机，都在大量利用海外以及中国台湾地区的企业做代工。2002 年，联想公司的所有笔记本电脑、70% 到 80% 的 PDA 以及 40% 的母板产品均由台湾地区的厂商负责生产②。

另外，我国也应该注意通过加大对外战略性投资，缓解我国面临的日益严峻的国际贸易摩擦问题。以我国到墨西哥的投资为例③，由于墨西哥具有特殊的地理位置，我国企业加强对墨西哥的直接投资，既可以协调我国同美国、墨西哥在贸易上的摩擦，又可以顺利地进入北美和拉美两个市场。主要是由于：①我国企

---

① 赵春明、宋志刚等：《我国对外直接投资的成效评价与发展对策》，《国际经济合作》2005 年第 11 期。

② 裴长洪：《中国对外经贸理论前沿（4）》，社会科学文献出版社 2006 年版，第 15 页。

③ 高潮：《投资墨西哥——把出口基地建在美国家门口》，《中国对外贸易》2005 年第 5 期。

业在墨西哥进行直接投资，可以享受墨西哥与全世界 43 个国家及地区所达成的自由贸易协定的优惠，顺利地进入这些国家的市场。②墨西哥与拉美各国有着天然的市场联系，贸易成本和运输成本比较低，我国企业可以凭借低成本优势向北顺利进入美国和加拿大市场，向南进入拉美各国的市场。③我国企业在墨西哥投资生产的产品，可以作为墨西哥的产品进入美国市场和墨西哥市场，从而减少我国对美国和墨西哥的贸易顺差压力，在一定程度上缓解中美、中墨之间的贸易冲突。

2. 投资风险问题

目前，我国企业走出去面临着一系列的风险①：（1）政治风险。例如，2005 年，中海油斥资 185 亿美元收购美国第八大石油公司尤尼科，因美国国会的阻挠而失败。联想收购美国 IBM 公司的个人计算机业务后，美国国会议员理查德·达马托向国会提议审核联想计算机的信息安全，这使联想的业务发展受到制约。（2）政策风险。例如，委内瑞拉政府宣布，把外资控股或独资的石油、能源类企业收归国有，外资方不能控股，因此，在委内瑞拉投资石油、能源的外国公司损失巨大。俄罗斯 2006 年年底出台了关于整顿批发零售市场经济秩序，规范外来移民就业等有关法规，使 10 万华商受到损失。（3）社会风险。2004 年的西班牙"烧鞋"事件给中国商人带来巨大损失。（4）治安风险。2004 年我国两名工程技术人员在巴基斯坦被绑架，2005 年 1 月，8 名中国人在伊拉克被绑架。有关数据表明：2005 年外交部参与处理的各类中国人海外安全事件为 2.9 万件，2006 年超过 3 万件。（5）市场风险。例如，TCL 收购法国汤姆森电视机业务，

323

---

① 谷广朝：《中国企业"走出去"面临的风险及防范》，《国际经济合作》2007 年第 2 期。

由于市场变化快，导致销售下滑，市场份额萎缩，亏损严重。

从具体地区来看，以非洲地区的尼日利亚为例，尼日利亚是中国企业开展业务较多的非洲国家，也是撒哈拉以南非洲地区最具代表性的国家，自然条件优越，石油资源丰富，市场规模较大。但是，投资的风险也比较大，主要表现为①：（1）种族宗教问题错综复杂，频繁引发暴力冲突；（2）有组织持械犯罪猖獗，严重威胁社会安全；（3）劳资关系、失业问题和贫富差距极易引发社会动荡；（4）贪污腐败根深蒂固，制约政府管理水平。目前，尼日利亚以抢劫、绑架等恶性犯罪为主要特征的社会安全问题已经非常突出。2007 年 1 月，先后有 5 名和 9 名中国工人在尼日利亚南部的尼日尔河三角洲地区遭到武装分子劫持。据粗略统计，2006 年全年，至少有 178 名外国人在尼日利亚遭到武装分子绑架。

任何事情都是有利有弊、机遇与风险并存的。我国企业走出去也是如此。因此，我国企业既不能因噎废食，因为有风险就持消极的态度，也不能视风险而不见，盲目地走出去，而是要坚持积极且审慎的态度，时刻树立风险规避意识，有效设置风险控制环节，稳妥落实风险防范工作，合理安排风险化解措施，实施有所为、有所不为、有进有退的投资战略。

从企业方面来说，企业应该从内部完善风险管理制度，做好前期的市场调研工作，充分认识、深入了解当地市场，审慎选择交易方，尽量降低可能面临的风险。准确定位和综合权衡面临的风险与机遇，结合企业发展目标，确定风险偏好，选择承担与预期收益和自身实力相匹配的风险。在风险发生时，企业可以通过

---

① 陈敏：《把握机遇规避风险——积极审慎开拓非洲市场》，中国对外承包工程商会网，2007 年 4 月 3 日。

分包和转包的方式转嫁一部分风险，或者在某些风险确定发生后终止合同，撤走设备，及时减少损失。

从政府方面来说，政府应该为企业对外投资做好保驾护航工作。可以通过出口信用保险公司的政策性出口信用保险手段、进出口银行的政策性融资手段、开发银行的政策性支持手段、行业协会的信息咨询等支持中国企业向海外投资，在出口融资、信息咨询和应收账款管理等方面为企业提供高效服务，为企业开拓海外市场提供安全保障。当风险发生时，在必要时，政府可以出面帮助企业缓解风险和减少损失。

3. 投资阶段问题

任何战略、政策或事情都有一个阶段性，在不同的阶段，就会有不同的时代内涵。例如，我国利用外资的政策已经从千方百计吸引外资的阶段发展到了选资的阶段。同样如此，我国企业"走出去"也应该是一个广义、动态的概念，在不同的时代背景下应该具有不同的含义。不管是从经典的投资理论来看，还是从现实的世界情况来看，一个国家对外直接投资情况与这个国家的经济发展阶段、企业自身的经营能力紧密相关。

根据中国目前的现状以及未来发展趋势的判断，可以把我国对外直接投资分为三个阶段：

（1）第一阶段：为形式所迫，被迫走出去。由于国内经济发展的需要或者国外经济的制约，为了保持本国经济发展或缓和国家间的经济矛盾，国家政府积极地鼓励本国企业走出去。目前，我国绝大部分的对外投资都处于这个阶段，我国对外投资就是去寻找资源、寻找市场、寻找技术以及跨越贸易壁垒。

（2）第二阶段：开拓国际市场，积累经验。在被动走出国门之后，经过一段时间的发展，被动走出国门的压力基本缓和，企业也积累了一定的经验。在此基础上，这些企业按照市场经济的原则继续开拓国际市场，提高在国际市场上经营的能力。另外，国内的一些企业特别是具有竞争力的大企业也逐渐地走出国门，争取在国际市场上的份额。当然，这个阶段还是处于艰苦的开拓阶段。目前，我国少数企业已经处于这种阶段。例如，海尔集团在美国南卡州建厂，中兴通讯和华为集团在国外拓展业务等等。

（3）第三阶段：主动走出国门，全球配置资源。在经历第二阶段以后，很多企业已具备很强的国际经营能力和丰富的经验，在一定程度上具备了配置全球资源的能力，从经营业绩来看，已经开始赢利。此时，经过多年打拼的企业就开始积极主动地走出国门。在这个阶段，由于企业已经具备国际经营的能力和实力，我国企业对外投资的形式就不仅仅是单一的绿地投资，可以通过外包、加工贸易等形式把非核心业务或者把所有的生产环节在世界各地进行最优化组合。目前，我国处于这个阶段的企业几乎没有。

在这三个阶段里，第一阶段是由于国家特殊的内部和外部压力导致的，所以，这个阶段不是每个对外投资企业必经的阶段。但是，第二、第三阶段是任何一个企业的跨国经营行为都必须经过的两个阶段，而跨国经营行为却是企业内在利益驱动的外在表现，是其在成长过程中对自身资源在全球范围内进行优化配置的自然结果。在这三个阶段的发展过程中，企业可能会经历"亏损→微利→可观利润、无品牌→自主品牌"的过程。

目前，我国对外投资的企业一般都是国内大型企业，这就决定了大型企业较多的经济发达地区对外投资的数量比较大。2005年，在我国前500家大型企业集团中，有387家集中在东部地区，占企业总数的77.4%；中部地区59家，占企业总数的

326

11.8%；西部地区 54 家，占企业总数的 10.8%①。可见，在短期内，东部沿海省市对外投资将继续保持领先地位。但是，随着我国开放水平的进一步提高、民营经济的迅速发展以及对民营经济鼓励政策的出台，我国将有更多的企业走出国门，开始开拓国际市场。

有关专家预测②："十一五"时期，我国年均对外投资额可能达到 150 亿美元以上，到 2010 年，对外投资额可能达到 200 亿美元以上，5 年合计对外投资额可能达到 800 亿美元以上。如果国内经济增长速度有所放缓，生产能力过剩问题进一步加剧，人民币继续升值，对外投资规模可能更大。到 2010 年，中国将成为全球重要的对外投资母国，对外投资额在发展中国家排名进入前 3 位。这就意味着我国将从以吸引外资为主的阶段转向吸引外资和对外投资并重的阶段，我国将有更多的企业"走出去"，利用国外的各种资源提高自己的竞争力，这对于优化产业结构、促进对外贸易和经济平衡快速增长都有重要意义。

（四）利用外资战略

1. 积极承接国际服务产业转移

与开放之初相比，我国吸收外资所面临的国内与国际形势均发生了很大的变化，虽然资金与外汇的"双缺口"已经不再存在，但是，我国还是应该继续利用外资。因为制约我国经济发展的因素，不仅仅是资金与外汇的"双缺口"，还有"多缺口"，除了资金与外汇缺口，还有技术研发能力不足、高端人力资源不足、国际营销渠道不足等缺口，在不同阶段，最突出的制约因素

---

① 林碧杨、王雨：《中国前 500 家大型企业集团的地区分布》，《经济研究参考》2006 年第 9 期。

② 江小涓：《中国对外开放进入新阶段：更均衡合理地融入全球经济》，《经济研究》2006 年第 3 期。

不同。目前，我国经济发展突出的制约因素已经从资金和外汇缺口转变为技术研发、国际营销渠道等缺口，因此，在现阶段我国仍然需要坚持扩大吸收外资的基本方针，但是，必须围绕现阶段经济发展的突出矛盾，调整吸收外资的目标与战略，提高利用外资的质量。

我国对外贸易和经济的快速发展，主要得益于我国自从 20 世纪 80 年代以来抓住了承接国际制造业转移的机遇。历史证明，我国加工制造业的起步与发展正是得益于积极参与全球经济一体化进程以及承接国际产业转移的做法，每一次承接国际性产业转移，都给我国带来了跨越式的经济增长和对外贸易增长。

目前，服务外包成为新一轮国际产业转移的重点。随着制造业国际转移的规模越来越大，对服务业的转移也提出了新的要求，为了满足制造业的要求以及提升服务业本身的国际竞争力，服务业价值链也开始走向了大规模的转移，走向了专业化的道路，开始在全球范围内配置资源。与 20 世纪 60 年代兴起的制造业外包和加工贸易相类似，服务外包已经并将继续改造当代企业基本组织构造，提升网络性因素在经济交往形态中的相对重要性，并通过"外包—接包"关系的离岸化和国际化改写全球经济的结构版图①。有关数据表明②：（1）国际产业转移的重点正由制造业转向服务业。20 世纪 90 年代以来，全球 FDI 总额的一半以上流向了服务业，每年 FDI 新增流量中服务业约占三分之二，2005 年服务业在全球 FDI 总存量中占 60%。制造业所占比例从 1990 年的 41% 下降到 2005 年的 30%。（2）世界服务贸易

---

① 卢峰：《当代服务外包的经济学观察：产品内分工的分析视角》，《世界经济》2007 年第 8 期。
② 胡景岩：《对服务贸易发展有关问题的思考》，《国际经济合作》2007 年第 4 期。

结构逐渐向新兴服务贸易部门倾斜。1990—2005年，运输和旅游服务合计占世界服务贸易的比重从62.5%下降到52.2%；而以通信、计算机和信息服务、金融、保险、专有权利使用费和特许费为代表的其他服务类型占比则从37.5%逐步增长到47.8%。目前，全球1000强企业中有95%制定了服务外包战略。可见，全球服务外包市场将不断扩大，服务外包将成为经济全球化的重要标志和全球新一轮国际产业转移的重点。

任何一个国家特别是发展中国家要想融入全球化，分享国际分工的好处，就必须以积极的姿态迎接服务业国际转移和发展服务外包。对于中国来说，中国要以比承接制造业外包更加积极、快速、坚决的态度来承接服务外包，进而抓住经济发展的新机遇。因此，我国应当像当年把握制造业国际产业转移的机遇那样来把握当前服务贸易转移的机会，大力发展承接服务贸易外包，成为服务贸易强国。为此，我国政府要深入进行调查研究，加强部门间的协调配合，完善服务贸易统计体系，大力促进文化、运输、软件和服务外包等重点领域的出口，搭建服务贸易促进平台，不断提高服务贸易在全国外贸总额中的比重，通过政策扶持，各部门各地方密切配合，培育一批重点出口项目、一批重点出口企业、一批重点出口地区①。

从现实情况来看，我国在积极承接服务业国际转移时，要制定战略性的承接策略，主要包括：（1）承接方式战略。我国承接服务外包的经验比较缺乏，起步比较晚，因此，中国内资企业可以选择从二级或三级承包商做起，这样比较容易以较快的速度融入外包市场。另外，少部分实力比较雄厚、国际竞争力比较强

①　胡景岩：《对服务贸易发展有关问题的思考》，《国际经济合作》2007年第4期。

的企业也应该主动地与一级发包商接洽，直接以较高的起点融入国际市场。（2）承接国别战略。目前，在开拓欧美外包市场的进程中，我国企业存在着一定的弱势，例如，既懂专业技术又精通外语的综合性人才较少，缺乏完善的销售渠道和营销网络，美欧的市场已经被印度、菲律宾、爱尔兰和捷克所占领，竞争十分激烈。因此，在承包国的选择上，我国应该以开拓亚太地区市场为主，充分发挥与日本、韩国、中国台湾以及邻近的其他新型工业化经济体在地理上邻近、文化上相通、经济上频繁往来以及中国有 200 万会讲日语和韩语的语言人才的优势，积极承接这些国家和地区的服务外包业务。（3）承接领域战略。在承接外包领域的选择上，要充分发挥我国制造业的优势。经过近 30 年的发展，我国已经成为名副其实的制造大国、世界加工厂，但是，中国要想留住跨国公司在华设立的制造企业，进而吸引其将更高端制造环节转移到国内，就必须为制造业的发展提供发达的生产性服务外包。这就为我国采用生产性服务外包模式发展服务外包创造了巨大的空间，因此，我国在承接服务外包时要特别重视生产性服务外包的承接。

2. 加强我国当地企业与跨国公司的关联

促进出口有多种途径来实现，对发展中国家来讲，目前使用较多而且便捷的途径是吸引跨国公司的投资。引进跨国公司的投资可促进本国的出口，带动国家经济的整体发展，这是亚洲"四小龙"成长的一条成功经验。但许多发展中国家在仿效的过程中发现，成效并不特别理想。究竟原因是什么呢？有关研究发现，引进外国直接投资促进了 GDP 的增长，促进了出口量的增长，但这还不能算是成功。成功的关键是，引进的外国直接投资能否与本国企业形成有效的关联。所谓关联，是指外国跨国公司子公司与当地企业之间通过市场关系所形成的长期供给方面的契约。只有通过这种契约，才能使大量知识、技术和管理经验转移到当地企业。这样东道国企业才有可能通过与跨国公司的合作，逐步提高自己的有效竞争能力，从而引起东道国经济增长的实质性改变。因此，为了促进我国对外贸易的发展，我国当地企业应该加强与跨国公司之间的关联。

一般来说，关联的方式主要有：同跨国公司建立长期稳定的零部件分包加工关系；当地企业向跨国公司出售股权，有些应允许跨国公司控股；将一些有一定基础的并被跨国公司看好的当地企业整体出售给跨国公司；鼓励一些技术实力较强的当地企业同跨国公司联合进行产品的研究开发工作，打造互动的产品研发平台。目前，最现实可行的方式就是同跨国公司建立长期稳定的零部件分包加工关系，通过这种配套关系，可以获得双赢。

331

但是，目前我国当地企业与跨国公司之间的关联度很低，有关调查结果表明，跨国公司主要零部件、原材料以进口为主的企业达2/3以上，占73.9%，造成这样结果的主要原因是：国内产品质量不合要求；国内不能生产；国外有固定供货商；国内企业交货不及时；国内中间产品不退税，价格高于进口；缺乏了解国内供货信息的渠道。从调查数据来看，跨国公司的进口行为并不是歧视性的行为（偏向于从其母公司或母公司所属其他公司优先购买的倾向），而是由于中国国内相关零部件技术和质量不符合要求（当地企业的配套能力没有达到跨国公司的要求），国内企业在短期内又无法改变现状，再加上当地企业的信用度低，外资政策中税收政策的负面影响等等，造成了跨国公司与当地企业的关联度较低。

因此，为了提高我国当地企业的配套能力，我国当地企业最主要的任务就是加快技术的引进、吸收、改进，新技术的开发和创造，提高企业的信誉（无形品牌），通过各方面的努力，克服现在自身的不足，逐步达到跨国公司的技术、质量和信誉等各方面的要求。但是，从中国的实际情况来看，我国当企业特别是中小企业在融资、税收、跨国经营、雇佣当地劳动力和技术、管理人员等方面面临的困难远远超过大型企业，而且国内目前也缺乏必要的中小企业政策扶持。因此，如何促进我国当地企业特别是中小企业的发展应是今后我国产业政策的重要课题之一。

另外，要注意加强与跨国公司的动态关联。建立与跨国公司的关联以后，这种关联的状况并不是一成不变的，根据国际经济环境和跨国公司的全球战略、产业升级的变化，与跨国公司的关联也应处于动态的变化之中。随着跨国公司的战略调整和产业结构调整，如果我国当地配套企业的调整步伐落后于跨国公司的调整，那么，我国当地企业与跨国公司之间的关联就会变弱或中断，进而会影响到我国当地企业以及与这些企业相配套企业的生存。因此，在与跨国公司形成一定的关联以后，我国当地企业不但要保持原有的优势，还要主动地创造优势，迎合跨国公司的新需求，不断提高关联度。

3. 尽快建立健全在华外资企业撤资机制

在华外资企业撤资会对我国对外贸易的平稳发展产生一定的影响。因此，我国应该尽快建立健全在华外资企业撤资机制，规范撤资行为，在保证对外贸易平稳发展的同时，不断优化对外贸易结构。

低水平外资企业撤资是中国转变经济增长方式的必然结果。改革开放前30年，我们的主要任务是千方百计地发展经济，现在我国进入了一个新阶段，转变经济增长方式，这就要求我国利用外资的政策发生变化，只求数量、不求质量地吸引外资的时代已经过去，当前，我国对外资的需求开始从数量为主转向质量为主，产业结构已经从劳动密集型向资本和技术密集型转变。撤资的外资企业大多是以纺织、缝纫、制鞋、皮革、首饰和玩具等加工业为主的劳动密集型中小企业，这些产业与我国利用外资的新要求不符，与转变外贸增长方式、优化出口商品结构的新政策不符，与中国国内经营环境不适应，企业无法继续生存下去，只有转移到其他成本相对较低的国家与地区。与此同时，国际分工已经从产业间分工、产业内分工转变为产品内分工（价值链分工），产品内分工的发展使中国也可以利用自身的优势承接较高级别的生产工序，提高在国际分工中的地位。可见，落后外资的撤资和先进外资的进入是中国经济发展到一定程度必然导致的一种现象，也是中国产业结构升级和国际产业转移的必然结果。所以，对少部分外资的撤资行为要保持理性的认识，不必惊慌，问题的关键是怎么使得低水平外资合理有序地退出，减少非法撤资，减少对当地经济、外贸的不利影响。

333

我国中央政府和地方政府应该尽快建立健全外资企业撤资机制，规范外资企业的撤资行为，依法建立比较便捷的市场退出机制。从地方政府来看，特别是东部沿海的很多省市，为了产业结构的升级与转型，需要引进高级产业和高质量的外资；为了符合国家的环保政策，就必须淘汰不符合环境标准的落后外资。这都使地方政府面临部分外资撤资或转移出去的问题，地方政府对此问题处理得好坏，不仅影响目前的落后外资，也会影响新外资的进入，因为新进外资经过一段时间也会变成落后外资。另外，随着产品内分工的发展，国际产业转移的速度会越来越快，吸引外资的国际竞争会越来越激烈，在投资环境上，外商不仅看重市场准入的便捷程度，也会更加看重市场退出的机制等软环境，以便迅速在国际间转移，最大程度上延长产品的生命周期。这也需要尽快建立健全外资企业撤资机制。

4. 防范外资企业的垄断行为

自从改革开放以来，不可否认，我国利用外资发展经济取得了巨大的成功，但是，目前外资企业对我国经济发展的负面效应日益凸显，跨国公司的垄断行为严重影响我国经济的可持续发展。跨国公司的垄断行为主要表现为贸易垄断、技术垄断、市场垄断、产业垄断和利益垄断。基于中国经济发展和利用外资目的的角度来讲，跨国公司的垄断行为日益偏离了我国利用外资的基本目的，不利于我国经济和对外贸易的长远发展。因此，我国就要实施相应的政策，趋利避害，在不断优化外资结构和提高利用外资质量的过程中，使外资更好地为我国经济发展做出更大的贡献。

（1）制定和实施反垄断法。

基于外资企业在我国日益增加的大规模投资和日益严重的垄断行为，我国应该从法律上加以控制外资企业的行为，因此，我国应该尽快制定和实施反垄断法。在制定反垄断法时，我国政府要特别注意两个方面的问题：

第一，避免反垄断法的条文过于详细。面对发达国家大型跨国公司的大规模进入，我国在一定时期内，不是要反对市场垄断，而是要鼓励内资企业之间的合作与收购兼并活动，逐步形成寡头垄断的市场结构，这样才能与外来的大型跨国公司进行对抗，特别是我国的高科技产业。所以，中国在制定反垄断法的时候，应避免反垄断法的条文过于详细。因为过于详细的反垄断法一方面不适应时代发展的要求，在执行时可能被用来妨碍和阻止竞争；另一方面，竞争中的企业总是会向反垄断机构抱怨其竞争对手的不当行为，有些企业会把精力放在提起反垄断案诉讼上，不仅会给反垄断机构带来很多不必要的麻烦，而且企业也会忽视经营，减弱市场竞争。

第二，竞争政策要与产业政策、全球竞争态势相结合。面对国际市场时，我国的内资企业在国际上不具有竞争优势，如果不想被淘汰，他们必须达到一定的规模标准，所以，我们不仅要鼓励他们在国内进行相关产业的合并，实现优势互补，发展壮大，而且还应该鼓励与其他国家的竞争对手进行合并。这里的前提条件是企业的经营活动是面向国际的，当企业的经营行为主要面对国内时，对企业的合并行为就应该采取控制的手段。我国现有的反垄断法，主要包含在《反不正当竞争法》中，已经不适应经济发展的要求，在新的法律中，我国必须明确规定对国内企业反垄断行为的支持和对外资企业垄断行为的控制。

（2）调整外资优惠政策。

按照公平竞争、聚集经济、可持续发展、产业关联等原则调整我国现行外资优惠政策。所谓"调整"，并不是一般意义上所讲的一次性全部的、绝对的取消和调整，而是一个适度的动态的调整过程。有重点、有步骤地根据中国的各个发展阶段、不同需要和目的，该取消的取消，该增加的增加，不能实施全面优惠政策，取消对外资的普遍优惠政策，使那些没有优惠政策就没有竞争力的外资不再大量进入我国市场。这种做法不仅消除了人为的不公平竞争环境，而且还是一种安民告示，即外国投资者和外国企业以后不可能再依靠与中国内资企业不同的优惠政策获利或取胜，而必须依靠真正的公平竞争、依靠真正的高科技产品和真正的高质量服务来获取市场。同时，我们应该依据实际情况对不同产业做出到期后停止执行、原政策调整后保留以及不作调整继续执行三种处理方式，既体现我国政策的稳定性和连续性，进一步增强外商投资的信心，又可以与我国的产业政策保持高度的一致性。在调整时，应该向三个目标靠近：产业政策和区域政策相结合培育特色大都市经济圈；培育我国具有自主核心技术的国际大型跨国公司；最终形成基于规则型的竞争政策。

（3）加强对跨国公司的监管和控制。

随着在华外资企业"独资化"趋势越来越明显，对跨国公司垄断行为和不正当竞争行为的监管必定成为一个急迫而艰巨的任务。加强监管和控制要注意的问题主要有：在企业层次上，提高内资配套企业人员的素质，积极和政府合作，让政府及时了解各行业的最新动态；在政府层次上，应该建立健全监控的法律法规，设立相应的组织机构负责此项工作，建立跨国公司及其相关企业的档案；在国际经济合作层次上，国家之间采取双边多边合作，相互协调对有关跨国公司的调查和综合审查，建立情报信息网络；在具体操作上，加强对跨国公司的商务调查与审计，对企业进行分类，有重点的监控等等。

参考文献

中文部分

1. ［埃及］萨米尔·阿明:《不平等的发展》,商务印书馆1990年版。

2. ［德］安德烈·冈德·弗兰克:《依附性积累与不发达》,译林出版社1999年版。

3. ［美］保罗·克鲁格曼、茅瑞斯·奥伯斯法尔德著:《国际经济学》,中国人民大学出版社2002年版。

4. ［美］保罗·克鲁格曼:《国际贸易新理论》,中国社会科学出版社2001年版。

5. ［美］保罗·克鲁格曼:《流行的国际主义》,中国人民大学出版社2000年版。

6. ［美］保罗·克鲁格曼:《萧条经济学的回归》,中国人民大学出版社1999年版。

7. ［美］保罗·克鲁格曼:《预期消退的年代——美国90年代经济政策》,中国经济出版社2000年版。

8. ［美］保罗·克鲁格曼:《战略性贸易政策与新国际经济学》,中国人民大学出版社2000年版。

9. ［美］查尔斯·P. 金德尔伯格:《世界经济霸权1500—

1990》，商务出版社 2003 年版。

10. ［美］查理德·隆沃思：《全球经济自由化的危机》，生活·读书·新知三联书店 2002 年版。

11. ［美］丹尼·罗德瑞克：《让开放发挥作用：新的全球经济与发展中国家》，中国发展出版社 2000 年版。

12. ［美］霍利斯·钱纳里：《结构变化和发展政策》，经济科学出版社 1990 年版。

13. ［美］贾格迪什·巴格沃蒂：《今日自由贸易》，中国人民大学出版社 2004 年版。

14. ［美］劳伦斯·克莱图：《供求经济学》，商务印书馆 1988 年版。

15. ［美］罗伯特·吉尔平：《全球资本主义的挑战——21世纪的世界经济》，上海世纪出版集团 2001 年版。

16. ［美］罗伯特·吉尔平：《全球政治经济学——解读国际经济秩序》，上海人民出版社 2003 年版。

17. ［美］罗斯托：《经济增长的阶段：非共产党宣言》，中国社会科学出版社 2001 年版。

18. ［美］西蒙·库兹涅茨：《现代经济增长》，北京经济学院出版社 1989 年版。

19. ［美］詹姆斯·F. 穆尔：《竞争的衰亡》，北京出版社 1999 年版。

20. ［瑞典］伯尔蒂尔·俄林：《地区间贸易和国际贸易》，商务印书馆 1986 年版。

21. ［以］赫尔普曼等：《市场结构和对外贸易》，生活·读书·新知三联书店 1993 年版。

22. ［英］阿瑟·刘易斯：《经济增长理论》，商务印书馆 1996 年版。

338

23．［英］李嘉图：《政治经济学及赋税原理》，商务印书馆 1962 年版。

24．［英］罗伊·哈罗德：《动态经济学》，商务印书馆 1983 年版。

25．［英］沙加亚·劳尔：《中国对亚洲制成品出口竞争影响》，《南开经济研究》2002 年第 1 期。

26．［英］亚当·斯密：《国民财富的性质和原因的研究》，商务印书馆 1979 年版。

27．白树强：《全球竞争论》，中国社会科学出版 2000 年版。

28．包群、赖明勇：《FDI 技术外溢的动态测算及原因解释》，《统计研究》2003 年第 6 期。

29．包群、许和连、赖明勇：《贸易开放度与经济增长：理论及中国的经验研究》，《世界经济》2003 年第 2 期。

30．宾建成：《对我国出口商品低价竞销的初步认识》，《国际贸易论坛》2003 年第 1 期。

31．蔡昉、都阳：《中国地区经济增长的趋同与差异》，《经济研究》2000 年第 10 期。

32．陈飞翔：《开放利益论》，复旦大学出版社 1999 年版。

33．陈飞翔：《开放中的经济发展》，中国对外经济贸易出版社 1994 年版。

34．陈家勤：《适度增加进口的几点思考》，《国际贸易问题》1999 年第 7 期。

35．程光泉：《全球化与经济安全》，湖南人民出版社 2003 年版。

36．崔功豪、魏清泉、陈宗兴：《区域分析与规划》，高等教育出版社 2003 年版。

37．崔浩：《加入 WTO 与中国机电行业对外贸易》，《中国工业经济》2002年第2期。

38. 崔蔚等：《中国出口商品结构的预测分析》，《系统工程》2003年第4期。

39. 崔晓红：《对我国外贸依存度的分析》，《中国国情国力》2003年第12期。

40. 戴伯、沈宏达：《现代产业经济学》，经济管理出版社2001年版。

41. 樊纲、关志雄、姚枝仲：《国际贸易结构分析：贸易品的技术分布》，《经济研究》2006年第8期。

42. 樊纲：《中国经济增长的要素因素分析与展望》，《资本市场》2008年4月。

43. 范爱军：《中国各类出口产业比较优势实证分析》，《中国工业经济》2002年第2期。

44. 冯雷：《我国对外贸易结构动态变化及未来贸易摩擦》，《国际贸易》2003年第6期。

45. 付朝阳：《外国直接投资对我国出口增长和出口商品结构的影响》，《国际贸易问题》2003年第11期。

46. 高德步等：《世界经济史》，中国人民大学出版社2005年版。

47. 高铁梅等：《中国钢铁工业供给与需求影响因素的动态分析》，《管理世界》2004年第6期。

48. 高铁梅：《计量经济分析方法与建模》，清华大学出版社2007年版。

49. 公峰涛：《中国—东盟贸易结构研究》，《南开经济研究》2003年第3期。

50. 谷广朝：《中国企业"走出去"面临的风险及防范》，《国际经济合作》2007年第2期。

51. 关志雄：《摆脱重商主义——反思中国的对外开放政策》，《国际贸易》2003 年第 3 期。

52. 关志雄：《从美国市场看"中国制造"的实力——以信息技术产品为中心》，《国际经济评论》2002 年第 7—8 期。

53. 郭克莎、李海舰：《中国对外开放地区差异研究》，《中国工业经济》1995 年第 8 期。

54. 郭克莎：《人均 GDP 达到 1000 美元后的长期发展进程》，《新华文摘》2005 年第 9 期。

55. 郭树清：《中国经济的内部平衡与外部平衡问题》，《经济研究》2007 年第 12 期。

56. 何帆、姚枝仲等：《重新反思美国在中国经济发展中的作用》，《战略与管理》2003 年第 6 期。

57. 何帆：《"十五"期间我国世界经济研究回顾及"十一五"展望》，《世界经济与政治论坛》2005 年第 3 期。

58. 洪银兴、张二震：《在跨期比较中拓展发展经济学的研究》，《经济研究》2008 年第 11 期。

59. 洪银兴：《长江三角洲区域共同市场建设》，《上海经济研究》2004 年第 6 期。

60. 洪银兴：《从比较优势转向竞争优势》，《经济研究》1997 年第 6 期。

61. 洪银兴：《论我国转型阶段的统一市场建设》，《学术月刊》2004 年第 6 期。

62. 华民等：《不均衡的经济与国家：国家干预经济的目的和方法》，上海远东出版社 1998 年版。

63. 华民、蒋舒：《开放资本市场：应对"三资企业""独资化"发展倾向的策略取向》，《管理世界》2002 年第 12 期。

64. 华民：《"马尔萨斯制约"与经济发展的路径选择——

对世界经济发展的重新认识》，《复旦大学学报》（社会科学版）2005 年第 5 期。

65．华民：《"入世"后中国如何参与国际分工》，《世界经济与政治》2002 年第 4 期。

66．华民：《国际经济学》，复旦大学出版社 1998 年版。

67．华民：《中国经济增长究竟对世界经济产生了怎样的影响》，《世界经济》2005 年第 3 期。

68．华民：《转型经济中的政府》，山西经济出版社 1998 年版。

69．华晓红：《拓展均衡——我国出口市场多元化战略评价与调整》，《国际贸易》2002 年第 9 期。

70．黄仁伟：《美国全球战略的经济因素及对我国经济安全的影响》，《世界经济研究》2004 年第 2 期。

71．黄烨菁：《经济发展的全球观》，上海远东出版社 2003 年版。

72．霍建国：《如何从贸易大国走向贸易强国》，《国际贸易论坛》2004 年第 2 期。

73．季铸：《进口与经济增长的动态分析》，《财贸经济》2002 年第 11 期。

74．江时学：《金融全球化与发展中国家的经济安全》，社会科学文献出版社 2004 年版。

75．江小涓等：《全球化中的科技资源重组与中国产业技术竞争力提升》，中国社会科学出版社 2004 年版。

76．江小涓等：《中国对外经贸理论前沿Ⅱ》，社会科学文献出版社 2001 年版。

77．江小涓、裴长洪：《中国服务业发展报告》，社会科学文献出版社 2004 年版。

78. 江小涓：《世纪之交的工业结构升级》，上海远东出版社1996年版。

79. 江小涓：《提高对外开放水平的着力点》，《人民日报》2007年5月25日第10版。

80. 江小涓：《中国的外资经济对增长、结构升级和竞争力的贡献》，中国人民大学出版社2002年版。

81. 江小涓：《中国对外开放进入新阶段：更均衡合理地融入全球经济》，《经济研究》2006年第3期。

82. 江小涓：《中国服务业的增长与结构》，社会科学文献出版社2004年版。

83. 江小涓：《中国经济运行与政策报告》，社会科学文献出版社2003年版。

84. 金哲松：《中国贸易结构与生产结构偏离的原因分析》，《中央财经大学学报》2003年第3期。

85. 景体华、侯景新：《发育中的京津冀经济带》，《新华文摘》2005年第1期。

86. 课题组：《开放中的经济增长与政策选择》，《经济研究》2004年第4期。

87. 雷家骕：《国家经济安全理论与方法》，经济科学出版社2000年版。

88. 李翀：《比较优势与超比较优势》，《学术研究》2006年第3期。

89. 李翀：《从中美经常项目差额看国际贸易利益分配格局》，《北京师范大学学报》（社会科学版）2005年第5期。

90. 李翀：《发展中国家局部竞争优势型对外直接投资》，《学术研究》2007年第4期。

91. 李翀：《马克思主义国际经济学的构建》，商务印书馆

343

2009 版。

92．李翀：《生物技术与国际贸易的"超绝对利益"》，《国际贸易》2004 年第 11 期。

93．李翀：《我国对外开放程度的度量与比较》，《经济研究》1998 年第 1 期。

94．李富强等：《制度主导、要素贡献和我国经济增长动力的分类检验》，《经济研究》2008 年第 4 期。

95．李辉：《经济增长与对外投资大国地位的形成》，《经济研究》2007 年第 2 期。

96．李准晔、金洪起：《中韩贸易结构分析》，《中国工业经济》2002 年第 2 期。

97．梁云芳等：《房地产市场与国民经济协调发展的实证分析》，《中国社会科学》2006 年第 3 期。

98．林毅夫、蔡时、李周：《中国的奇迹：发展战略与经济改革》，上海人民出版社 1996 年版。

99．刘光溪：《在开放中寻求安全——后 WTO 时期改革开放与经济安全的关系》，《国际贸易》2004 年第 5 期。

100．刘力：《当前中国面临的国际经济摩擦与对策》，《管理世界》2004 年第 9 期。

101．刘力：《内撑外开：发展中大国贸易战略论》，东北财经大学出版社 1999 年版。

102．刘伟、蔡志洲：《宏观调控状态下的中国经济增长》，《经济理论与经济管理》2004 年第 7 期。

103．刘志彪：《现代产业经济学》，高等教育出版社 2003 年版。

104．隆国强：《如何看待我国的外贸依存度？》，《国际贸易问题》2000 年第 11 期。

105．隆国强：《中国：一个崛起的贸易大国》，《咨询与决策》2004 年第 4 期。

106．卢中原、侯永志：《中国 2020：发展目标和政策取向》，《管理世界》2008 年第 5 期。

107．陆铭等：《收益递增、发展战略与区域经济的分割》，《经济研究》2004 年第 1 期。

108．马林、雷家骕：《完善维护国家经济安全的制度和机制框架》，《清华大学学报》（哲学社会科学版）2002 年第 4 期。

109．马野青：《贸易投资一体化条件下贸易保护问题新探》，《南京大学学报》2003 年第 2 期。

110．毛健：《产业结构变动与产业政策选择》，中国财政经济出版社 1999 年版。

111．毛日昇、魏浩：《所有权特征、技术密集度与 FDI 技术效率外溢》，《管理世界》2007 年第 10 期。

112．毛日昇：《外商直接投资水平与垂直技术外溢》，《财贸经济》2008 年第 4 期。

113．毛日昇：《中国制造业贸易竞争力及其决定因素分析》，《管理世界》2006 第 8 期。

114．牛德强、孙健：《从贸易依存度看我国内需持续增长的必要性》，《软科学》2002 年第 4 期。

115．牛南洁：《开放与经济增长》，中国发展出版社 2000 年版。

116．庞中英：《略论国家经济安全》，《人民日报》1998 年 5 月 30 日第 5 版。

117．庞中英：《中央政治局集体学习：最高领导提出树立全球意识》，《瞭望新闻周刊》2005 年 6 月 4 日。

118．裴长洪等：《欧盟与中国经贸前景的估量》，社会科学文献出版社 2000 年版。

119. 裴长洪：《FDI 与中国开放型经济研究》，中国青年出版社 1996 年版。

120. 裴长洪：《利用外资与产业竞争力》，社会科学文献出版社 1998 年版。

121. 裴长洪：《世界问题报告：经济发展与社会变革》，经济管理出版社 1999 年版。

122. 裴长洪：《中国对外经贸理论前沿（4）》，社会科学文献出版社 2006 年版。

123. 裴长洪：《中国外贸增长分析与相关政策分析》，《国际经济评论》2005 年第 1—2 期。

124. 裴向军：《浙江省出口市场多元化的现状和发展对策》，《国际贸易问题》2004 年第 5 期。

125. 彭磊：《贸易结构优化三阶段论及我国所处阶段的实证检验》，《国际经贸探索》2004 年第 1 期。

126. 强永昌：《我国出口市场多元化战略初探》，《国际经贸探索》1992 年第 1 期。

127. 秦熠群、金哲松：《中韩产业内贸易结构实证分析》，《中央财经大学学报》2005 年第 10 期。

128. 沈国明等：《促进关联：东道国外资竞争政策新趋势》，《国际经济合作》2002 第 1 期。

129. 石良才：《贸易自由化、产业保护和我国的关税政策选择》，《当代财经》2003 年第 7 期。

130. 世界银行：《2004 全球经济展望：履行多哈议程的发展承诺》，中国财政经济出版社 2004 年版。

131. 孙久文：《区域经济规划》，商务印书馆 2004 年版。

132. 孙通强：《中国经济安全报告》，中国经济出版社 2000

年版。

133. 孙晓郁：《中日韩经济合作的起点》，商务出版社 2004 年版。

134. 佟家栋：《转向隐性贸易保护》，《国际贸易》2002 年第 12 期。

135. 汪斌、邓艳梅：《中日贸易中工业制成品比较优势及国际分工类型》，《世界经济》2003 年第 4 期。

136. 王佃凯：《比较优势陷阱与中国贸易战略选择》，《经济评论》2002 年第 2 期。

137. 王林生、裴长洪：《论对外贸易经济效益》，贵州人民出版社 1997 年版。

138. 王洛林：《2003—2004 年中国外商投资报告》，中国社会科学出版社 2004 年版。

139. 王新奎：《世界贸易组织与我国国家经济安全》，上海人民出版社 2003 年版。

140. 王逸舟：《论综合安全》，《世界经济与政治》1998 年第 4 期。

141. 王瑛：《经济安全——中国面临的挑战》，山西经济出版社 2004 年版。

142. 王永齐：《对外贸易结构与中国经济增长：基于因果关系的检验》，《世界经济》2004 年第 11 期。

143. 王志乐：《2002—2003 年跨国公司在中国投资报告》，中国经济出版社 2003 年版。

144. 王志乐：《跨国公司在华发展新趋势》，新华出版社 2003 年版。

145. 魏浩、马野青：《中国出口商品的地区结构分析》，《世界经济》2006 年第 5 期。

146. 魏浩、毛日昇、张二震：《中国制成品出口比较优势及贸易结构分析》，《世界经济》2005 年第 2 期。

147. 魏浩、毛日昇：《中国经济发展的主导因素及其效应的动态分析》，《数量经济技术经济研究》2009 年第 8 期。

148. 魏浩、张二震：《对我国现行外贸政策的反思与重新定位》，《国际贸易问题》2004 年第 11 期。

149. 魏浩、张二震：《发展中国家与中国的经济摩擦及其影响分析》，《世界经济研究》2005 年第 10 期。

150. 魏浩、张二震：《我国外资优惠政策的战略性调整思路》，《投资研究》2004 年第 10 期。

151. 魏浩：《1992—2007 年中国与跨国公司的关联状况与提升策略》，《国际经济合作》2007 年第 9 期。

348

152. 魏浩：《对我国现行外贸政策的反思和重新定位》，《国际贸易问题》2004 年第 11 期。

153. 魏浩：《金融危机、经济全球化与发展中国家外贸安全》，《中国经济问题》2009 年第 3 期。

154. 魏浩：《联合国采购：缓解我国国际贸易摩擦的新手段》，《国际贸易》2007 年第 6 期。

155. 魏浩：《我国未来将成为进口大国》，《中国国情国力》2005 年第 1 期。

156. 魏浩：《中国承接服务外包的发展战略》，《经济界》2008 年第 6 期。

157. 魏浩：《中国出口商品结构的历史演变与优化策略》，《中央财经大学学报》2007 年第 10 期。

158. 魏浩：《中国地区间出口差异变动的实证分析》，《国际贸易问题》2008 年第 8 期。

159. 魏浩：《中国地区间对外贸易的差异性：1978—2007

年》,《当代经济科学》2008 年第 6 期。

160. 魏浩:《中国对外贸易出口结构存在的问题分析》,《经济理论与经济管理》2007 年第 10 期。

161. 魏浩:《中国对外直接投资战略及相关问题》,《国际经济合作》2008 年第 6 期。

162. 魏浩:《中国工业制成品出口竞争力及其提升策略》,《国际经贸探索》2008 年第 6 期。

163. 魏浩:《中国进出口地区结构及其对称性问题的实证研究》,《财贸经济》2007 年第 5 期。

164. 魏浩:《中国应对制造危机的策略:日本经验的借鉴》,《经济理论与经济管理》2009 年第 2 期。

165. 魏浩等:《国际贸易摩擦新时代与中国经济转型》,《世界经济与政治论坛》2007 年第 2 期。

166. 魏浩等:《中国进出口商品结构与经济增长关系的实证研究》,《当代财经》2008 年第 11 期。

167. 乌杰:《经济全球化与国家整体发展——系统范式下的思考》,华文出版社 1999 年版。

168. 邬建国:《景观生态学》,高等教育出版社 2000 年版。

169. 夏先良:《追求最大限度的充分就业——中国进口贸易宏观分析与政策选择》,《国际贸易》2002 年第 3 期。

170. 肖笃宁:《景观生态学——理论、方法及应用》,中国林业大学出版社 1991 年版。

171. 许和连、包群、赖明勇:《贸易开放度与中国经济增长》,《中国软科学》2003 年第 5 期。

172. 许雄奇、张宗益:《中国出口发展的地区差异实证研究》,《上海经济研究》2003 年第 1 期。

173. 许月卿、贾秀丽:《近 20 年来中国区域经济发展差异的测定与评价》,《经济地理》2005 年第 9 期。

174. 薛求知:《跨国公司与中国市场》,上海人民出版社 2000 年版。

175. 杨小凯等:《专业化与经济组织》,经济科学出版社 1999 年版。

176. 姚战琪:《发展中国家高新技术产业贸易竞争力问题研究》,《财贸经济》2002 年第 3 期。

177. 姚枝仲、李众敏:《国际贸易如何传导美国经济衰退?》,《国际经济评论》2008 年第 5—6 期。

178. 叶辅靖:《把握资本进出关:我国利用外资中的国家经济安全问题分析》,《国际贸易》2004 年第 1 期。

179. 尹希果等:《中国对外贸易的地区差异及区域贸易战略》,《北京工商大学学报》2004 年第 3 期。

180. 尹翔硕:《加入 WTO 后的中国对外贸易战略》,复旦大学出版社 2001 年版。

181. 尹翔硕:《贸易与发展:东亚经验探索》,山西经济出版社 1997 年版。

182. 尹翔硕:《中国对外贸易改革的进程和效果:1978—1998 年》,山西经济出版社 1998 年版。

183. 尹翔硕:《发展中国家贸易发展战略研究》,复旦大学出版社 1995 年版。

184. 尹翔硕:《技术进步与新经济》,人民出版社 2002 年版。

185. 尹翔硕:《中国外贸结构调整的实证分析》,山西经济出版社 2003 年版。

186. 余道先、刘海云:《我国服务贸易结构与贸易竞争力的实证分析》,《国际贸易问题》2008 年第 10 期。

187．余永定：《2008 年中国经济应对三大挑战》，《国际经济评论》2008 年第 5—6 期。

188．余永定：《中国宏观经济面临的十个问题》，《国际经济评论》2008 年第 1—2 期。

189．俞可平：《全球化：西方化还是中国化》，社会科学文献出版社 2002 年版。

190．郁建兴、徐越倩：《全球化进程中的国家新角色》，《中国社会科学》2004 年第 5 期。

191．袁志刚、何樟勇：《以新的视角审视当前中国宏观经济增长》，《经济研究》2004 年第 7 期。

192．张二震、马野青：《当代国际分工新特点与马克思国际价值理论新发展》，《经济纵横》2008 年第 3 期。

193．张二震、马野青：《国际贸易学》，南京大学出版社 2007 年版。

194．张二震、马野青等：《贸易投资一体化与中国的战略》，人民出版社 2004 年版。

195．张二震、魏浩：《我国外贸安全的实证分析》，《东南大学学报》2005 年第 6 期。

196．张二震：《对城市产业空间优化布局的新认识》，《江海学刊》2009 年第 3 期。

197．张二震：《关于进一步扩大开放的两个理论问题的探讨》，《南京师范大学学报》2001 年第 3 期。

198．张二震：《国际贸易分工理论演变与发展述评》，《南京大学学报》2003 年第 1 期。

199．张二震：《国际贸易政策的研究与比较》，南京大学出版社 1993 年版。

200．张二震：《结构优化：现代经济发展的主题》，《江苏

351

社会科学》1997 年第 2 期。

201．张二震：《扩大开放与我国经济增长方式的转变》，《国际贸易问题》1997 年第 6 期。

202．张二震：《美国外贸政策的战略调整》，《国际贸易问题》1994 年第 2 期。

203．张二震：《全球化、要素分工与中国的战略》，《新华文摘》2005 年第 22 期。

204．张二震：《战后日本的贸易政策及其特点》，《国际贸易问题》1994 年第 8 期。

205．张二震等：《经济全球化与中国对外开放的基本经验》，《南京大学学报》2008 年第 4 期。

206．张二震等：《跨国公司对华投资系列化问题》，《广东社会科学》2006 年第 1 期。

207．张曙光、张燕生、万中心：《中国贸易保护代价的实证分析》，《经济研究》1997 年第 2 期。

208．张曙宵：《中国对外贸易结构论》，中国经济出版社 2003 年版。

209．张为付：《国际产业资本转移与中国世界制造中心研究》，中国财政经济出版社 2005 年版。

210．张小蒂、李晓钟：《我国出口商品结构变化的实证分析》，《数量经济技术经济研究》2002 年第 8 期。

211．张小济：《在自由贸易的背后——进口贸易与国民经济发展》，《国际贸易》1999 年第 4 期。

212．张晓光：《中国与世界贸易组织：关于关税减让的一般均衡分析》，《数量经济技术经济研究》1995 年第 5 期。

213．张亚斌：《进口贸易与经济增长的实证分析》，《财经理论与实践》2002 年第 6 期。

214. 张幼文等:《面向世界:中国对外开放的战略选择》,高等教育出版社 1999 年版。

215. 张幼文等:《经济安全:金融全球化的挑战》,上海社会科学院出版社 1999 年版。

216. 张幼文等:《跨越时空:入世后改革开放的新阶段》,上海社会科学院出版社 2001 年版。

217. 张幼文等:《强国经济:中国和平崛起的战略与道路》,人民出版社 2004 年版。

218. 张幼文等:《世界经济一体化的历程》,学林出版社 1999 年版。

219. 张幼文等:《我国经济的对外开放》,上海人民出版社 1986 年版。

220. 张幼文、黄仁伟:《制度竞争与中国国际分工地位》,上海远东出版社 2003 年版。

221. 张幼文、黄仁伟等:《中国国际地位报告》,上海远东出版社 2003 年版。

222. 张幼文、伍贻康等:《新棋局:参与全球经济的中国》,上海远东出版社 2003 年版。

223. 张幼文、徐明棋等:《经济强国:中国和平崛起的趋势与目标》,人民出版社 2004 年版。

224. 张幼文:《当代国家优势要素培育与全球规划》,上海远东出版社 2003 年版。

225. 张幼文:《外贸政策与经济发展》,立信会计出版社 1997 年版。

226. 赵春明等:《从国际经验看中国对外直接投资的产业和区位选择》,《世界经济》2002 年第 5 期。

227. 赵春明等:《国际经济学》,北京师范大学出版社 2008

年版。

228．赵春明等：《国际经济学》，机械工业出版社 2007年版。

229．赵春明等：《我国进行对外直接投资的条件分析》，《北京师范大学学报》2005 年第 1 期。

230．赵春明、宋志刚等：《我国对外直接投资的成效评价与发展对策》，《国际经济合作》2005 年第 11 期。

231．赵春明：《任重而道远：中国对外直接投资的现状与发展前景》，《世界经济》2004 年第 3 期。

232．赵瑾：《国外对华反倾销的扩散效应及其对我国经贸的影响》，《财贸经济》2003 年第 12 期。

233．郑海涛、任若恩：《多边比较下的中国制造业国际竞争力研究：1980—2004》，《经济研究》2005 年第 12 期。

234．周肇光：《谁来捍卫国家经济安全——开放型国家经济安全新论》，安徽大学出版社 2005 年版。

235．朱文晖：《中国出口导向战略的迷思》，《战略与管理》1998 年第 5 期。

英文部分

1. Anning Wei, Raymond MLeuthold: "Agriculture Futures Prices and Long Memory Process", New York: *SSRN Yorking,* Paper, 2000.

2. Ashok Parikh, Miyuki Shibata: "Does Trade Liberalization Accelerate Convergence in per Capita Incomes in Developing Countries? ", *Journal of Asian Economics,* Vol. 15, 2004, pp. 33 – 48.

3. Balassa, Bela: "Trade Liberalization and Revealed Comparative Advantage", *Manchester School,* Vol. 33, 1965, pp. 99 – 123.

4. Balassa, Bela: " The Changing Pattern of Comparative Advantage in Manufactured Goods ", *Review of Economics and Statistics*, Vol. 61, May 1979, pp. 259 – 266.

5. Balassa, Bela: " Comparative Advantage in Manufactured Goods: A Reappraisal", *Review of Economics and Statistics*, Vol. 68, May, 1986, pp. 315 – 319.

6. Balassa, Bela: "Revealed Comparative Advantage Revisited: An Analysis of Relative Export Shares of the Industrial Countries", *Manchester School*, 1977, pp. 327 – 344.

7. Bender , Siegfried: "Trade and Comparative advantage of Asia and Latin American Manufactured Export ", *APEC Study Center Consortium Conference*, 2001.

8. Bender, Siegfried: "Suggestion for Two New Trade Performance Indices: Trade Specialization Index and Beneficial Structural Change Index", *Working Paper, Economic Growth Center, Yale University,* 2001.

9. Bevan, Collier and Gunning: "Fiscal Response to a Temporary Trades Shock: the Aftermath of the Kenyan Coffee Boom", *World Bank Economic Review*, Vol. 3, 1989, pp. 359 – 378.

10. Chow, P. C. Y. : "Causality Between Export Growth and Industrial Development: Empirical Evidence from the NICs", *Journal of Development Economics* , Vol. 26, 1987, pp. 55 – 63.

11. Corden, W. M: " Booming Sector and Dutch Disease Economics: Survey and Consolidation", *Oxford Economic Papers*, Vol. 36, 1984, pp. 359 – 380.

12. Dan Ben-David, D, : " Trade and Convergence Among Countries", *Journal of International Economics* , Vol. 40, 1986, pp. 279 – 298.

13. Davis, Donald. R., Weinstein. E.: "Does Economic Geography Matter for International Specialization", *Working Paper No. 5706, NBER*, Cambridge, MA, 1996.

14. Dollars, D.: "Outward-oriented Developing Economies Really Do Grow More Rapidly: Evidence from 95 LDCs, 1976 – 1985", *Economic Development and Culture Change*, 1992, pp. 523 – 544.

15. Donald R. Davis, David E. Weinsten: "Economic Geography and Regional Production Structure: an Empirical Investigation", *European Economic Review*, Vol. 43, 1999, pp. 379 – 407.

16. Douglas A. Irwin: *Against the Tide: An Intellectual of Free Trade*, Princeton: Princeton University Press, 1996.

17. E. Kwan Choi,: "North – South Trade and Income Inequality", *International Review of Economics and Finance*, Feb. 2006.

18. Edwards, S,: "Openness, Productivity and Growth: What We Really Know?" *Economic Journal*, Vol. 108, March, 1998, pp. 383 – 398.

19. Fei, John C. H., Gustav Ranis: "Income Inequality by Additive Factor Components", *Economic Growth Center, Yale University*, 1974.

20. Fei. John C. H., Gustav Ranis, Shirley W. Y. Kuo: "Growth and the Family Distribution of Income by Factor Components", *Quarterly Journal of Economics*, Vol. 92, 1979, pp. 17 – 53.

21. Frankel, J., Romer, D., Cyrus, T.: "Trade and Growth in East Asian Countries: Cause and Effect?" *Pacific Basin Working Paper*, Series No. 95 – 03, Federal Reserve Bank of San Francisco,

356

San Francisco, 1995.

22. Frankel, J. , Stein, E. , Wei, S. - J. : "Regional Trading Blocs in the World Economic System", *Institute for International Economics*, Washington DC, 1997.

23. Frankel, J. , Stein, J. , Wei, S. - J. : "Trading Blocs: the Natural, the Unnatural, and the Super - natural ", *Center for International and Development Economics Research*, CIDER, Working Paper No. C94 - 034, University of California, Berkeley, April, 1994.

24. Giles. David, Stroomer. Chad: "Does Trade Openness Affect the Speed of Output Convergence? Some Empirical Evidence ", *Empirical*, Vol. 31 Issue 4, 2006, pp. 883 - 903.

25. Grossman, G. M. , Helpman, E. : *Innovation and Growth: Technological Competition in the Global Economy*, Boston, MA: MIT Press, 1992.

26. Guorongxing: " How Culture Influences Foreign Trade: Evidence From the US and China", *the Journal of Socio - Economics*, Vol. 33, 2004, pp. 785 - 812.

27. H. Theil: *Economics and Information Theory*, Amsterdam: North - Holland, 1967.

28. Harrison, A: "Openness and Growth: a Time - series, Cross - country Analysis for Developing Countries", *Journal of development Economics*, Vol. 48, 1996, pp. 419 - 447.

29. Hersh Adam, Christian Weller: " Does Manufacturing Matter?", *Challenge*, March - April. , 2003, pp. 47 - 58.

30. Hirschman, A. O. : *The Strategy of Economic Development*, Yale Univ. Press, New Haven, 1958.

31. Hsiao, M. W. : "Tests of Causality and Exogeneity Between

357

Exports and Economics Growth: the Case of Asian NICs", *Journal of Economic Development* , Vol. 12, 1987, pp. 143 – 159.

32. Hurst, H. E. : "Long Term Storage Capacity of Reservoirs", *Transactions of the American Society of Civil Engineers,* Vol. 116, 1951, pp. 770 – 799.

33. J. Schwarze: "How Income Inequality Changed in Germany Following Reunification: an Empirical Analysis Using Decomposable Inequality Measures", *Review of Income and Wealth,* Series 42, No. 1, 1996, pp. 1 – 11.

34. Jung, W. S. , Marshall, P. J. : "Exports, Growth and Causality in Developing Countries", *Journal of Development Economics,* Vol. 18, 1985, pp. 1 – 12.

35. Keller, W. : " Are International R&D Spillovers Trade Related? Analyzing Spillovers Among Randomly Matched Partners", *European Economic Review,* Vol. 42, 1998, pp. 1469 – 1481.

36. Krishna, K. : "Openness: a Conceptual Approach", *Working Paper, Pennsylvania State University,* 1992.

37. Lall, S. : "Technological Capabilities and Industrialization", *World Development,* Vol. 20, 1992, pp. 165 – 186.

38. Lall, S. : "Policies for Building Technological Capabilities: Lessons from Asian Experience", *Asian Development Review,* Vol. 11, 1993, pp. 73 – 103.

39. Lall, S. : "Understanding Technology Development", *Development and Change,* Vol. 24, 1993, pp. 719 –753.

40. Lall, S. , Najmabadi, F. : *Developing Industrial Technology: Lessons for Policy and Practice,* Washington DC: World Bank Operations Evaluation Department, 1995.

41. Leamer, E: *Measuring and Openness, Trade Policy and Empirical Analysis,* Chicago: University of Chicago press, 1995.

42. Li H: *Spatio – temporal Pattern Analysis of Managed Forest Landscapes: a Simulation Approach,* ph. D Dissertation, The Oregon State University, Corvallis, Otegou, USA, 1989.

43. Liu xiaming, David Parker: "Changes in China Comparative Advantage in Manufacturing 1987 – 1995: A Statistical Study", *Aston Business School Research Paper,* 2001.

44. Malcolm Dowling, David Ray: "The Structure and Composition of International Trade in Asia: Historical Trend and Future Prospects", *Journal of Asian Economics,* Vol. 11, 2000, pp. 301 –318.

45. Mandelbrot, B. B, Taqqu, M. S. : "Robust R/S Analysis of Long – Run Serial Correlation", *Bulletin of the International Statistical Institute,* Vol. 48, 1979, pp. 69 – 99.

46. Marcus Noland: "Trade, Investment , and Economic Conflict Between the United State and Asia", *Journal of Asian Economics,* Vol. 7, No. 3, 1996, pp. 435 – 458.

47. Masahiro Endoh: "the Transition of Postwar Asia – Pacific Trade Relations ", *Journal of Asian Economics* , Vol. 10, 2000, pp. 571 – 589.

48. MIT Press, Boston, MA. Harrison, A. , : "Openness and Growth: a Time Series, Cross Country Analysis for Developing Countries", *Journal of Development Economics* , Vol. 48, 1996, pp. 419 – 447.

49. Patrick, L: "Does Globalization Cause a Higher Concentration of International Trade and Investment flow? " *WTO Working Paper,* 1998.

50. Paul Bairoch: *Economics and World History: Myths and*

359

Paradoxes, New York: Harvester Wheatsheat, 1993, p. 16.

51. Riccardo Faini: "Trade Unions and Regional Development", *European Economic Review*, Vol. 43, 1998, pp. 457 – 474.

52. Richardson J. David: "Revealing Comparative Advantage: Chaotic or Coherent Patterns across Time and Sector and US Trading Partner", *NBER Working Papers*, 1999, w7212.

53. Robert C. Feenstra: " Trade and Uneven Growth", *Journal of Development Economics*, Vol. 49, Issue 1, April 1996, pp. 229 – 256.

54. Romme W H: "Fire and Landscape Diversity in Subalpine of Yellowstone National Park", *Ecological Monographs*, Vol. 52, 1982, pp. 199 – 221.

55. Sachs, J. D. & Warner, A. M. : "Economic Reform and the Process of Global Integration", *Brookings Papers on Economic Activity*, 1995, pp. 1 – 95.

56. Sanjaya Lall: *Competitiveness, Technology and Skills*, Edward Elgar Publishing Inc. , 2001.

57. Sen, Amartya K. : *On Economic Inequality*, Oxford: Clarendon Press, 1973.

58. Stewart, W: "Institutional Quality and its Effect on Trade: an Empirical Analysis", *UBC Economics Honors Thesis*, 1999.

59. Tamim Bayoumi, Gabrielle Lipworth: " Japanese Foreign Direct and Investment and Regional Trade ", *Journal of Asian Economics*, Vol. 9, No. 4, 1998, pp. 581 – 607.

60. Teresa Cyrus: "Does Convergence Cause Trade, or Does Trade Cause Convergence ", *International Trade & Economic Development*, Vol. 13: 4, 2004, pp. 397 – 418.

61. Turner M G. : "Landscape Ecology: The Effect of Pattern on

Process", *Annual Review of Ecology and Systematics*, Vol. 20, 1989, pp. 171 – 197.

62. W. cline: "Can the East Asian Model of Development be Generalized? "*World development*, Vol. 10, No. 2 Feb. 1982.

63. World Bank: *The East Asia Miracle*, New York: Oxford University Press, 1993.

64. Young, A. : " the Razor' s Edge: Distortions and Incremental Reform in the Republic of China", *Quarterly Journal of Economics*, Vol. CXV, 2000, pp. 1091 – 1135.

65. Zhang zhaoyong, OW Chin Hock: " Trade Interdependence and Direct Foreign Investment Between ASEAN and China", *World Development*, Vol. 24, No. 1, 1996, pp. 155 – 170.

后 记

本书是在我的博士论文《中国对外贸易出口结构研究》的基础上修改而成的。博士论文的顺利完成是我的母校南京大学商学院老师们教诲的结果，本书的顺利出版是我的工作单位北京师范大学经济与工商管理学院领导们和同事们关心、支持的结果。

感谢我的恩师张二震教授。在求学的道路上，我师从张二震教授，有幸得到他的当面指导和教诲。在我的学习、研究、生活和思想上，都得到了恩师慈父般的关心、指导和帮助，恩师不仅以他严谨、勤奋的治学风格指引我如何做学问，而且，他还以宽厚、正直的为人品质教我如何做一个诚实、真挚而胸襟开阔的人。恩师的言传身教，让我终身受益。到北京师范大学任教以后，恩师还十分挂念我在异乡的生活和工作，时刻询问我在北京的情况，并谆谆教导我如何治学和为人之道。恩师多年的教诲和鼓励一直是我应对各种困难和不断前进的精神源泉。每念及此，总有一种深深的愧疚和谢意。除此之外，师母对我慈母般的关心和厚爱，让我时时有一种温情萦绕在心。

感谢刘厚俊教授、赵曙东教授和裴平教授。在南京大学读书期间以及工作以后，在生活和学习等方面，三位教授一直给予我悉心的指导和巨大的帮助，他们和恩师一起教导我并引领我走上学术道路。老师们为我所做的一切，我将永远铭记于心。

在南京大学读书期间，我也得到了洪银兴教授、刘志彪教授、范从来教授、沈坤荣教授、郑江淮教授、梁琦教授、吴建斌教授、于津平教授、黄繁华教授等各位老师的指导和帮助。他们的授课和交流，使我受益匪浅。在此，我要表达最深切的感谢。另外，马野青教授和毛日昇博士等师兄和同学，在不同方面也都给予了巨大的帮助和支持。

博士毕业之后，我到北京师范大学任教，从事教学和科研工作。在工作期间，我先后得到了李实教授、李晓西教授、赖德胜教授、王善迈教授、沈越教授、刘松柏教授、白暴力教授、曲如晓教授、贺力平教授、钟伟教授、李由教授、尹恒教授、李宝元教授、杨晓维教授、胡海峰教授、仲鑫教授、陆跃祥教授等各位老师的关心和支持，在此一并表示感谢。

我要特别感谢李翀教授和赵春明教授。正是由于李翀教授从世界经济重点学科中给予资金支持，本书才得以顺利出版，正是由于赵春明教授不断的鼓励和长期的关心，才使我得以顺利完成书稿的修改和完善。

363

最后，我要感谢我的家人。《史记·屈原贾生列传》有云："夫天，人之始也；父母，人之本也。"在我追寻自己梦想的时候，父母的支持与鼓励是让我不断奋进的源泉。我要感谢我开明的父母，没有父母的精心养育、谆谆教导和无私支持，就没有现在的我。我还要把此书献给已经去世的爷爷和奶奶，每每回想起他们对我的牵挂和疼爱，我都潸然泪下，他们的身影停驻在我的内心，永不消逝。

我所走的每一步都是家庭、学校和社会的浓缩。对于伴随我成长、给予我帮助、激励的父母、老师们、朋友们，在此我表示深深的谢意和诚挚的祝福。"路漫漫其修远兮，吾将上下而求索"，希望在未来的岁月里，我能以更好的成绩来回报这所有的恩情！

魏　浩

2010 年 2 月于北京师范大学